150 Jahre SPD

150 Jahre SPD

Orte der Sozialdemokratie

Orte der Sozialdemokratie

Ein Reisebuch

Klaus Wettig

vorwärts buch

ISBN 978-3-86602-921-7

Brandenburg

Hamburg

Hessen

Mecklenburg-Vorpommern

Niedersachsen

Schleswig-Holstein

Thüringen

Belgien

Frankreich

Großbritannien

Dem Andenken an Peter Glotz gewidmet

In einer Zeit, in der sich die politischen Parteien immer ähnlicher werden, bietet der Rückgriff auf die Vergangenheit eine Möglichkeit zur Identifikation.

RAFAEL CHIRBES

Einleitung

Ein Reisebuch zu *Orten der Sozialdemokratie* regte schon *Peter Glotz* während seiner Zeit als Bundesgeschäftsführer der SPD an. Peter Glotz, der den Wandel der SPD mit seinen Anstößen voranbringen wollte, sah in einer lebendig gehaltenen Geschichte der SPD eine politische Kraft. Tatsächlich besitzt die SPD mit ihrem ungebrochenen Einsatz für Freiheit und Demokratie, für den Sozial- und Kulturstaat, mit ihrer antiimperialistischen Tradition und ihrer Politik des friedlichen Ausgleichs eine Alleinstellung unter den deutschen Parteien. Sie kann im Einsatz für diese Politik auf eine 150-jährige Geschichte zurückblicken und auf einen heroischen Kampf für ihre politischen Prinzipien. Dieses herausragende politische Erbe steht gegen einen anwachsenden ahistorischen Progressismus. Sozialdemokratische Politik der Gegenwart und Zukunft sollte stets in Erinnerung an die Geschichte der Sozialdemokratie betrieben werden. Aus ihr lässt sich Orientierung und Selbstbewusstsein gewinnen, und aus ihren Irrtümern und Fehlern können politische Gestalter lernen.

Bei der Recherche stellte ich fest, dass es mehr Erinnerungsorte gibt als mir zunächst bewusst war. Ich musste mich deshalb in der Auswahl beschränken, was nicht überall Zustimmung finden wird. Wichtig war mir die Aufnahme zahlreicher Orte in den neuen Bundesländern, denn dort hat der Kampf der SED gegen den *Sozialdemokratismus* vieles unterdrückt oder sogar ausgelöscht, was der kommunistischen Interpretation der deutschen Geschichte entgegenstand.

Mancher Ort wurde auch vergessen, weil die Nazizeit für eine Unterbrechung sorgte und nach dem Zweiten Weltkrieg ein Anknüpfen unterblieb, manchmal weil der Ort im Krieg zerstört worden war.

Ein weithin unbearbeitetes Feld sind die Orte des Exils. Überliefert sind die Standorte außerhalb des Deutschen

Reiches während der Zeit des Sozialistengesetzes (1878–1890). Die Orte des Exils während der Nazizeit (1933–1945), die Grenzsekretariate, die Versammlungsorte, die kleine Zahl der Wirtschaftsbetriebe, mit denen das Überleben gesichert wurde, auch die Wohngemeinschaften an den großen Orten des Exils (Prag, Paris, London, Stockholm, New York), sind nicht systematisch erfasst und schon gar nicht als Erinnerungsorte gekennzeichnet. Dabei besitzen sie eine große Bedeutung für die Erinnerungskultur der Sozialdemokratie. Durch Zufall stellte ich vor Jahren fest, wo *Marie Juchacz* (1879–1956) im US-Exil Englisch gelernt hatte. Meinen amerikanischen Gastgebern war nicht bekannt, dass ihre Schule im Zweiten Weltkrieg Hunderten von deutschen Hitlerflüchtlingen mit englischen Sprachkursen geholfen hatte.

Für Frankreich und Portugal bin ich den Spuren des Exils genauer nachgegangen, für die Tschechische Republik, die Schweiz, für Belgien und die Niederlande, für Dänemark, Norwegen und Schweden fehlt die Recherche noch.

Auf ein umfassendes Verzeichnis von Geburtshäusern, Wohnhäusern, Grabstätten habe ich verzichtet, nur einige wenige habe ich aufgenommen. Als Anregung möchte ich weitergeben, dass das Internet für solche Hinweise offen ist. Die Orte der Parteitage habe ich aufgenommen, wenn sich mit ihnen ein besonderer Parteitag verbindet, ansonsten wird auf Parteitagsorte nur hingewiesen, wenn über den Erinnerungsort ohnehin berichtet wird.

Eine deutliche Einschränkung musste ich bei den Konzentrationslagern vornehmen, weil dieses den Umfang des Buches gesprengt hätte. Tatsächlich war jedes Konzentrationslager ein Lager, in dem Sozialdemokraten inhaftiert, ausgebeutet, misshandelt, gefoltert und ermordet wurden. Ich habe mich auf die Lager beschränkt, die einen deutlichen Bezug zur Haft von Sozialdemokraten haben.

Aufgenommen habe ich auch nicht die zahlreichen Straßennamen und anderen Benennungen nach Sozialdemokratinnen und Sozialdemokraten. Sie sind wichtige Zeugnisse für das politische Wirken der SPD und ihrer Repräsentanten, die dieses häufig unter außerordentlichen Schwierigkeiten geleistet haben. Die lokale Erinnerungspolitik sollte dieses Erbe weiterpflegen.

Soweit ermittelbar wurden die Lebensdaten der Politiker, Künstler, Architekten aufgenommen. Bei der Terminologie habe ich mich an den üblichen Gebrauch gehalten, deshalb benutze ich den Begriff *Novemberrevolution*, obwohl die Geschichtswissenschaft zu dem Begriff *Deutsche Revolution 1918/19* übergegangen ist.

Die Wegbeschreibungen beginnen grundsätzlich beim Hauptbahnhof/Bahnhof und beschreiben den Weg fußläufig und mit dem öffentlichen Nahverkehr. Autofahrer werden ihr Navigationssystem benutzen, was zunehmend auch für Fußgänger gilt, doch möchte ich darauf hinweisen, dass zahlreiche Erinnerungsorte über die Navigationssysteme nicht zu finden sind.

Dieses Reisebuch ist ein erster Versuch, er bleibt verbesserungs- und erweiterungsfähig. Ich hoffe auf viele Hinweise.

Ein Führer dieser Art braucht zahlreiche Helferinnen und Helfer, er lässt sich nicht einfach aus schon erschienenen Führern und aus dem Netz zusammentragen. Wollte man ihn durch eigene Recherchen erarbeiten, würde man Jahre benötigen. Dazu konnte ich meine Abgeordnetenjahre im Europäischen Parlament und die Zeit danach nutzen, doch der größere Teil entstand erst in den letzten Jahren.

Aufbauend auf meinen Beiträgen zu dem Architekturbuch *Die Zinnen der Partei* (2005), in dem Angelika Petruschat, Christoph Lehmann und ich die Parteihäuser der SPD beschrieben, konnte ich eine Sammelphase beginnen. Dabei und bei den nachfolgenden Ergänzungen und Korrekturen habe ich viel Unterstützung erhalten. Dafür danke ich ausdrücklich: Stephanie Kröger, Dr. Anja Kruke, Andrea Löcher und André Castrup vom Archiv der sozialen Demokratie

(AdsD); den Stadtarchiven Dortmund, Gera, Hannover, Mannheim, München, Nürnberg, Wilhelmshaven sowie dem Historischen Zentrum Wuppertal; den Friedhofsverwaltungen in Berlin, Essen, Nürnberg, Pforzheim und Tübingen; den Gedenkstätten in Liestal, Neuengamme, Oberer Kuhberg Ulm, Ravensbrück; Gundolf Algermissen, Jens Berendsen, Dr. Burchard Bösche, Dr. Michael Braun, Jochen Dieckmann, Margret Dietzen, Dr. Frank Engehausen, Dr. Agnes Fabian, Dr. Rüdiger Fikentscher, Kaj Fölster, Ursula Fritzsche, Prof. Dr. Helga Grebing, Wolfgang Hasibether, Dr. Beate Häupel, Dr. Christa Heinrich, Joachim Helfer, Dr. Andreas Helle, Jutta Henzler, Dr. Andreas Heusler, Eva Horváthová, Holger Hübner, Dr. Andrea Hoffend, Wolfgang Jüttner, Gerhild Kreutziger, Dr. Helga Kutz-Bauer, Rosemarie Lang, Dieter Lasse, Christoph Lehmann, Stefanie Lenk, René Lindenberg, Dr. Ulrich Mahly, Dr. Holger Martens, Dr. Hans Misselwitz, Ulrich Möhrle, Prof. Dr. Walter Mühlhausen, Prof. Dr. Daniela Münkel, Vasilios Papayannis, Achim Post, Dr. Gerhard Schmid, Dr. Karl Gerhard Schmidt, Carmen Smiatacz, Hans-Henning Schridde, Dr. Hans-Jochen Vogel, Angelika Voß, Angelika Voss-Louis, Reiner Wagner, Matthias Wenzel und Dr. Werner Wobbe. Besonderen Dank schulde ich Karl-Udo Bigott, der für mich den Frankreich-Komplex vorbereitete und mich auf der Recherchereise begleitet hat.

Last but not least habe ich der Schatzmeisterin der SPD, Dr. Barbara Hendricks, zu danken, die ein seit langem gewünschtes Projekt in Auftrag gegeben und gezielt unterstützt hat.

Die mühevolle Arbeit am wachsenden Manuskript haben Nadia Affani, Ute Gröhe-Schulze, Janek Freyjer und Hannah C. Wettig bewältigt, auch ihnen gilt mein herzlicher Dank.

Göttingen/Berlin, im Oktober 2012

Reichspräsident-Friedrich-Ebert-Gedenkstätte
Heidelberg
Pfaffengasse 18

Die *Reichspräsident-Friedrich-Ebert-Gedenkstätte* erinnert an den 1871 dort geborenen ersten Reichspräsidenten der Weimarer Republik.

Die durch Gesetz 1986 gegründete Stiftung öffentlichen Rechts hat die Aufgabe, »das Andenken an den ersten deutschen Reichspräsidenten *Friedrich Ebert* zu wahren und einen Beitrag zum Verständnis der deutschen Geschichte seiner Zeit zu leisten«. Sie will dazu beitragen, die Erinnerung an den Sozialdemokraten und Staatsmann wachzuhalten, der als Gründer und Garant der Weimarer Republik ein Wegbereiter der deutschen Demokratie ist.

Das *Friedrich-Ebert-Haus* ist die Geburtsstätte des ersten Reichspräsidenten in der Heidelberger Pfaffengasse. Im Zentrum des Hauses liegt die winzige Wohnung, in der *Friedrich Ebert* am 4. Februar 1871 als siebtes von neun Kindern des Schneiders *Karl Ebert* und seiner Frau *Katharina* geboren wurde. Mit seinen Eltern und fünf Geschwistern (drei weitere starben im Kleinkindalter) verbrachte er hier Kindheit und Jugend. Die Wohnung, damals auch Arbeitsstätte seines Vaters, vermittelt einen Eindruck von den ärmlichen Wohnverhältnissen in der Zeit der Industrialisierung.

Die 2007 neu gestaltete Dauerausstellung *Vom Arbeiterführer zum Reichspräsidenten – Friedrich Ebert (1871–1925)* zeichnet den Weg des sozialdemokratischen Parteiführers an die Spitze der ersten deutschen Demokratie nach. Im Haus befindet sich außerdem eine öffentliche Bibliothek mit dem Schwerpunkt Geschichte der deutschen Arbeiterbewegung. Besonders wertvoll sind seltene Flug- und Denkschriften.

Die Gedenkstätte sammelt Dokumente zu Friedrich Ebert und seiner Zeit. Neben etwa 60 Ebert-Briefen und einigen Gegenständen aus seinem persönlichen Besitz verfügt die Gedenkstätte über eine Fotosammlung sowie Originalplakate und zeitgenössische Zeitungen.

Mit seinem Veranstaltungsangebot wurde die *Friedrich-Ebert-Gedenkstätte* ein Lernort deutscher Demokratiegeschichte.

→ Die *Gedenkstätte* ist geöffnet täglich von 10 bis 18 Uhr, außer montags, donnerstags bis 20 Uhr. Der Eintritt ist frei. Informationen im Internet unter www.ebert-gedenkstaette.de. Die *Gedenkstätte* ist vom Hauptbahnhof per Bus erreichbar mit den Linien 32, 33 und 35, Haltestellen sind *Marstallstraße, Alte Brücke, Universitätsplatz* und *Rathaus/Bergbahn*. Der DB-Haltepunkt *Heidelberg-Altstadt* ist ca. 12 Min. entfernt.

Stadthalle
Heidelberg
Neckarstaden 24

Der *Heidelberger Parteitag* 1925 zeichnete sich durch den Beschluss des *Heidelberger Programmes* aus, in dem die Spaltung der SPD von 1917, die zur Gründung der USPD geführt hatte, überwunden wurde. Die Mehrheits-SPD hatte 1922 ein eigenes Programm in Görlitz beschlossen. Nach der Spaltung der USPD in einen radikalen Flügel, der sich der am Jahreswechsel 1918/1919 gegründeten KPD anschloss, und einen Minderheitsflügel, der 1922 zur Mehrheits-SPD zurückkehrte, versuchte das *Heidelberger Programm* gemeinsame Positionen zu entwickeln, die wesentlich von den theoretischen Überlegungen *Rudolf Hilferdings* (1877–1941) zum *Organisierten Kapitalismus* bestimmt waren. In Erinnerung geblieben ist das *Heidelberger Programm* durch seine Forderung nach den *Vereinigten Staaten von Europa*, dem ersten Bekenntnis einer deutschen Partei zur europäischen Integration, und durch seine Forderung nach der Beteiligung von Frauen an Ämtern und Mandaten entsprechend ihrem Anteil an der Mitgliedschaft der SPD, der damals 16 Prozent betrug. Für den Preußischen Landtag konnte dieser Beschluss bei der folgenden Wahl eingehalten werden. Die weitere Umsetzung verhinderte der Untergang der Weimarer Republik.

Eine Erinnerungstafel ist nicht vorhanden.

→ Die *Stadthalle Heidelberg* ist vom Hauptbahnhof mit den Buslinien 31, 32 und 35 direkt erreichbar (Haltestelle *Kongresshaus*).

Stammhaus des Neckar-Echo
Heilbronn
Allee 40

Nachdem die fast 60 Jahre alte ehemalige sozialdemokratische Zeitung *Neckar-Echo* am 1. Juli 1967 ihr Erscheinen einstellen musste, war es betriebswirtschaftlich sinnvoller, das Druck- und Verlagshaus in der Allee 40 zu verkaufen. Die 1907 von Sozialdemokraten gegründete Vereinsdruckerei hatte das repräsentative Druckereigebäude 1925 gebaut. In der Allee 40 wurde nicht nur das *Neckar-Echo* herausgegeben, das Haus war gleichzeitig der Mittelpunkt der Heilbronner und Unterländer Sozialdemokratie.

Am 28. Februar 1933 wurde die sozialdemokratische Zeitung *Neckar-Echo* aufgrund der *Notverordnung zum Schutz von Volk und Staat* verboten, die Reichspräsident Hindenburg nach dem Reichstagsbrand erlassen hatte. Einige Tage später besetzten SA-Verbände das Gebäude. Der Betrieb wurde von den Nationalsozialisten enteignet. In der damals hochmodernen Druckerei produzierte man fortan das nationalsozialistische *Heilbronner Tageblatt*. Bei den schweren Bombenangriffen am 4. Dezember 1944 auf Heilbronn wurde auch das Druck- und Verlagshaus schwer beschädigt.

Von 1946 bis 1950 druckte man in der ehemaligen Vereinsdruckerei die *Heilbronner Stimme*, eine überparteiliche Tageszeitung, für die die Amerikanische Militärregierung eine Lizenz erteilt hatte. Nachdem der Lizenzzwang 1949 aufgehoben worden war, erschien auch das *Neckar-Echo* als Tageszeitung wieder und kam ebenfalls in der Allee 40 heraus. Erst 1950 erhielt die wiedergegründete Vereinsdruckerei ihr Traditionshaus zurück.

Nach Einstellung des *Neckar-Echos* 1967 wurde das Grundstück verkauft, aus dem Verkaufserlös wurde von der SPD-Unternehmensholding 1968 das Grundstück *Untere Neckarstraße 40* erworben und mit einem Wohn- und Geschäftshaus bebaut, in dem sich seitdem die Büros der SPD befinden. 1999 wurde das Haus umfassend saniert.

➔ Ab Hauptbahnhof mit S4 oder Buslinien 1,10 bis *Heilbronn Harmonie*, 400 m fußläufig entfernt liegt das Haus.

Orte in Mannheim
Geburtshaus Hermann Müller
Zigarrenladen von August Dreesbach
Haus der badischen SPD
Denkmal für Ludwig Frank
Rosengarten

Der sozialdemokratische Reichskanzler *Hermann Müller* (1876–1931), der 1920 und von 1928 bis 1930 den SPD-geführten Reichsregierungen vorstand, wurde im *Innenstadtquadrat N 4, 6,* geboren. Das Gebäude wurde im Zweiten Weltkrieg zerstört. An *Hermann Müller* wird an zwei Stellen erinnert: in A 4, 1–2, dem ehemaligen Lyzeum, wo er Schüler war, und am *Rosengarten* wegen des Parteitages 1906.

➔ Vom *Mannheimer Hauptbahnhof* aus ist der Ort mit den Straßenbahnlinien 2, 3, 4 und 6 (Haltestelle *Strohmarkt*) oder in wenigen Minuten zu Fuß erreichbar.

Während der Zeit des Sozialistengesetzes trafen sich die Sozialdemokraten im Zigarrenladen des badischen SPD-Führers *August Dreesbach* (1844–1906), *Innenstadtquadrat H 5, 4.* Häufig diente ein Geschäft oder ein Lokal für die Tarnung der illegalen SPD-Organisation, die nur vor den Reichstagswahlen mit ihren Wahlvereinen an die Öffentlichkeit treten konnte. Die Kleinunternehmen sorgten für den Lebensunterhalt der bekannten SPD-Funktionäre, denen die Arbeitgeber oft die Beschäftigung verweigerten.

Das Gebäude existiert nicht mehr, sondern das gesamte Quadrat ist Teil des *Zentralinstituts für Seelische Gesundheit*, die Bebauung ist völlig anders als vor der Zerstörung im Zweiten Weltkrieg. Dort, wo H 5, 4 stand, befindet sich eine Grünfläche, das Gebäude, das heute die Nr. H 5, 4 trägt, steht an einer anderen Stelle im Quadrat.

→ Vom *Mannheimer Hauptbahnhof* aus ist der Ort mit den Straßenbahnlinien 1, 3, 4, 5 und 7 (Haltestelle *Marktplatz*) erreichbar.

1893 erwarb die *badische SPD* ein Gebäude im *Innenstadtquadrat R 3, 14*, in dem 40 Jahre lang die Parteizentrale der Landespartei residierte. 1933 wurde das Haus von den Nazis besetzt und später enteignet. Nach dem Zweiten Weltkrieg erhielt die SPD das Gebäude zurück; unter anderem war dort das SPD-Organ *AZ* untergebracht. Das alte Gebäude in R 3 wurde 2011 abgerissen, dort entsteht ein Wohn- und Geschäftshaus. Es existiert eine Erinnerungstafel, die am fertiggestellten Neubau wieder angebracht wird.

→ Vom *Mannheimer Hauptbahnhof* aus ist das Haus mit den Straßenbahnlinien 1, 2, 3, 5, 6 und 7 (Haltestelle *Paradeplatz*) erreichbar.

Für den bedeutenden badischen Sozialdemokraten *Ludwig Frank* (1874–1914) wurde 1924 anlässlich des 10. Todestages ein Denkmal errichtet, das die Nazis 1933 zerstörten. 1950 wurde ein neues Denkmal von *Bernhard Bleekers* (1881–1968) eingeweiht. *Ludwig Frank* vertrat innerhalb der SPD des Kaiserreichs eine pragmatische Politik, die sich nicht in das übliche Rechts-Links-Schema einfügte; das von ihm vertretene Bündnis mit der *Nationalliberalen Partei* (badische Großblockpolitik) hatte zahlreiche Reformen erbracht, ihm jedoch innerparteilich den Ruf eines Reformisten eingetra-

gen. Entschieden kämpfte Frank für die Demokratisierung des Kaiserreichs und unterstützte in diesem Zusammenhang auch die Forderung nach dem Massenstreik, um ein demokratisches Wahlrecht durchzusetzen. Mit *Karl Liebknecht* war er aktiver Förderer der sozialdemokratischen Jugendarbeit. Die historische Würdigung von *Ludwig Frank* bezeichnet seinen frühen Tod im Ersten Weltkrieg als einen bedeutenden Verlust für die gesamte SPD.

→ Das *Denkmal* befindet sich im *Oberen Luisenpark*, erreichbar vom *Mannheimer Hauptbahnhof* mit den Straßenbahnlinien 2, 5 und 7 (Haltestelle *Nationaltheater*). In S 4, 8–9 gibt es eine Erinnerungstafel für Ludwig Frank, dort wurde 1904 der *Verband junger Arbeiter Mannheims* gegründet.

Mannheim war wiederholt der Tagungsort von bedeutenden Parteitagen der SPD. Schon 1906 wurde im *Rosengarten* das *Mannheimer Abkommen* zwischen der SPD und den sozialdemokratisch geführten Gewerkschaften abgeschlossen, das eine politische Arbeitsteilung festlegte. Das *Mannheimer Abkommen* galt bis zum Verbot der SPD und der Gewerkschaften 1933 und behielt indirekt seine Bedeutung auch für die Zeit nach der Wiedergründung von SPD und Gewerkschaften 1945/46 bei.

Am *Rosengarten* ist eine Erinnerungstafel vorhanden.

→ Der *Rosengarten* befindet sich am Friedrichsplatz, ca. 10 Min. Fußweg vom Hauptbahnhof entfernt, erreichbar mit den Straßenbahnlinien 2, 3, 4 und 6 (Haltestelle *Wasserturm*).

Weitere SPD-Parteitage in Mannheim fanden 1975 und 1995 im *Rosengarten* statt. 1975 wurde dort der *Orientierungsrahmen '85* verabschiedet.

Grab von Fritz Erler
Pforzheim
Hauptfriedhof

Fritz Erler (1913–1966) engagierte sich schon während der Weimarer Republik in sozialdemokratischen Jugendorganisationen Berlins. Während der NS-Zeit wurde er nach Widerstandsaktionen 1938 verhaftet und zu zehn Jahren Haft wegen Vorbereitung zum Hochverrat verurteilt. Die Haft verbrachte er in mehreren Konzentrationslagern, den Todesmarsch der Häftlinge aus dem KZ Dachau 1945 überlebte er durch Flucht.

Das Ende des Zweiten Weltkrieges verschlug ihn nach Württemberg, wo er als Landrat von Biberach und in der südwürttembergischen Verwaltung seine politische Laufbahn in der Bundesrepublik begann. 1949 zog er in den 1. Bundestag ein, dessen Abgeordneter er bis zu seinem frühen Tod blieb. *Fritz Erler* gewann Ansehen als verteidigungs- und außenpolitischer Experte der SPD-Bundestagsfraktion. Nach der Bundestagswahl 1957 rückte er in die erste Reihe der Bundestagsfraktion auf, zunächst als stellvertretender Fraktionsvorsitzender, 1964 wurde er Vorsitzender. Nach seinem Tod übernahm *Helmut Schmidt* seine Nachfolge. Von 1964 bis 1966 war *Fritz Erler* auch stellvertretender SPD-Vorsitzender.

Fritz Erler gehörte zur Reformgruppe der SPD, die nach der verlorenen Bundestagswahl 1957 die Reform von Programm (*Godesberger Programm*) und Organisation der SPD durchsetzte.

→ Der *Hauptfriedhof* ist vom Hauptbahnhof mit dem Stadtbus 5 (Richtung *Lange Grund*) bis Haltestelle *Hauptfriedhof* erreichbar. Die Gräber von Fritz Erler und Käthe Erler befinden sich auf Feld 86.

Freiheitsmuseum Rastatt
Denkmal für die 1849 erschossenen Freiheitskämpfer

Rastatt
Schloss Rastatt/Herrenstraße 18
An der Ludwigsfeste (Krankenhausgarten)

Bundespräsident *Gustav Heinemann* (SPD, 1899–1976) gab die Anregung, eine *Erinnerungsstätte zur Geschichte der Freiheits-*

bewegungen einzurichten, die am 26. Juni 1974 im *Rastatter Schloss* eröffnet wurde. Hier endete 1849 die demokratische Bewegung der Revolution von 1848, nachdem preußische Truppen die revolutionäre Armee besiegt und die Festung Rastatt eingenommen hatten. Mit einem Standgericht der Sieger im Schloss wurden Todesurteile und drastische Strafen über die Besiegten ausgesprochen. Tausende von Demokraten flohen in die Nachbarländer.

Die Dauerausstellung im Schloss wurde mehrfach überarbeitet und präsentiert jetzt die Geschichte der demokratischen Entwicklung von den Bauernkriegen des 16. Jahrhunderts bis zur friedlichen Revolution in der DDR. Eine besondere Darstellung erhielten der Nationalsozialismus, die Emanzipation der Juden und die soziale Frage.

Auf dem Weg zum Schloss erinnert das *Denkmal zu Ehren der in Rastatt hingerichteten Demokraten* an die Niederlage der demokratischen Bewegung. Es wurde wegen der Ablehnung durch Preußen erst 50 Jahre nach den Ereignissen von 1849 aufgestellt.

Der Findling erhielt im Jahr *1899* die Inschrift *Ruhestätte für die im Jahre 1849 zu Rastatt standrechtlich Erschossenen*. Der Text wurde dann 1924 mit dem Wort *Freiheitskämpfer* vervollständigt. Der Gedenkstein konnte durch Spenden von Sozialdemokraten aus Deutschland und Amerika finanziert werden. Die erste legale Gedächtnisfeier durfte die SPD allerdings erst zehn Jahre nach der Errichtung des Denkmals 1909 in Rastatt durchführen. Die Geschichte vom Kampf um die Erinnerung an die erschossenen Freiheitskämpfer zeigt die Fronten auf, zwischen denen die Auseinandersetzungen um ein freiheitliches demokratisches Deutschland verliefen. Bundespräsident *Johannes Rau* legte im Jahr 2002 einen Kranz am Denkmal nieder.

→ Das *Freiheitsmuseum* ist geöffnet Sonntag bis Donnerstag 9.30 bis 17 Uhr (letzter Einlass 16.30 Uhr) und Freitag 9.30 bis 14 Uhr (letzter Einlass 13.30 Uhr). Samstag geschlossen. Der Eintritt in die Erinnerungsstätte ist frei. Informationen im Internet unter www.bundesarchiv.de/erinnerungsstaette. Vom Bahnhof Rastatt die Unterführung Richtung Stadt nehmen. Rechter Hand am Landratsamt vorbei Richtung Schloss bis zur Straße *An der Ludwigsfeste*. Nach rechts der Straße folgen bis zum Eingang in den ehemaligen *alten Friedhof* auf der linken Straßenseite. Im *alten Friedhof* (heute Gartenanlage) befindet sich das Denkmal. Vom Denkmal sind es nur wenige Minuten bis zum *Freiheitsmuseum/Schloss* (Sichtweite).

Konzentrationslager Kislau
Bad Schönborn
Kislauer Straße/Kislauer Weg

Das Konzentrationslager *Kislau* befand sich von April 1933 bis April 1939 in einem Nebengebäude des *Schlosses Kislau* auf der Gemarkung Mingolsheim (heute zu Bad Schönborn im Landkreis Karlsruhe). Es gehörte zu den sogenannten frühen, auch als *wild* bezeichneten Konzentrationslagern, die schon im März und April 1933 an einigen Orten Deutschlands von der SA eingerichtet worden waren, um die Gegner des nationalsozialistischen Regimes, überwiegend Sozialdemokraten und Kommunisten, nach ihrer Verhaftung einzusperren. Während des sechsjährigen Bestehens des KZs waren in Kislau mehrere Hundert badische sowie vereinzelt auch pfälzische Sozialdemokraten inhaftiert. Nachdem die Organisation der Konzentrationslager von der SS umgestaltet wurde, wurden die Lager der ersten Stunde aufgelöst und in größere Einheiten überführt, die eine systematische Ausbeutung der KZ-Insassen erlaubten.

Im KZ Kislau wurde *Ludwig Marum* (1882–1934), bis 1933 amtierender SPD-Fraktionsvorsitzender im Badischen Landtag, 1934 ermordet. In Andenken an Ludwig Marum hat die Karlsruher SPD 1985 vor dem ehemaligen Verwaltungsgebäude einen *Gedenkstein* errichtet, der von dem Bildhauer *Gerhard Karl Huber* gestaltet wurde. Zu den prominenten Häftlingen gehörte auch *Christian Stock* (1884–1967), Ministerpräsident in Hessen (1947–1950).

→ Der *Gedenkstein* für *Ludwig Marum* befindet sich vor dem Tor des umzäunten Schlossgeländes. An der Rheintalstrecke Heidelberg-Karlsruhe gelegen, ist der Gebäudekomplex mit den Linien S 3 und S 4 der S-Bahn RheinNeckar erreichbar (Haltestelle *Bad Schönborn-Kronau*), von dort aus ca. 5 bis 10 Min. Fußweg.

Sozialdemokratische Politiker aus Baden werden in das KZ Kislau eingeliefert, darunter Hermann Stenz, Adam Remmele, Erwin Sammer und Ludwig Marum.

Konzentrationslager Heuberg
Stetten am Kalten Markt

Das *Lager Heuberg* wurde 1910 als Truppenübungsplatz mit militärischen Anlagen eingerichtet. Am 20. März 1933 wurde auf dem Gelände des Truppenübungsplatzes ein »Schutzhaftlager« eröffnet, in das »Schutzhäftlinge« der SA aus Württemberg und dem preußischen Hohenzollern eingeliefert wurden. Der *Heuberg* war das früheste Konzentrationslager im Raum Württemberg.

Es waren überwiegend politische Häftlinge, die im *KZ Heuberg* von März bis November 1933 inhaftiert wurden. In den zehn Monaten seiner Existenz lebten im Lager ca. 15.000 Gefangene, darunter 2.000 Kommunisten, Sozialdemokraten, Zentrumsleute und Liberale. Zu den prominenten SPD-Häftlingen gehörten die Reichstagsabgeordneten *Kurt Schumacher* (1895–1952), *Friedrich Roßmann* (1884–1953), *Fritz Ulrich* (Innenminister in Baden-Württemberg 1945–1956) und *Jakob Weimer* (1887–1944), der Landtagsabgeordnete *Karl Ruggaber* (1887–1936) sowie *Oskar Kalbfell* (Oberbürgermeister von Reutlingen von 1945 bis 1973) und *Fritz Bauer* (Generalstaatsanwalt in Hessen von 1956 bis 1968). Das *KZ Heuberg* zeichnete sich in der Frühphase der Konzentrationslager durch besonders unmenschliche Behandlung der Häftlinge aus. Mit der Auflösung im November 1933 wurden die meisten Häftlinge in das *KZ Oberer Kuhberg* gebracht.

Eine erneute Nutzung im NS-Unrechtssystem begann 1942, als für ein Jahr das Bewährungs- und Strafbataillon 999 auf dem Heuberg stationiert war, in dem als *wehrunwürdig* Eingestufte, darunter auch ehemalige KZ-Häftlinge, in die Wehrmacht eingegliedert wurden.

Auf Initiative der baden-württembergischen SPD wurde 1983 eine Gedenkstätte eingeweiht. Die SPD stiftete aus diesem Anlass auch ein Mahnmal des Bildhauers *Reinhard Bombsch*, das an die NS-Opfer des Heubergs erinnert.

Auf dem *Friedhof* erinnert ein Gedenkstein an die Opfer des Strafbataillons 999.

→ Mit öffentlichen Verkehrsmitteln gelangt man nicht an den Ort, man kann ihn aber mit dem Taxi erreichen. Das Denkmal befindet sich außerhalb der Kaserne in unmittelbarer Nachbarschaft der *Drei-Tritten-Kapelle*. Zum SPD Ortsvereinsvorsitzenden kann Kontakt aufgenommen werden: 07573–1645.

Grab von Carlo Schmid

Tübingen
Stadtfriedhof
Wildermuthstraße/Gmelinstraße

Der Verfassungsrechtler *Carlo Schmid* (1896–1979) wurde nach 1945 zu einer zentralen Figur der SPD: als Kultusminister in Südwürttemberg, als Mitgestalter des Grundgesetzes im Parlamentarischen Rat, als Verfassungs- und Außenpolitiker im Bundestag.

Über zwei Jahrzehnte war er einer der Leistungsträger der erstarkenden Sozialdemokratie.

Obwohl *Carlo Schmid* seinen Bundestagwahlkreis von 1949 bis 1976 in Mannheim hatte, den er stets direkt gewann, blieb er seiner Heimatstadt Tübingen besonders verbunden.

Auf dem *Stadtfriedhof* liegt er im Sektor H begraben.

→ Der *Stadtfriedhof* befindet sich hinter der Universität am Kupferbau. Die Linie 5 des Stadtverkehrs hält dort im 10-Minuten-Takt.

Dokumentationszentrum Oberer Kuhberg Ulm KZ-Gedenkstätte

Ulm
Fort Oberer Kuhberg
Am Hochsträß 1

Das *Fort Oberer Kuhberg* ist ein Teil der zwischen 1842 und 1857 erbauten Bundesfestung Ulm. Mitte November 1933 wurde hier – in Nachfolge des *Lagers Heuberg* bei Stetten am Kalten Markt – ein staatliches Konzentrationslager des Landes Württemberg eingerichtet. Das *Württembergische Schutzhaftlager Ulm/Donau*, wie es offiziell genannt wurde, diente in der Gleichschaltungsphase dazu, den politischen Widerstand zu brechen und die Bevölkerung einzuschüchtern.

Das Lager unterstand der Verantwortlichkeit der Politischen Polizei, die beim Stuttgarter Innenministerium angesiedelt war. Die Wachmannschaften bestanden zum kleineren Teil aus Schutzpolizisten und SS-Mannschaften, zum größeren Teil aus SA-Leuten, die bereits im *KZ Heuberg* als Hilfspolizei Dienst taten. Zwischen November 1933 und Juli 1935 waren im frühen Konzentrationslager *Oberer Kuhberg* schätzungsweise 600 Menschen unter unmenschlichen Be-

dingungen eingesperrt. Es handelte sich vorwiegend um Kommunisten und Sozialdemokraten sowie drei katholische Geistliche und einige sozial Unangepasste. Die bekanntesten Gefangenen waren der SPD-Reichstagabgeordnete *Kurt Schumacher* (1895–1952) und der KPD-Landtagsabgeordnete *Alfred Haag* (1904–1982), die in Isolationshaft gehalten wurden.

Im Zuge der Zentralisierung des KZ-Systems wurde 1935 das *KZ Oberer Kuhberg* aufgelöst. Die verbliebenen Gefangenen wurden in das *KZ Dachau* überstellt, unter ihnen auch *Kurt Schumacher*.

Von den etwa 80 frühen Konzentrationslagern ist das *Fort Oberer Kuhberg* das einzige in Süddeutschland, das in Bauwerk und Gelände noch weitgehend erhalten ist. Nach langem Ringen um die Einrichtung einer Gedenkstätte erfolgte die Eröffnung des *Dokumentationszentrums Oberer Kuhberg Ulm* mit einer ersten Dauerausstellung im Jahr 1985. Heute können unter anderem die unterirdischen Verliese und Sonderhaftzellen, die Räume der KZ-Verwaltung sowie eine 2001 konzipierte Dauerausstellung zur Geschichte des Ulmer KZs besichtigt werden.

Besuchergruppen werden nach Absprache individuell betreut; für Schulklassen steht ein breites pädagogisches Angebot zur Verfügung. Als Forschungs-, Lern- und Bildungsort mit Archiv und Bibliothek ist das *Dokumentationszentrum Oberer Kuhberg Ulm* ein landesweit beachtetes Zentrum kritischer Information zu zeithistorischen und aktuellen Themen sowie eine Stätte zivilgesellschaftlicher Diskussion.

→ Das Dokumentationszentrum ist geöffnet sonntags von 14 bis 17 Uhr; für Einzelbesucher besteht um 14.30 Uhr die Möglichkeit einer Führung (für Gruppen nach Vereinbarung). Informationen im Internet unter www.dzok-ulm.de. Die Gedenkstätte ist vom Hauptbahnhof erreichbar mit der Straßenbahn Linie 1 Richtung *Söflingen* bis zur Haltestelle *Ehinger Tor*. Dort umsteigen in den Stadtbus Linie 4 (*Hochsträß*) bis zur Haltestelle *Schulzentrum* oder *Oberer Kuhberg*. Von dort der Beschilderung folgen. Zu Fuß sind es vom Hauptbahnhof ca. vier Kilometer; der Weg führt über die Neue Straße, Wagnerstraße, Römerstraße und Egginger Weg.

Stammhaus der Fränkischen Volkstribüne

Bayreuth
Friedrich-Puchta-Straße 22/24

Für die Herausgabe der *Fränkischen Volkstribüne* gründete die SPD 1908 die *Bayreuther Druckerei und Verlagsanstalt GmbH*. Diese erwarb 1913 das Anwesen Blumenstraße 22. Dort wurde die *Fränkische Volkstribüne* hergestellt.

Am 9. März 1933 wurde der Redakteur und Reichstagsabgeordnete *Friedrich Puchta* (1883–1945) verhaftet. Am 10. März 1933 verbot die Zensur den Untertitel der *Fränkischen Volkstribüne: Tageszeitung der Sozialdemokratie für das mittlere Oberfranken* sowie das Parteisymbol. Am 13. März 1933 erließ der bayerische Staatskommissar *Hermann Esser* (1900–1981) ein allgemeines, zunächst auf eine Woche beschränktes Verbot aller SPD-Zeitungen, das nicht mehr aufgehoben wurde. Die letzte Ausgabe der *Fränkischen Volkstribüne* erschien am 15. März 1933. Am gleichen Tag besetzten SA-Männer die Blumenstraße 22. Die *Bayreuther Druckerei und Verlagsanstalt GmbH* wurde am 5. Dezember 1933 enteignet und 1934 liquidiert. Ihr Vermögen erhielt der NSDAP-Gauverlag *Bayrische Ostmark GmbH*.

Im April 1945 wurden die Gebäude in der Blumenstraße 22 bei einem Luftangriff zerstört. Im November 1945 erhielt *Julius Steeger* (1881–1954), von 1919 bis 1932 SPD-Landtagsabgeordneter und letzter Geschäftsführer der *Fränkischen Volkstribüne*, die Lizenz zur Gründung einer Zeitung in Bayreuth. 1946 trat der SPD-Politiker *Walter Fischer* (1905–1982), aus der Emigration zurückgekehrt, als weiterer Lizenzträger hinzu. Die erste Ausgabe der *Fränkischen Presse* erschien am 18. Dezember 1945. Die *Fränkische Presse* fusionierte 1968 mit dem *Bayreuther Tagblatt* zum *Nordbayerischen Kurier*.

1947 erhielt die neu gegründete *Bayreuther Druckerei und Verlagsanstalt* das Trümmergrundstück zurück. 1957 begann der Neubau auf dem Grundstück in der Blumenstraße, später Friedrich-Puchta-Straße, 1958 wurde das Haus bezogen, die Büros der SPD haben dort ihren Standort.

Im Haus befindet sich eine kleine Ausstellung.

➔ Vom Hauptbahnhof nimmt man die Bahnhofsstraße Richtung Südwesten, von der man in die erste Straße rechts abbiegt. Der Carl-Schüller-Straße folgt man ca. 10 Min., bis die Friedrich-Puchta-Straße links abgeht.

Wilhelm-Leuschner-Haus

Bayreuth
Moritzhöfen 25

Wilhelm Leuschner (1890–1944) erlernte den Beruf des Holzbildhauers. Nach seiner Lehrzeit wurde er Gewerkschafts- und SPD-Mitglied. Sein frühes politisches Engagement führte dazu, dass er 1919 hauptamtlicher Gewerkschaftssekretär wurde, über zahlreiche Partei- und Gewerkschaftsfunktionen stieg er in der hessischen SPD auf, erstmals 1924 in den Hessischen Landtag gewählt, war er von 1928 bis 1933 Innenminister Hessens. 1933 übernahm er bis zum Verbot den stellvertretenden Vorsitz des *Allgemeinen Deutschen Gewerkschaftsbundes* (ADGB).

Schon am 2. Mai 1933 verhaftete ihn das NS-Regime und in den folgenden Jahren erlitt er vielfache Haft in Zuchthäusern und Konzentrationslagern. Das von ihm ab 1934 betriebene Metallunternehmen ermöglichte zahlreichen Sozialdemokraten eine wirtschaftliche Existenz. *Wilhelm Leuschner* hielt Kontakt zu Widerstandskreisen und wäre bei erfolgreichem Verlauf des 20. Juli 1944 in die neue Regierung berufen worden. Nach einer Denunziation wurde er verhaftet und im September 1944 vom Volksgerichtshof zum Tode verurteilt und bald darauf hingerichtet.

An *Wilhelm Leuschners* Leben und politische Arbeit erinnert sein Geburtshaus, das 2002 von der *Wilhelm-Leuschner-Stiftung* übernommen wurde. Im *Wilhelm-Leuschner-Haus* befindet sich eine Gedenkausstellung, außerdem betreibt die *Wilhelm-Leuschner-Stiftung* mit Führungen und Seminaren ihre Gedenkstättenarbeit.

Leider ist der Fortbestand der *Gedenkstätte* nicht gesichert.

→ Die Öffnungszeiten sollten erfragt werden (0921–1507269). Das *Wilhelm-Leuschner-Haus* ist fußläufig erreichbar von der *Friedrich-Puchta-Straße* am südlichen Ende rechts in die Straße *Am Main*, anschließend nach links auf die *Am Mainflecklein*, der Straße nach links folgen bis zum *Hohenzollernring*, nach rechts, der Straße in südliche Richtung folgen. Der *Hohenzollernring* wird zum *Wittelsbacherring*, diesem folgen, nach ca. 700 m rechts in die Straße *Moritzhöfen* bis zu Hausnummer 25.

Konzentrationslager Dachau

Dachau

Das Konzentrationslager wurde schon im März 1933 auf dem Gelände einer ehemaligen Munitionsfabrik errichtet. Der Befehl ging vom Reichsführer-SS und neu eingesetzten Münchner Polizeipräsidenten *Heinrich Himmler* (1900–1945) aus. Das KZ Dachau bestand vom 22. März 1933 bis zur Einnahme durch US-Truppen am 29. April 1945.

Dachau besaß im KZ-System des NS-Staates eine Sonderstellung. Hier setzte die SS ihre Alleinstellung im KZ-System durch, hier fand die Ausbildung des KZ-Personals statt, Dachau wurde zum Vorbild für andere Lager. Auch das mit den Konzentrationslagern verbundene Ausbeutungssystem

für die wirtschaftlichen Tätigkeiten der SS wurde hier entwickelt. Dachau verfügte über eine große Zahl von Außenlagern und war auch Ort für unmenschliche medizinische Versuche.

Das Lager Dachau hatte mindestens 200.000 Häftlinge, von denen ca. 42.000 starben. Ein Vernichtungslager war Dachau nicht. Die Häftlinge starben an Entkräftung, Unterernährung, fehlender medizinischer Versorgung, aufgrund von Misshandlung und Folter. Die Zahl der Hinrichtungen bemisst sich auf mehrere Tausend, zunächst politische Häftlinge und rassisch Verfolgte, mit Kriegsbeginn Kriegsgefangene, in erster Linie aus der Sowjetunion.

In Erinnerung geblieben ist der Todesmarsch, auf den die SS kurz vor Kriegsende Tausende in Richtung Alpen trieb. An der Strecke des Todesmarsches wurden von 1989 an 22 Skulpturen des Bildhauers *Hubertus von Pilgrim* aufgestellt.

Zahlreiche Sozialdemokraten gelangten auf ihrem Leidensweg durch die Konzentrationslager auch nach Dachau. Zu nennen sind die Reichstagsabgeordneten *Josef Felder* (1900–2000), *Eugen Kaiser* (1879–1945), *Franz Metz* (1878–1945), *Friedrich Puchta* (1888–1945), *Hubert Schlebusch* (1893–1955), *Kurt Schumacher* (1895–1952), *Hans Seidel* (1880–1959), *Josef Simon* (1865–1949), *Fritz Soldmann* (1878–1945), *Jakob Steffan* (1888–

1957), *Fritz Ulrich* (1888–1969), *Hans Unterleitner* (1890–1971), *Wilhelm Weber* (1879–1961) sowie die Landtagsabgeordneten *Josef Amann* (1879–1971), *Erhard Auer* (1874–1945), *Heinrich Delp* (1878–1945), *Johann Dürr* (1880–1952), *Josef Heid* (1882–1944), *Josef Laumer* (1887–1973), *Philipp Martzloff* (1880–1962), *Kuno Rieke* (1897–1945), *Albert Rohloff* (1896–1961), *Albert Roßhaupter* (1878–1949), *Matthäus Schneider* (1877–1944), *Gustav Steinbrecher* (1876–1940), *Jean Stock* (1893–1965), *Otto Sturmfels* (1880–1945), *Otto Thielemann* (1891–1938), *Jakob Trumpfheller* (1887–1975), *Arthur Tübel* (1880–1957), *Walter Zimmerer* (1884–1959). Zu den überlebenden Sozialdemokraten gehörte *Fritz Erler* (1913–1966) (s. S. 24).

Seit 1965 existiert eine *KZ-Gedenkstätte Dachau*, die sich in Trägerschaft der 2003 eingerichteten *Stiftung bayerische Gedenkstätten* befindet. Daneben befinden sich auf dem Gelände Einrichtungen in kirchlicher Trägerschaft.

➔ Die Öffnungszeiten sind täglich zwischen 9 Uhr und 17 Uhr. Eine Führung für Einzelpersonen findet täglich um 12 Uhr statt. Für Gruppenführungen ist eine Anmeldung erforderlich. Informationen: www.kz-gedenkstaette-dachau.de; E-Mail: bildung@kz-gedenkstaette-dachau.de Die *KZ-Gedenkstätte* ist erreichbar ab Bahnhof Dachau mit dem Regionalbus 726 (Richtung *Saubachsiedlung*) bis zur Haltestelle *KZ-Gedenkstätte*.

Orte in München

Verkehrslokale der Münchener Sozialdemokraten
SPD-Zentrale,Redaktion und Verlag der Münchener Post
Kurt-Eisner-Gedenktafel
Grab von Wilhelm Hoegner

1869 wurde ein Ortsverein des *Allgemeinen Deutschen Arbeitervereines* (ADAV) in München gegründet, der in einer Gaststätte in der *Baaderstraße 70* tagte. Sie wurde von *Georg Birk*

(1839–1924) betrieben, der als erster Sozialdemokrat in das Münchener Gemeindekollegium einzog. *Georg Birk* eroberte 1890 den Reichstagswahlkreis *München I*, den er bis 1907 verteidigte. In der sogenannten Hottentotten-Wahl, bei der sich die bürgerlichen Parteien gegen die Sozialdemokratie zusammenschlossen, die die Kolonialpolitik der kaiserlichen Regierung kritisierte, gehörte Georg Birk zu den Wahlkreisverlierern. Der antiimperialistische Kurs der SPD kostete sie 1907 die Hälfte ihrer Reichstagsmandate.

Das Haus ist noch vorhanden (restaurierter Altbau), jedoch keine Gedenktafel.

Einen besonderen Ruf erwarb sich die Gaststätte *El Dorado* in der *Holzstraße 3*. Dort hielt der Führer der bayerischen Sozialdemokraten *Georg von Vollmar* (1850–1922) am 1. Juni und 6. Juli 1891 seine programmatischen Reden, die als *El-Dorado-Reden* berühmt wurden. Vollmar plädierte für Mitarbeit in den Parlamenten und Umgestaltung des kaiserlichen Systems zu einer parlamentarischen Demokratie. Seine pragmatische Politikauffassung gehört zu den Grundlagen des *Reformismus*, den die SPD-Mehrheit damals ablehnte.

Das Haus ist noch vorhanden, jedoch keine Gedenktafel.

Die *SPD-Zentrale* befand sich bis 1933 im *Altheimer Eck 18* und in der *Pestalozzistraße 40/42*. Die Pestalozzistraße wurde im Krieg zerstört, auf dem Grundstück befindet sich ein modernes Geschäfts- und Wohnhaus. Eine Gedenktafel ist nicht vorhanden.

Im *Altheimer Eck 19* residierten Redaktion, Verlag und Druckerei der *Münchener Post*, die ab 1888 erschien, ab 1890 sogar täglich. Nach anfänglichen wirtschaftlichen Schwierigkeiten konnte die Zeitung ab 1905 profitabel arbeiten. Die *Münchener Post* erwarb sich Ansehen durch die Aufdeckung von sozialen Missständen und die Kritik an der Militarisierung des öffentlichen Lebens. Aufsehen erregte 1907 eine Artikelserie über das terroristische Vorgehen des Kolonialpolitikers *Carl Peters* (1856–1918) in Ostafrika. Während der Weimarer Republik löste die Kritik der *Münchener Post* am reaktionären Klima in Bayern regelmäßig Prozesse, Verbote und tätliche Angriffe auf Redaktion und Verlag aus. Am 9. März 1933 wurden die *Münchener Post* und die Parteizentrale von der SA besetzt. Die Büroräume wurden verwüstet, die Maschinen zerstört und die Redakteure verhaftet.

Eine Würdigung der journalistischen Arbeit der *Münchener Post*, ihrer hellsichtigen Berichte über das Erstarken des Nationalsozialismus enthält das Geschichts-Reisebuch *In Europa. Eine Reise durch das 20. Jahrhundert* des niederländischen Schriftstellers *Geert Mak*.

Zwischen Neuhauser Straße und Altheimer Eck wird 2012 das *Joseph Pschorr Haus* errichtet.

Folgende Parteitage der SPD fanden in München statt: 1902 (*Schwabinger Brauerei*), 1956 (*Kongress-Saal des Deutschen Museums*) und 1982 (*Olympiahalle*).

→ Die nächsten U-Bahn-Stationen sind *Sendlinger Tor*, *Fraunhoferstraße*, *Marienplatz* und *Karlsplatz* (*Stachus*).

Kurt-Eisner-Gedenktafel

Oberanger 36

In der Nacht vom 7. zum 8. November 1918 rief der Schriftsteller und ehemalige Redakteur der *Leipziger Volkszeitung* und des *Vorwärts*, *Kurt Eisner* (1867–1919), in München den republikanischen *Freistaat Bayern* aus und leitete damit den Sturz der Monarchien in den Ländern und im Reich ein.

Der entschiedene Pazifist *Eisner* hatte sich wegen der Burgfriedenspolitik der SPD-Mehrheit den Dissidenten in der USPD angeschlossen. Wegen seiner Kritik an der kaiserlichen Politik wurde er wiederholt während des Ersten Weltkrieges inhaftiert, so auch bis Oktober 1918.

Er war Vorsitzender des nach dem 9. November 1918 gebildeten *Zentralrats der Arbeiter-, Bauern- und Soldatenräte* und wurde danach Ministerpräsident der von MSPD und USPD gebildeten Regierung. *Eisner* trat für eine Synthese aus Rätesystem und parlamentarischer Regierungsweise ein, für die sich jedoch in der Landtagswahl am 12. Januar 1919 keine Mehrheit fand.

Da die USPD nur drei von 180 Sitzen erhielt, wollte *Eisner* zurücktreten. Auf dem Weg zur Eröffnung des Landtages wurde *Kurt Eisner* am 21. Februar 1919 von dem Nationalisten *Anton Graf von Arco auf Valley* (1897–1945) erschossen. Die Ermordung *Eisners* löste einen Aufstand aus, der in die Proklamation der *Räterepublik in Bayern* überging, die von Freikorps und Reichswehr blutig ausgelöscht wurde. Seitdem gingen in Bayern die Uhren anders. Die bayerischen Verhältnisse der Folgejahre, die ein Nährboden für den aufkommenden Nationalsozialismus wurden, beschreibt *Lion Feuchtwanger* (1884–1958) in seinem Roman *Erfolg*.

Neben dem *Georg-von-Vollmar-Haus* der Bayern SPD erinnert seit 2011 ein gläsernes Denkmal mit dem Eisner-Zitat »Jedes Menschen Leben soll heilig sein« und einem stilisiertes Einschussloch an die Ermordung Kurt Eisners.

Eine 1976 am Promenadenplatz enthüllte Gedenktafel für Kurt Eisner ist dort nicht mehr vorhanden, sie lagert heute im Stadtmuseum.

→ Vom Hauptbahnhof mit der U2 (Richtung *Messestadt Ost*) bis *Sendlinger Tor*. Von dort der Straße *Oberanger* in nordöstlicher Richtung folgen.

Grab von Wilhelm Hoegner

Wilhelm Hoegner (1878–1980) Rechtsanwalt und Amtsrichter, trat 1919 der SPD bei, von 1924 bis 1930 gehörte er dem

Bayerischen Landtag an, von 1930 bis 1933 dem Reichstag. Wegen seiner besonderen Gefährdung nach der nationalsozialistischen Machtübernahme ging er schon 1933 ins Exil, zunächst nach Österreich und danach in die Schweiz. Hoegner beschäftigte sich im Exil intensiv mit dem Wiederaufbau eines demokratischen Deutschland nach dem Ende des NS-Regimes. Unmittelbar nach Kriegsende kehrte *Wilhelm Hoegner* nach Bayern zurück, wirkte beim Aufbau der Justizverwaltung mit und wurde im September 1945 von der US-Militärregierung zum bayerischen Ministerpräsidenten ernannt. Er amtierte bis Dezember 1946. Nach Differenzen mit der Mehrheit der bayerischen SPD über den einzuschlagenden Koalitionskurs zog er sich für einige Jahre aus der Politik zurück, übernahm aber zur Landtagswahl 1950 erneut die Spitzenkandidatur. 1954 gelang ihm bei der Bildung der *Viererkoalition* (SPD, Bayernpartei, BHE, FDP) für drei Jahre die Rückkehr ins Amt des Ministerpräsidenten. Mit Hoegners politischer Arbeit ist die Gestaltung der Verfassung des Freistaates Bayern verbunden.

In Erinnerung an seine politische Arbeit hat die bayerische SPD den *Wilhelm-Hoegner-Preis* gestiftet, der jährlich an Persönlichkeiten verliehen wird, die sich um den Erhalt und die Sicherung der Freiheits- und Bürgerrechte im Sinne *Wilhelm Hoegners* verdient gemacht haben. Zu den Preisträgern gehören u.a.: *Dieter Hildebrandt*, *Hildegard Hamm-Brücher*, *Hans-Jochen Vogel*, *Carl Amery* und *Heribert Prantl*.

Er wurde auf dem Friedhof am Perlacher Forst im Grab Nr. 7-A-56 beigesetzt.

➔ Vom Hauptbahnhof mit der U2 (Richtung *Messestadt Ost*) bis *Giesing*. Von dort der *Schwanseestraße* in südlicher Richtung bis *Stadelheimer Straße/Perlacher Forst* folgen

Karl-Bröger-Zentrum

Nürnberg
Karl-Bröger-Straße 9

In Nürnberg wurde bereits 1874 die Einrichtung einer Genossenschaftsdruckerei beschlossen. In den folgenden Jahrzehnten wuchsen Druckerei und Verlag, sodass mehrfach Umzüge und Neubauten notwendig wurden. Am 13. Oktober 1930 feierte die SPD mit der *Fränkischen Tagespost* den Einzug in das heutige, moderne Büro- und Geschäftshaus in der Ziegelgasse. Der sechsstöckige Stahlbetonbau, entworfen von den Architekten *Hans Müller* (1864–1951) und *Karl Kröck* (1897–1970), war zu dieser Zeit das höchste und modernste Gebäude in Nürnberg. Aufsehen erregte der Neubau durch seine Orientierung am Stil der Neuen Sachlichkeit.

Von 1908 bis 1930 war der Sitz der *Fränkischen Tagespost* und der SPD in der Breiten Gasse 25–27.

Die Verbotswelle der Nationalsozialisten gegen sozialdemokratische Zeitungen erreichte im März 1933 auch die *Fränkische Tagespost*. Am 9. März stürmten SA und SS das Druckereigebäude und zerstörten Einrichtung und Maschinen. Am 10. Mai 1933 beschlagnahmte die Polizeidirektion Nürnberg-Fürth das Gebäude und ließ es 1936 als Eigentum des Bayerischen Staates ins Grundbuch eintragen. Dieser verkaufte die Immobilie an die nationalsozialistische *Fränkische Tageszeitung GmbH*.

Im Krieg wurde das Gebäude stark zerstört. Bereits 1945 fanden sich Nürnberger Sozialdemokraten zusammen, um das Verlagsgebäude wieder aufzubauen. In der Nachkriegszeit zogen außerdem Landgericht und Landesarbeitsamt in das Haus ein; später zahlreiche Firmen und Verbände mit ihren Büros.

Das *Karl-Bröger-Haus* blieb aber ein Zentrum der Sozialdemokratie, auch nachdem am 30. November 1971 nach 102 Jahren die *Fränkische Tagespost* eingestellt wurde.

1997 wurde im denkmalgeschützten, umfassend sanierten Haus das *Karl-Bröger-Zentrum* als *Stätte der Begegnung* eröffnet.

Im *Karl-Bröger-Zentrum* befindet sich eine Erinnerungsstele an die *Verfolgten des Naziregimes* mit 266 Namen.

→ Das *Karl-Bröger-Zentrum* wird vom Südausgang des Hauptbahnhofs über den *Nelson-Mandela-Platz* in die *Celtisstraße* erreicht. Die *Celtisstraße* mündet in die *Karl-Bröger-Straße*.

Bedeutende SPD-Parteitage fanden in Nürnberg statt: 1922 (Der Vereinigungs-Parteitag von MSPD und USPD im *Hercules-Velodrom*), 1947 (in *Rosenau*, im *Rundbau des Zirkus Holzmüller*), 1968 (*Meistersingerhalle*), 1986 (*Frankenhalle*) und 2001 (*Messezentrum*)

1968 billigte der Parteitag den Eintritt in die Große Koalition mit der CDU/CSU und beschloss ein neues Parteistatut. 1986 wurde der Grundsatzbeschluss zur Einführung der Quote bei Ämtern und Mandaten gefasst.

Grab von Hans Vogel
Nürnberg
Westfriedhof

Hans Vogel (1881–1945), gelernter Bildhauer, begann seine politische Arbeit im *Bildhauerverband*, dessen Vorsitzender er in Fürth wurde (1905–1908). Ab 1908 arbeitete er als Bezirkssekretär für die SPD Nordbayerns. Von 1912 bis 1918 war er Mitglied des Bayerischen Landtages. 1919 wurde er Mitglied der Nationalversammlung und gehörte dem Reichstag von 1920 bis 1933 an. In den Parteivorstand der SPD wurde er 1927 gewählt, neben *Otto Wels* (s. S. 88) war *Hans Vogel* ab 1931 einer der beiden Vorsitzenden der SPD. Mit *Wels* und einem Teil des SPD-Parteivorstandes ging er 1933 ins Exil. In der

Tschechoslowakei, in Frankreich und in Großbritannien vertrat er den SPD-Vorstand im Exil (SOPADE), nach dem Tod von *Wels* 1939 allein. 1941 übernahm *Vogel* in Großbritannien den Vorsitz des *Exekutiv-Komitees* der *Union deutscher sozialistischer Organisationen in Großbritannien*. Aufgrund seiner schweren Erkrankung konnte er nach Kriegsende nicht nach Deutschland zurückkehren. Er starb am 6. Oktober 1945 in London. Erst später wurde er in Nürnberg beigesetzt.

Das Grab liegt in der Abteilung 12–11A auf dem *Westfriedhof*. Die Abteilung 12 befindet sich vom Haupteingang links, nahe der *Aussegnungshalle*.

Ebenfalls auf dem Westfriedhof beerdigt wurden der Sozialdemokrat der Gründungszeit *Karl Grillenberger* (s. S. 46) und der Arbeiterlyriker *Karl Bröger* (1886–1944).

➔ Der *Westfriedhof* ist erreichbar von Nürnberg Hauptbahnhof. mit der U-Bahn U2 (Richtung *Röthenbach*) bis Haltestelle *Plärrer* und von dort mit der Tram 6 (Richtung *Westfriedhof*) bis Haltestelle *Westfriedhof*.

Gründungslokal der bayerischen SPD

Regensburg
Reinhausen 12

Die Vereinsgesetze der Reichsländer verhinderten lange Zeit einen Zusammenschluss bestehender SPD-Ortsvereine auf Landesebene (*Verbindungsverbot*), so auch im Königreich Bayern bis 1898. Da nach dem Fall des Sozialistengesetzes 1890 die SPD schnell wuchs, mussten organisatorische Strukturen für die Zusammenarbeit gefunden werden. Deshalb verabredeten die bayerischen Delegierten auf dem Erfurter Parteitag 1891 die Vorbereitung einer Landesorganisation, die zur Täuschung der Polizeibehörden in *Agitationsbezirken* auftrat: *Südbayern* mit Ober- und Niederbayern sowie

Schwaben, *Nordbayern* mit Franken und der Oberpfalz, die damals bayerische *Pfalz* mit der Rheinpfalz und der Saarpfalz. Für die 1. Landeskonferenz übernahm die fränkische SPD Organisation und Einladung. In der Landeskonferenz am 26. Juni 1892 nahmen 70 Delegierte aus 46 Orten teil. Die Tagesordnung lautete: *Die Tätigkeit des bayerischen Landtages und die Wahlen zu demselben im Jahre 1893 sowie Agitation und Organisation.*

Die führenden Politiker bei der Gründung der Landesorganisation waren *Georg von Vollmar* (1850–1922) aus München (s. S. 39), *Karl Grillenberger* (1848–1897) aus Nürnberg und *Karl Josef Ehrhart* (1853–1908) aus Ludwigshafen.

Die Organisation der Landeskonferenz stieß in *Regensburg* auf große Schwierigkeiten, da die Liberalen im Stadtrat die Regensburger Gastwirte zu einem Boykott zwangen, sodass die Sozialdemokraten auf den damals selbstständigen Arbeitervorort *Reinhausen* ausweichen mussten. Im Saal des *Gasthauses Schrödel* konnten sie sich versammeln. Im von der *Maschinenfabrik Reinhausen* geprägten Ort bestand schon seit 1873 eine SPD-Sektion. Der Regensburger Boykott gegen die SPD bestand bis zur Novemberrevolution 1918, sodass selbst bei Veranstaltungen mit *August Bebel*, *Wilhelm Liebknecht* und *Ignaz Auer* nach *Reinhausen* ausgewichen werden musste.

Am Haus befindet sich eine Erinnerungstafel:

Am 16. Juni 1892 wurde hier im ehemaligen Schrödelsaal der Landesverband Bayern der Sozialdemokratischen Partei Deutschlands gegründet.

➔ Das *Gründungslokal* wird vom *Hauptbahnhof* mit der Buslinie 3 (Richtung *Wutzlhofen*), Abfahrt am Busknoten *Albertstraße*, erreicht (Haltestelle *Reinhausen-Brücke*).

Hannsheinz-Bauer-Haus
Würzburg
Semmelstraße 46

Das Traditionshaus der Würzburger Sozialdemokratie ist seit 1912 Eigentum der SPD. Die Würzburger Sozialdemokraten erwarben den Gebäudekomplex vom *Brauhaus Würzburg*. Im Vorderhaus wurde die Wirtschaft *Falstaff* beibehalten und verpachtet. Im ersten Stock befanden sich die SPD-Büros sowie die Büros verschiedener Gewerkschaften. Im Rückgebäude lagen die Räume des Verlags und der Druckerei des *Fränkischen Volksfreunds*.

Nach den Reichstagswahlen vom 5. März 1933 wurde die Auslieferung der Zeitung behindert und das Gebäude von SA-Verbänden besetzt. Am 14. März erschien der *Fränkische Volksfreund* zum letzten Mal. Der NS-Staat beschlagnahmte und enteignete das Verlagsgebäude und nutzte es als Druckerei für die *Mainfränkische Zeitung*. Bei einem Luftangriff am 16. März 1945 wurde das Gebäude völlig zerstört.

Nach langwierigen Verhandlungen mit den bayerischen Wiedergutmachungsbehörden begann 1958 der Wiederaufbau. In den Neubau zog 1959 die SPD ein. Auch die Redaktion des wiedergegründeten *Fränkischen Volksfreunds* hatte dort erneut ihren Sitz. Die erste Ausgabe war bereits am 5. Februar 1949 erschienen. Kopfblatt war die in Nürnberg erscheinende *Fränkische Tagespost*. Im Jahr 1962 wurde die Würzburger Ausgabe eingestellt.

Im September 2001 begannen die Sanierungsarbeiten nach Plänen des Architekten *Alfred Nöth*, die dem Haus neue Nutzungen ermöglichen. Im Februar 2002 wurde das sanierte Haus eingeweiht.

Am Vorderhaus befindet sich eine Gedenktafel. In Erinnerung an den langjährigen SPD-Bundestagsabgeordneten *Hannsheinz Bauer* (1909–2005), der schon dem Parlamentarischen Rat angehörte, trägt das Haus seinen Namen. Im Haus befindet sich eine Ausstellung zur Geschichte der Würzburger SPD.

→ Vom *Hauptbahnhof* links halten, auf die gegenüberliegende Straßenseite wechseln. Durch die *Bahnhofstraße* geradeaus bis zur Haugerpfarrkirche. Nach der Kreuzung links abbiegen durch die *Haugerkirchgasse*. Von dort direkt in die *Semmelstraße*, nach links, ca. 50 m auf der rechten Seite liegt das *Hannsheinz-Bauer-Haus*. Zu Fuß ca. 10 Min. Keine Verbindung mit öffentlichen Verkehrsmitteln.

Willy-Brandt-Haus

Wilhelmstraße 140/141

Die Wahl Berlins zur Hauptstadt des wiedervereinten Deutschlands 1991 und die Beschlüsse über den Umzug von Bundestag, Bundesrat und Bundesregierung veranlassten die SPD, den Umzug nach Berlin vorzubereiten und sich umgehend nach einem geeigneten Gebäude oder Grundstück für eine neue Parteizentrale umzusehen. Die Wahl fiel auf das unbebaute Trümmer-Grundstück Stresemann-/Ecke Wilhelmstraße, nicht weit von den Parteisitzen der SPD vor 1933 entfernt.

Das belgische *Maison du Peuple* (Volkshaus), von dem Jugendstil-Architekten *Victor Horta* (1861–1947) für die *Sozialistische Partei Belgiens* in Brüssel von 1895 bis 1899 erbaut, war das Vorbild für viele Häuser, die die starke deutsche Sozialdemokratie Anfang des 20. Jahrhunderts baute: eine Einheit von Parteizentrale, Versammlungshaus, Produktionsbetrieb (Zeitung und Druckerei), preiswerter Gastronomie und Einkaufsstätten (Volksbuchhandlung und Konsum). Diese Häuser waren Ausdruck der von der Arbeiterbewegung vertretenen Gegenökonomie und Gegenkultur. Als 1945 der Wiederaufbau der SPD begann, wurde ein anderes Modell für die Parteihäuser gewählt. Die SPD wollte ihrem Wandel zur Volkspartei auch baulich Ausdruck verleihen. Es wurden Büro- und Versammlungshäuser gebaut, die die Parteibüros aufnahmen und Raum für die Sitzungen der Gremien boten.

Das *Willy-Brandt-Haus* bricht bewusst mit dem Funktionalismus der Parteihäuser der Nachkriegszeit und greift Ideen aus der Gründungszeit der Sozialdemokratie wieder auf. Dieses Haus soll mehr sein als eine Parteiverwaltung, es soll Versammlungsort, Diskussionsort und Ausstellungsort sein – ein Haus im Zentrum der Stadt, eine gesellschaftlich-wirtschaftliche Einheit, eingebettet in ihr Umfeld.

Als im September 1890 das Sozialistengesetz nach zwölfjähriger Geltung auslief – die Verlängerung hatte im Reichstag keine Mehrheit mehr gefunden – suchte der SPD-Parteivorstand für die aus der Teil-Illegalität zurückgekehrte Partei ein Domizil. Das erste Quartier fand sie in der Wohnung ihres Sekretärs *Ignaz Auer* (1846–1907) in der Katzbachstraße 9. *Ignaz Auer* stammte aus dem ländlichen Proletariat Niederbayerns. In Dommelstadl bei Passau geboren, erlernte er nach kurzem Schulbesuch den Sattlerberuf. Mitglied der SAPD seit 1869, wurde er 1875 Sekretär des Parteivorstandes. Er organisierte die Partei unter dem Sozialistengesetz, seinen Fähigkeiten verdankt die SPD ihren Aufstieg nach dem Ende des Gesetzes. Am Haus befindet sich eine Gedenktafel.

Später zog der Vorstand in die nicht weit entfernte Kreuzbergstraße 30.

Seit 1905 war schließlich die von *Curt Berndt* (1863–1925) entworfene *Vorwärts Buchdruckerei und Verlagsanstalt Paul Singer & Co* in der Lindenstraße 69 das neue, repräsentative Domizil der SPD. In den nächsten Jahren kaufte die SPD die Nachbargrundstücke Lindenstraße 2, 3 und 4 dazu, um einer weiteren Druckerei, der Parteischule, dem Vorstand und der Tageszeitung *Vorwärts* genügend Raum zu bieten. Bis 1925 wuchs der gesamte Komplex um die Lindenstraße bis hin zur Alten Jakobstraße 148–155 an. Damit hatte sich die Grundfläche von 8.467 auf 27.000 Quadratmeter vergrößert. Das Gelände blieb bis zur Besetzung durch SA und SS am 9. März 1933 Sitz von Vorstand, *Vorwärts*-Verlag, Redaktion, Druckerei, Vertrieb und Buchhandlung. Es folgten am 22. Juni 1933 das Verbot der SPD und die Liquidation des Parteivermögens.

Nach dem Zweiten Weltkrieg erhielt die SPD die teilzerstörten Gebäude zurück. Durch den Neubeginn in Hannover und den späteren Umzug in die Bundeshauptstadt Bonn blieben sie aber ungenutzt, und die SPD verkaufte sie schließlich 1962. Die Ruinen wurden abgerissen und machten neuen Nutzungen Platz. Eine Gedenktafel ist in Planung.

Das *Willy-Brandt-Haus*, die neue Parteizentrale der SPD, steht in diesem historischen Umfeld, im Zentrum der Stadt. Als die SPD das Grundstück erwarb, existierte bereits ein Entwurf des Architekten *Helge Bofinger* für ein Wohn- und Bürohaus. Dieser Entwurf war Teil des 1981 ausgelobten Wettbewerbs *Berlin, Südliche Friedrichstadt, Wilhelmstraße (Block 19)* der Internationalen Bauausstellung Berlin (IBA) gewesen. Die IBA (1979–1986) war die Reaktion auf die städtebaulichen Fehlplanungen der 1950er- und 1960er-Jahre. Die Entwürfe der IBA verstanden sich als Beiträge zur kritischen Rekonstruktion der Stadt. In diesem Kontext entschied sich *Bofinger* bei dem Entwurf für das spitzwinkelige Grundstück für ein Haus, das die historischen Strukturelemente der Stadt aufnehmen sollte, ohne das historische Bild zu imitieren. 1992 erhielt *Helge Bofinger* den Auftrag, die neue SPD-Zentrale zu bauen. Der Architekt erarbeitete auf der Grundlage seines Entwurfes ein Mehrzweckhaus mit politischer, wirtschaftlicher und kultureller Nutzung.

Als Bauherrin steuerte die damalige SPD-Schatzmeisterin *Inge Wettig-Danielmeier* die Planung und ihre Realisierung, wobei sie ihre Handschrift beim Design des Hauses durchsetzte, was sich in der Ausstattung, der Präsentation sozialdemokratischer Geschichte und dem Aufbau einer *Sammlung im Willy-Brandt-Haus* zeigt.

Obwohl die Umzugsbeschlüsse keinen Zweifel am tatsächlichen Vollzug zuließen, waren zahlreiche Hindernisse bei der Realisierung zu überwinden. Zunächst war die Berliner Verwaltung unzureichend auf die Fülle der Großprojekte vorbereitet, die der Umzug auslöste, und trug damit zu vielerlei Verzögerungen bei. Besonderer Widerstand musste in Bonn überwunden werden, da beim Personal des SPD-Parteivorstandes die Illusion gepflegt wurde, die SPD könne ihre Parteizentrale zwischen Bonn und Berlin teilen. Erst ein großzügiger Sozialplan beendete diesen merkwürdigen Streit.

Das Herzstück des Hauses ist das Atrium in der Mitte. Von der Basis des Atriums führen Treppen und zwei gläserne Aufzüge in sechs Büroetagen, den Presseraum und die Konferenzräume. In der sechsten Etage, in der Spitze des Baus, befindet sich der große Präsidiumssaal. Im ersten und zweiten Obergeschoss sind Büroräume an Dritte vermietet. An den Straßenfronten nimmt es eine Reihe von Geschäften auf, darunter eine Buchhandlung mit Antiquariat. In der Passage, die die Wilhelm- mit der Stresemannstraße verbindet, befinden sich ein Souvenir-Laden der SPD und ein Restaurant.

Eine Besonderheit des Bauwerkes sind seine hohen Umweltstandards. Das *Willy-Brandt-Haus* ist ein Energiesparhaus. Energiesparendes Bauen, energiesparende Anlagen und Gerätetechnik sowie eine bedarfsgerechte Energiebereitstellung sind die Bausteine seiner umweltgerechten Energieversorgung. Ein eigenes Blockheizkraftwerk versorgt das Haus mit Strom für Heizung, Kühlung und Warmwasserbereitung. Auf dem Dach gibt es nicht nur Rasen, sondern eine Konstruktion für Solarzellen. Der Energieverbund arbeitet mit einem Wirkungsgrad von 86 Prozent, die Einsparung an Primärenergie im Vergleich zu herkömmlichen Systemen beträgt 22 Prozent, die CO_2-Minderung sogar 57 Prozent. Ebenfalls beträchtlich ist die Senkung des Schadstoff- und des Staubausstoßes.

Am 10. Mai 1996 wurde das *Willy-Brandt-Haus* eingeweiht; im Sommer 1999 zog der gesamte Parteivorstand von Bonn nach Berlin um, nachdem vorher nur einige Referate sowie SPD-Unternehmen den Neubau genutzt hatten. Das *Willy-Brandt-Haus* ist seitdem nicht nur ein Ort der Politik, sondern

auch der Kultur und Kommunikation. Zur Abrundung ihres neuen Standortes erwarb die SPD die Immobilie Stresemannstraße 30, die als *Paul-Singer-Haus* neben dem Politischen Archiv der SPD, Redaktion und Verlag des *Vorwärts* sowie weitere SPD-Unternehmen beherbergt. Mit dem Namen wird an den langjährigen Ko-Vorsitzenden von *August Bebel* erinnert. *Paul Singer* (1844–1911) war von großem Einfluss in der Berliner SPD und zeichnete sich durch großzügiges Mäzenatentum aus. Im Hof des *Paul-Singer-Hauses* steht die *Robespierre-Skulptur* des Bildhauers *Alfred Hrdlicka* (1928–2009).

Der *Freundeskreis Willy-Brandt-Haus e.V.* ist Initiator zahlreicher Veranstaltungen und Ausstellungen, mit denen sich das Haus zur Stadt hin öffnet. Seit Beginn seiner Tätigkeit hat der *Freundeskreis* über 300 Ausstellungen, Buchvorstellungen, Diskussionsveranstaltungen und Filmabende veranstaltet. Daneben ist das Haus zum zentralen Veranstaltungsort der SPD geworden. Der *Freundeskreis* ist auch Träger der *Sammlung im Willy-Brandt-Haus*, die seit 1996 mit den Schwerpunkten *klassische Moderne, von den Nazis verfolgte Moderne, staatsferne Kunst der DDR* und *zeitgenössische Kunst* aufgebaut wird. Die *Sammlung* verleiht Kunstwerke an Büros der SPD und befreundeter Organisationen, und sie organisiert aus ihren Beständen Wanderausstellungen.

Im Atrium steht die große *Willy-Brandt-Skulptur* des Malers und Bildhauers *Rainer Fetting*, die viele Besucher anzieht und seit 1996 zu einem Bildsymbol für das *Willy-Brandt-Haus* geworden ist.

➔ Das *Willy-Brandt-Haus* ist von Montag bis Freitag geöffnet. Die Ausstellungen können von Dienstag bis Sonntag, 12 bis 18 Uhr, besucht werden. Der Besuch ist kostenlos. Über die wechselnden Ausstellungen informiert die Homepage www.willy-brandt-haus.de. Angemeldete Gruppen können Sonderführungen erhalten. Das *Willy-Brandt-Haus* ist über die U-Bahn-Station *Hallesches Tor* und *Möckernbrücke* in ca. 5 Min. erreichbar (Ausgang ausgeschildert); von der S-Bahn-Station *Anhalter Bahnhof* in ca. 10 Min. Vom *Hauptbahnhof* mit der M41 ab Haltestelle *Europaplatz* in 10 Min. bis zur Haltestelle *Willy-Brandt-Haus*.

Orte beim Willy-Brandt-Haus

Wer die Spuren deutscher Geschichte in Berlin suchen will, der wird ein überreiches Angebot finden, das ihn wochenlang beschäftigen kann. Preußisches Königreich, Kaiserreich, Weimarer Republik, Nationalsozialismus, das Berlin der Alliierten, DDR, Westberlin, Revolutionen und Aufstände haben zahlreiche und auch tiefe Spuren hinterlassen, die eine aktive Stadtgeschichte unter den geschichtspolitischen Aspekten der wechselnden politischen Systeme dokumentiert hat. Aus zahlreichen Führern kann dies recherchiert werden.

Auch für ein Reisebuch, das den Spuren der sozialdemokratischen Erinnerungsorte nachgeht, ist dieses Angebot zu groß. Der Verfasser musste deshalb eine Auswahl treffen, vor allem nach historischer Bedeutsamkeit und nach ihrem Stellenwert in der Geschichte der Sozialdemokratie.

Wer den Weg aus dem *Willy-Brandt-Haus* zur *Wilhelmstraße* wählt, erreicht in Richtung *Unter den Linden* nach ca. 500 m auf der linken Seite das Gelände der *Topographie des Terrors*, Eingang in der *Niederkirchnerstraße*. Gegenüber der *Topographie* liegt das *Berliner Abgeordnetenhaus*, neben der *Topographie* der *Martin-Gropius-Bau*, die Ausstellungshalle des Bundes. Von dort kann mit dem Bus *M41* der *Hauptbahnhof* sowie die U-Bahn-Station *Hallesches Tor* erreicht werden. Vom *Abgeordnetenhaus* liegt 200 Meter entfernt der *Potsdamer Platz* mit S-, U-Bahn- und Busstationen.

Ein anderer Weg führt von der *Ecke Niederkirchner-/Wilhelmstraße* am *Bundesfinanzministerium* vorbei bis zur *Kreuzung Wilhelmstraße/Leipziger Straße*, von dort nach links in die Leipziger Straße ca. 300 Meter bis zum *Potsdamer Platz*. An der Kreuzung befindet sich das Wandrelief aus DDR-Zeiten und das *Mahnmal 17. Juni 1953*.

Wem der Fußweg zu lang ist, der kann von der Haltestelle *Willy-Brandt-Haus* in der Stresemannstraße zwei Stationen mit dem *M41* bis zur Haltestelle *Abgeordnetenhaus* fahren.

Ein weiterer, etwas längerer Weg zum Ort des früheren *Vorwärts-Gebäudes* (s. S. 50) beginnt ebenfalls am Ausgang der *Willy-Brandt-Haus-Passage* in der Wilhelmstraße. Die Wilhelmstraße muss überquert werden, dann rechts in die *Franz-Klühs-Straße* einbiegen (*Franz Klühs* war ein *Vorwärts*-Redakteur, der von den Nazis ermordet wurde.). Der *Franz-Klühs-Straße* bis zur Einmündung in die Lindenstraße folgen, ca. 200 Meter rechts liegt auf der anderen Seite der Lindenstraße das *Haus des Metallarbeiterverbandes* (s. S. 86), links das *Jüdische Museum*.

Den Ort der historischen Parteizentrale der SPD in der *Lindenstraße 3*, das *Vorwärts-Gebäude*, erreicht man von der *Passage des Willy-Brandt-Hauses* in ca. 10 Min. Fußweg: in der Passage den Ausgang in die Wilhelmstraße wählen, von dort nach links ca. 150 Meter in Richtung Unter den Linden, die Straßenseite wechseln und der Rahel-Varnhagen-Promenade bis zur Friedrichstraße folgen. Die Friedrichstraße queren und die E.T.A.-Hoffmann-Promenade bis zur Lindenstraße gehen. Schräg gegenüber dem *Jüdischen Museum* lag der historische Parteisitz der SPD. Dort befinden sich heute Parkplätze, ein Schulhof und die Akademie des *Jüdischen Museums*.

Eine Erinnerungstafel ist in Planung.

Am *Jüdischen Museum* vorbei führt die Promenade zur *Berlinischen Galerie*. Sowohl im *Jüdischen Museum* wie in der *Berlinischen Galerie* befindet sich eine Restauration, die montags jedoch geschlossen ist.

Topographie des Terrors

Niederkirchnerstraße 8

Die Wilhelmstraße mit angrenzenden Straßen war das Regierungszentrum Preußens, des Kaiserreichs und der Weimarer Republik gewesen, sodass das nationalsozialistische Deutsche Reich diesen Stadtteil nur umgestalten musste, was mit der *Neuen Reichskanzlei* und dem *Reichsluftfahrtministerium* in neuer Architektur auch geschah. Mit dem *Prinz-Albrecht-Palais* und den umgebenden Gebäuden bauten SS und *Gestapo* einen historischen Baubestand zum Terrorzentrum des Dritten Reiches aus. Hier waren die Planungs- und Verwaltungszentrale des NS-Terrors, aber auch die Verhör- und Folterkeller der *Geheimen Staatspolizei* (Gestapo). Tausende begegneten hier dem unverschleierten Regime, wurden hier verhört und gefoltert, nicht wenige zu Tode. Für die Gegner des NS-Regimes – Sozialdemokraten, Kommunisten, Liberale, Kirchenleute und die rassisch Verfolgten – war die *Prinz-Albrecht-Straße* die letzte Station vor der KZ-Haft und dem Tod.

Nach langem Vorlauf existiert seit 2010 mit der *Topographie des Terrors* ein eindrucksvoller Erinnerungsort an den NS-Terror. Die Keller der Gestapo-Zentrale wurden zu einem Open-Air-Rundgang umgestaltet, der einen ergreifenden Einblick verschafft. Wer mehr als eine Stunde Zeit mitbringt, sollte das Dokumentationszentrum besuchen, das in einer sorgfältigen, bildreichen Ausstellung vom NS-Terror berichtet.

➔ Die *Topographie des Terrors* ist täglich von 10 bis 20 Uhr geöffnet. Sie ist mit den Buslinien M29 (Haltestelle *Wilhelmstraße/Kochstraße*), M41 (Haltestelle *Abgeordnetenhaus*), mit der S-Bahn S1 (Haltestelle *Anhalter Bahnhof*), der U-Bahn U2 (Haltestelle *Potsdamer Platz*) oder U6 (Haltestelle *Kochstraße*) erreichbar. Vom *Willy-Brandt-Haus* 15 Min. Fußweg in der *Stresemannstraße* Richtung *Potsdamer Platz*. Informationen: www.topographie.de

Abgeordnetenhaus von Berlin

Niederkirchnerstraße 5

Das *Abgeordnetenhaus von Berlin* entstand als *Preußischer Landtag* nach den Plänen des Architekten *Friedrich Schulze* (1843–1912) in einer langen Bauzeit von 1892 bis 1898. 1899 wurde das Gebäude eingeweiht. Es gehörte mit dem *Preußischen Herrenhaus* (heute *Bundesrat*) zum um die Wilhelmstraße entstehenden kaiserlich-königlichen Regierungsviertel.

Obwohl das Königreich Preußen mit der Reichsgründung 1871 an Bedeutung verlor, spiegeln die politischen Debatten im Landtag zentrale Fragen der preußisch-deutschen Politik wider. Im Mittelpunkt stand der Kampf der Sozialdemokraten gegen das Dreiklassenwahlrecht, das mit seinem an das Steueraufkommen gebundenen Stimmrecht den Einfluss der Bürger mit niedriger Steuerzahlung begrenzte, und Bürger ohne Steuerzahlung sowie Frauen grundsätzlich vom Wahlrecht ausschloss. Das Dreiklassenwahlrecht enthielt zudem eine weitere Diskriminierung, da die Stimmabgabe *offen* erfolgen musste. Die offene Stimmabgabe war der Auslöser für weitreichende Unterdrückungsaktionen gegen Sozialdemokraten durch die preußischen Behörden und feindliche Unternehmer. Um ihre Anhänger zu schützen, beschloss die SPD erst auf ihrem Parteitag 1897 in Hamburg die Teilnahme an Wahlen in Ländern mit dem auch für Kommunalwahlen geltenden Dreiklassenwahlrecht. Erstmals zog die SPD 1908 mit sieben von 443 Abgeordneten in den Preußischen Landtag ein, obwohl sie mit 23,9% stimmenstärkste Partei wurde. Der andauernde Kampf gegen diese Diskriminierung blieb erfolglos, da auch die Nationalliberalen und das katholische Zentrum die SPD nicht unterstützten. Erst die Novemberrevolution 1918 beseitigte dieses Wahlsystem. Regelmäßig beschäftigten die sozialen Kämpfe als Ausdruck der zunehmenden Industrialisierung den Preußischen Landtag, wobei seine Mehrheit wenig Verständnis für soziale Probleme zeigte. Als die gewachsene Streikfähigkeit der Gewerkschaften die Konflikte mit den Unternehmen verschärfte, bewegten diese auch den Landtag. Die wenigen SPD-Abgeordneten standen einer kompromisslosen Mehrheit im Landtag und der Regierung gegenüber.

Die Novemberrevolution 1918 machte den Landtag zum wichtigen Tagungsort für die Revolutionsorgane. Der *Vollzugsrat des Arbeiter- und Soldatenrates Groß-Berlin* nahm seinen

Sitz im Landtag. Er beeinflusste die Umgestaltung des Kaiserreiches, ohne jedoch die Befugnisse des *Rates der Volksbeauftragten*, der tatsächlichen revolutionären Regierung, kontrollieren oder sogar einschränken zu können. Nach dem Austritt der MSPD-Vertreter im Juli 1919 wurde der *Vollzugsrat* bedeutungslos, bis er im November 1919 aufgelöst wurde. Eine zentrale Bedeutung für die Richtung der Novemberrevolution erhielt das Abgeordnetenhaus, als vom 16.–19. Dezember 1918 dort *der Allgemeine Kongress der Arbeiter- und Soldatenräte Deutschlands* zusammentrat. Nach kontroversen Debatten entschied sich die übergroße Mehrheit der 489 Delegierten für die Wahl einer Verfassunggebenden Nationalversammlung und gegen ein Rätesystem, damit hatte sich die Ebert/Scheidemann-Linie, die eine repräsentative parlamentarische Demokratie wollte, unter den mehrheitlich der MSPD zuneigenden Delegierten durchgesetzt. Die Wahl wurde für den 19. Januar 1919 beschlossen.

Am Jahresende 1918 gründete sich im Abgeordnetenhaus aus den Abspaltungen von der SPD und der USPD, die zunächst selbstständig gehandelt hatten, die *Kommunistische Partei Deutschlands* (KPD). Der Gründungsparteitag vom 30.12.1918/1.1.1919 wählte eine kollektive Parteizentrale und beschloss nach kontroverser Debatte die Nichtteilnahme an den Wahlen zur Nationalversammlung.

Nachdem der *Vollzugsrat des Arbeiter- und Soldatenrates Groß-Berlin* am 10. November 1918 eine preußische Regierung aus revolutionärem Recht ernannt hatte, tagte diese im *Abgeordnetenhaus*, bis am 25. März 1919 der Präsident der nun gewählten preußischen Landesversammlung, der Sozialdemokrat *Robert Leinert* (1873–1940) die erste reguläre preußische Regierung ernannte. Sie wurde von *Paul Hirsch* (1868–1940) geführt, der dann nach dem Kapp-Putsch 1920 von *Otto Braun* (SPD – 1872–1955) abgelöst wurde. Unter Ministerpräsident Braun wurde die in Preußen bis 1932 regierende *Weimarer Koalition* aus SPD, Zentrum und DDP zum demokratischen Bollwerk im Deutschen Reich. In begrenztem Umfang gelangen ihr sogar gesellschaftliche Reformen, die jedoch die politische Niederlage des Jahres 1932 nicht verhindern konnten. Der *Preußische Landtag* war zwischen 1919 und 1933 ein zentraler Ort der Auseinandersetzung zwischen den demokratischen Parteien unter Führung der SPD und der radikalen politischen Rechten, zunächst der DNVP und ab 1930 der NSDAP. In diesen harten Auseinandersetzungen stand die KPD häufig an der Seite der radikalen Rechten.

Der SPD-Parteitag 1924 tagte im *Abgeordnetenhaus* (*Preußischer Landtag*).

Nach dem *Preußenschlag* am 12. Juli 1932, bei dem Reichskanzler *Franz von Papen* (Zentrum – 1879–1969) mit Hilfe einer verfassungswidrigen Notverordnung von Reichspräsident *Paul von Hindenburg* die rechtmäßige Regierung von *Otto Braun* durch einen Staatskommissar ablöste, blieb das *Abgeordnetenhaus* bis März 1933 Sitzungsort der rechtmäßigen Regierung bis diese durch eine weitere verfassungswidrige Notverordnung Hindenburgs vom 6. Februar 1933 entmachtet wurde. Versuche von Papens, auch den Preußischen Landtag aufzulösen, scheiterten, da der Landtag die Selbstauflösung verweigerte. Erst diese Notverordnung Hindenburgs schuf die Möglichkeit zur Auflösung des Landtages. Die Märzwahlen 1933 erbrachten dann die notwendigen Mehrheiten für die NSDAP zur Umgestaltung Preußens.

Am 18. Mai 1933 beschloss die nationalsozialistische Mehrheit des Landtages gegen die Stimmen der SPD, auch die anderen Fraktionen stimmten zu, ein Ermächtigungsgesetz. Es war die letzte Sitzung des Preußischen Landtags, der am 14. Oktober 1933 wie alle deutschen Landtage aufgelöst wurde.

Die nationalsozialistische Regierung unter Ministerpräsident *Hermann Göring* (1893–1945) beschloss im Oktober 1933 die Übertragung des Landtages an die *Stiftung Preußenhaus*, die sämtliche ihr übertragenen Gebäude des Landes

Preußen verwaltete. Von Juli 1934 bis Frühjahr 1935 tagte im *Abgeordnetenhaus* der Volksgerichtshof, eine der wichtigsten Institutionen des NS-Terrors. Nach dessen Auszug übertrug Göring das Haus dem *Aero-Club von Deutschland*, einer Lobbyistenvereinigung der wieder entstehenden Luftfahrt zur Nutzung. Als *Haus der Flieger* wurde es für nationalsozialistische Prunkveranstaltungen genutzt, bis der Bombenkrieg das Haus schwer beschädigte.

Obwohl die Regierung der DDR zahlreiche beschädigte Bauten aus preußischer Zeit abreißen ließ, blieben davon das *Abgeordnetenhaus* und das *Herrenhaus*, die schon die Sowjetische Militäradministration (SMAD) als wiederaufbaufähig eingestuft hatte, verschont. Erst die deutsche Einheit machte jedoch den Wiedereinzug eines demokratisch gewählten Parlamentes möglich. In das sorgfältig sanierte Gebäude zog am 28. April 1993 das *Abgeordnetenhaus von Berlin* ein.

Bemerkenswert ist eine Portrait-Galerie seiner Präsidenten. Vor dem *Abgeordnetenhaus* steht ein Denkmal des preußischen Staatsreformers *Heinrich Friedrich Karl Freiherr vom und zum Stein* (1757–1831), das die Bildhauer *Hermann Schievelbein* (1817–1867) und *Hugo Hagen* (1818–1871) gestaltet haben. Es wurde 1875 auf dem Dönhoffplatz aufgestellt und 2003 zum *Abgeordnetenhaus* versetzt. Es zeigt in den vier Eckfiguren: *Wahrheit*, *Vaterlandsliebe*, *Energie* und *Wahrhaftigkeit*. Die Reliefs stellen *Hoffnung*, *Opfermut*, *Volkserhebung* und *Triumph* dar. Das Fries zeigt die Erhebung des Volkes 1812/13 und Szenen aus dem Krieg gegen das napoleonische Frankreich.

➔ Das *Abgeordnetenhaus* kann täglich von 9 bis 18 Uhr besichtigt werden. Eine Ausstellung informiert über die Geschichte des Hauses.

Detlev-Rohwedder-Haus
(Bundesfinanzministerium)
Mahnmal 17. Juni 1953
Wilhelmstraße 97/Leipziger Straße

Das 1936 fertig gestellte *Reichsluftfahrtministerium* überstand den Zweiten Weltkrieg unzerstört, sodass 1945 sofort die Sowjetische Militäradministration einziehen konnte, der 1947 die Deutsche Wirtschaftskommission folgte, die als zentrale Wirtschaftsverwaltung für die Sowjetisch besetzte Zone eingerichtet wurde. Am 7.10.1949 tagte dort der *Volksrat,* der sich zur provisorischen *Volkskammer* der Deutschen Demokratischen Republik erklärte. In den folgenden Jahren zogen in das Haus zwölf DDR-Ministerien ein; es erhielt den Namen *Haus der Ministerien*.

Am 20.12.1971 wurde im *Haus der Ministerien* das Viermächteabkommen über Berlin unterzeichnet, das Teil der neuen Ostpolitik der Sozialliberalen Koalition war.

Nach der Wende wurde das Haus ab 1990 von verschiedenen Einrichtungen des Bundes genutzt, u.a. von der Treuhandanstalt. In Erinnerung an deren ermordeten Präsidenten *Carsten Detlev Rohwedder* (SPD – 1932–1991) trägt das Haus seit 1992 den Namen *Detlev-Rohwedder-Haus*. Seit dem Umzug von Bonn nach Berlin wird das *Detlev-Rohwedder-Haus* vom *Bundesfinanzministerium* genutzt.

Das umfassend sanierte Haus, das von dem Architekten *Ernst Sagebiel* (1892–1970) mit Stilelementen der Neuen Sachlichkeit entworfen wurde, enthält noch zahlreiche Kunstwerke aus der NS-Zeit. An zentraler Stelle (Ecke Wilhelmstraße/Leipziger Straße) wurde das zerstörte Soldatenrelief von *Arno Waldschmidt* (1873–1958) aus dem Jahre 1941 durch ein Wandbild des kommunistischen Künstlers *Max Lingner* (1888– 1959) ersetzt. Das 1953 enthüllte Wandbild ist ein typisches Produkt unter dem Einfluss der Kunstdoktrin des sozialistischen Realismus mit dem Titel *Die Bedeutung des*

Friedens für die kulturelle Entwicklung der Menschheit und die Notwendigkeit des kämpferischen Einsatzes für ihn. Dargestellt werden Stationen der frühen DDR.

Einen Kontrast dazu bildet das *Bodenbild* von *Wolfgang Rüppel* auf dem Eckplatz davor, das eine Demonstrationsszene des 17. Juni 1953 verarbeitet. Am 17. Juni war das *Haus der Ministerien* Ziel der demonstrierenden Bürgerinnen und Bürger der DDR, die gegen die schlechte wirtschaftliche Lage und das kommunistische Herrschaftssystem protestierten. Der Berliner Aufstand, den die Geschichtsschreibung als einen Arbeiteraufstand beschreibt, weitete sich über die DDR aus und konnte erst durch das Eingreifen der sowjetischen Truppen niedergeschlagen werden. Die Niederschlagung des Aufstandes löste eine breite Fluchtwelle in die Bundesrepublik aus.

Einmal jährlich im Sommer gibt es einen *Tag der offenen Tür*. Wenige Meter entfernt befindet sich der *Bundesrat* in der Leipziger Straße, im ehemaligen Sitz des *Preußischen Herrenhauses*.

Der Reichstag

Schon für den 1867 gebildeten Norddeutschen Bund, dem Bundesstaat der seit dem preußisch-österreichischen Krieg 1866 mit Preußen verbündeten norddeutschen Länder, wurde ein *Reichstag* gewählt, in den neben *August Bebel* mit *Reinhold Schraps* (1833–1917) noch ein weiterer Sozialdemokrat einzog. Bei der 2. Wahl 1867 errang auch *Wilhelm Liebknecht* ein Reichstagsmandat. Auch für den *Reichstag* des 1871 gegründeten Kaiserreichs wurde *August Bebel* gewählt. Die sozialdemokratischen Parteien schafften seitdem stets den Einzug in den *Reichstag*, selbst unter den schwierigen Bedingungen des Sozialistengesetzes (1878–1890). Obwohl das Reichstagswahlrecht die SPD deutlich benachteiligte, wurde sie bei der Wahl 1912 die stärkste Fraktion im *Reichstag*. Von 1867 bis 1918 war der *Reichstag* die Tribüne des politischen Kampfes der SPD gegen die Politik der kaiserlichen Regierungen. Am 9. November 1918 rief dort der SPD-Politiker *Philipp Scheidemann* (1865–1939) von einem Fenster des Westbalkons die Deutsche Republik aus.

Mit der Umgestaltung des Deutschen Reiches nach der Novemberrevolution 1918 zu einer parlamentarischen Demokratie wurde der *Reichstag* zu einem zentralen Ort der Politikgestaltung in der Weimarer Republik. Regierungen benötigten das Vertrauen der Mehrheit, und das Parlament gestaltete die Gesetzgebung ohne durch Vorrechte des Kaisers eingeschränkt zu sein. Von 1919 bis 1932 verteidigte die SPD die Stellung der stärksten Fraktion im Reichstag und wurde dadurch zur wichtigen Verfassungskraft in den schwierigen Jahren der Weimarer Republik. Ab 1930 verlor sie jedoch an Einfluss und konnte den Vormarsch der Nationalsozialisten nicht stoppen, die 1932 erstmals stärkste Fraktion wurden. Nach der Machtübertragung an *Adolf Hitler* 1933 stellte sich nur die SPD-Reichstagsfraktion am 23. März 1933 gegen die Abschaffung der Demokratie durch das Ermächtigungsgesetz. Bald darauf verloren die Sozialdemokraten ihre Reichstagsmandate, auch den Abgeordneten der bürgerlichen Parteien, die dem Ermächtigungsgesetz zustimmten, wurden die Mandate aberkannt. Der *Reichstag* blieb bis zum Ende des NS-Systems ein aus Nationalsozialisten zusammengesetztes Akklamations-Parlament.

Der Deutsche Bundestag nutzte ab 1969 das restaurierte Gebäude für Teilsitzungen, ein Plenum durfte aufgrund der Alliierten Vorbehaltsrechte nicht stattfinden. Seit dem Umzug von Bonn nach Berlin 1999 ist der *Reichstag* wieder Sitz eines deutschen Parlaments, offiziell mit dem Namen *Deutscher Bundestag*.

Für *Philipp Scheidemann* wurde 1976 eine Gedenktafel von der Bundestagspräsidentin *Annemarie Renger* (SPD) enthüllt.

Philipp Scheidemann ruft am 9. November 1918 die Republik aus.

Sie bezeichnet den Balkon, von dem *Scheidemann* am 9.11.1918 die Republik ausrief. Nach Auskunft der Bundestagsverwaltung befindet sich die Gedenktafel im Abgeordneten-Restaurant an der Stelle des Balkonfensters.

Der historische *Reichstag* tagte zunächst in der Leipziger Str. 3 und 4 (Gebäude nicht mehr vorhanden) bis er 1894 nach einer langen Wettbewerbs-, Planungs- und Bauphase in das heutige Gebäude einziehen konnte. Geplant und gebaut hatte das Gebäude der Architekt *Paul Wallot* (1841–1912). Bis 1933 blieb das Gebäude unverändert, Versuche der Erweiterung ab 1927 scheiterten.

Der Reichstagsbrand in der Nacht vom 27. auf den 28. Februar 1933, der vermutlich von dem Niederländer *Marinus van der Lubbe* gelegt wurde, zerstörte den inneren Teil des

Reichstags, weitere Zerstörungen geschahen im Zweiten Weltkrieg, jedoch blieb das Gebäude in seiner Substanz erhalten. Der Wiederaufbau war politisch umstritten, sodass erst ab 1961 der Wiederaufbau nach Plänen des Architekten *Paul Baumgarten* (1900–1984) erfolgte. Erst 1969 wurden die Arbeiten abgeschlossen. Seitdem wurde der *Reichstag* vom Bundestag und seinen Fraktionen genutzt, jedoch bis zur Wende nie für Plenarsitzungen oder eine Bundesversammlung. Die gegenüber dem Reichstag gelegene *Krolloper*, in der die Reichstagssitzungen nach dem Reichstagsbrand stattfanden, wurde im Zweiten Weltkrieg zerstört.

Mit der Entscheidung des Bundestages 1991 für den Umzug der Bundesorgane nach Berlin wurde der Umbau des *Reichstages* für eine zeitgemäße Parlamentsnutzung vorgegeben. Den Auftrag für den Umbau erhielt der Architekt *Sir Norman Foster*, der dem *Reichstag* mit der begehbaren Kuppel einen besonderen Akzent hinzufügte. Mit dem *Elisabeth-Lüders-Haus*, dem *Jakob-Kaiser-Haus* und dem *Paul-Löbe-Haus* wurde der historische *Reichstag* mit eindrucksvollen Neubauten für Büros und Sitzungssäle ergänzt, sodass mit dem gegenüberliegenden *Bundeskanzleramt* (Architekten: Axel Schultes, Charlotte Frank) und weiteren historischen Gebäuden (*Parlamentarische Gesellschaft*, frühere Dienstwohnung des Reichstagspräsidenten) ein eindrucksvolles Parlaments- und Regierungsviertel entstanden ist. Mit *Elisabeth Lüders* (1878–1966), *Jakob Kaiser* (1888–1971) und *Paul Löbe* (1875–1967) wurden Parlamentarier geehrt, die schon zur Zeit der Weimarer Republik dem *Reichstag* angehört hatten. Der Sozialdemokrat *Paul Löbe* war langjähriger Reichstagspräsident (1920–1924 und 1925–1932) und erster Alterspräsident des Bundestages (1949–1953).

Bevor der Umbau begann, realisierten *Christo und Jeanne-Claude* ihr Projekt *Verhüllter Reichstag* (*Wrapped Reichstag*), das breite Zustimmung erfuhr und gegen die düstere Symbolik des historischen *Reichstags* wirkte.

→ Die begehbare Kuppel kann täglich von 8 bis 24 Uhr besucht werden, letzter Einlass 23 Uhr. Die weiteren Bedingungen sollten erfragt werden: www.berlin.de/orte/sehenswuerdigkeiten/reichstag. Ein praktischer Weg für einen Besuch im Reichstag ist die Einschaltung des/der örtlichen Bundestagsabgeordneten. Der Reichstag ist über die S- und U-Bahn-Haltestellen *Brandenburger Tor, Potsdamer Platz, Friedrichstraße* zu erreichen, mit dem Bus M41 (Haltestelle *Voßstraße*), von diesen Halten sind es zwischen 5 bis 10 Minuten Fußweg. Die Erinnerungsorte beim Reichstag sind dann fußläufig über *Unter den Linden* oder *Behrenstraße* zu erreichen.

Orte beim Reichstag
Willy-Brandt-Forum

Unter den Linden 62–68

Nach vielen Jahren im *Schöneberger Rathaus*, wo einst *Willy Brandt* (1913–1992) als *Regierender Bürgermeister von Berlin* gearbeitet hatte, ist die Dauerausstellung der *Bundeskanzler-Willy-Brandt-Stiftung* (BWBS) in die Mitte Berlins umgezogen. Die Nähe zum *Reichstag*, dem *Bundeskanzleramt* und zentralen Ministerien ist der BWBS gut bekommen.

In Erwartung ansteigender Besucherzahlen wurde die Dauerausstellung zum politischen Leben *Willy Brandts* überarbeitet und nach den Erfahrungen der Museumspädagogik aufgefrischt. Wer sie besucht, kann an vielen Stationen ein lebendiges Bild vom Leben und der Arbeit dieses herausragenden Sozialdemokraten gewinnen, der als junger Mensch vom Nationalsozialismus aus Deutschland vertrieben wurde, nach dem Ende des NS-Regimes zurückkehrte, einen langen politischen Weg ging und dabei die SPD zu großen Erfolgen führte. Seine Kanzlerschaft war eine Zeit bedeutender innerer Reformen, mit der von ihm eingeleiteten neuen Ostpolitik geschah der erste Schritt zum Ende der Teilung Europas.

→ Das *Willy-Brandt-Forum* ist von Dienstag bis Sonntag, 10 bis 18 Uhr geöffnet. Informationen im Internet unter www.willy-brandt.de/forum-berlin.html. Das *Willy-Brandt-Forum* liegt in der Nähe der S- und der U-Bahn-Station *Brandenburger Tor*, von dort sind es ca. 5 Min. Fußweg.

Wege – Irrwege – Umwege
Die Entwicklung der parlamentarischen Demokratie in Deutschland
Deutscher Dom
Gendarmenmarkt

Der *Gendarmenmarkt* gehört zu den eindrucksvollsten Stadtplätzen Europas, deshalb sollte ein Besuch zum Pflichtprogramm einer historischen Tour in Berlin gehören. Die Kriegszerstörungen waren zu DDR-Zeiten schon beseitigt worden, sodass nach 1990 nur ergänzende Restaurierungen erforderlich waren. Die stark zerstörte Randbebauung ließ sich nicht wieder herstellen, sodass der Architekturpurist unzufrieden sein wird, doch der Auftritt von *Schauspielhaus* (Konzerthaus), *Deutschem* und *Französischem Dom* dürfte ihn trösten.

Die Entwicklung des *Gendarmenmarktes* zog sich über fast ein Jahrhundert hin. Im gezielten Ausbau der *Friedrichstadt* sollte auch der Platz des heutigen Gendarmenmarktes eine neue Gestalt erhalten. Ein entscheidender Schritt geschah jedoch erst 1777 mit dem Auftrag an *Carl von Gontard* (1731–1791) für die beiden Türme, die heute *Deutscher* und *Französischer Dom* genannt werden. Einen Rückschlag erlitt die Bebauung durch den Einsturz des Turms der *Deutschen Kirche*, sodass die spätbarocken Bauten erst 1785 eingeweiht werden konnten. Nach dem Brand des *Nationaltheaters* 1817 erhielt *Karl Friedrich Schinkel* (1781–1841) den Auftrag zum Wiederaufbau eines Theaters, das 1821 mit einer Aufführung von Goethes *Iphigenie auf Tauris* eingeweiht wurde. An der Gestaltung des Gendarmenmarktes haben mehrere Generationen von Architekten und Bildhauern mitgewirkt, deren Spuren man mit Hilfe von Spezialführern folgen kann. Der Platz konnte nach den schweren Kriegszerstörungen in historischer Gestalt restauriert werden, was bei der Randbebauung nicht erfolgte.

Der *Gendarmenmarkt* ist auch ein Erinnerungsort: 1848 musste König *Friedrich Wilhelm IV.* von Preußen den *Märzgefallenen* – Opfern des Eingreifens seiner Truppen gegen die demokratische Revolution – barhäuptig seine Reverenz erweisen, deren Särge waren vor dem *Deutschen* und *Französischen Dom* aufgestellt.

Im *Deutschen Dom* befindet sich seit dem Bonn-Berlin-Umzug des Bundestages die Ausstellung »Wege – Irrwege – Umwege. Die Entwicklung der parlamentarischen Demokratie in Deutschland«, die vorher im Reichstag zu besichtigen war. Deutsche Demokratie-/Parlaments-Geschichte stellt sie uns plastisch vor und vergisst dabei den Beitrag der Sozialdemokratie nicht.

→ Die Ausstellung ist von dienstags bis sonntags von 10 bis 18 Uhr geöffnet (von Mai bis September bis 19 Uhr). Die nächstgelegenen U-Bahn-Stationen zum Gendarmenmarkt sind: *Stadtmitte*, *Französische Straße* und *Friedrichstraße*. Audiotouren gibt es in den Sprachen Deutsch, Englisch und Französisch.

Im *Französischen Dom* wurde übrigens im Juni 1990 die gemeinsame *Arbeitsgemeinschaft sozialdemokratischer Frauen* (ASF) für die noch bestehende DDR und die Bundesrepublik gegründet. Gemeinsame Vorsitzende waren *Eva Kunz* (SPD der DDR) und *Inge Wettig-Danielmeier* (SPD der BRD).

Sitz des Zentralausschusses der SPD

Behrenstraße 37–39

Die Wiedergründung der SPD nach dem Zweiten Weltkrieg geschah uneinheitlich. Neben dem Wiederbeginn der politischen Tätigkeit gab es zahlreiche Erstgründungen. Während an vielen Orten Sozialdemokraten schon vor dem Ende des NS-Systems Kontakt aufnahmen und die Parteigründung vorbereiten, begrenzten die westlichen Besatzungsmächte die Initiativen zu Parteigründungen. Sie standen dem Entstehen des Parteiwesens skeptisch gegenüber, sodass sich die SPD bis Herbst 1945 nur auf lokaler Ebene organisieren konnte, einem überörtlichen Zusammenschluss begegneten die Militärregierungen mit Ablehnung (s. S. 156).

Anders verlief der Prozess der Parteigründung in der Sowjetisch besetzten Zone, wo die Gründung von Parteien schon im Juni 1945 erlaubt wurde. Die SPD gründete sich in Berlin am 12. Juni 1945, am 15. Juni konstituierte sich der *Zentralausschuss der Sozialdemokratischen Partei Deutschlands*, der seine Zuständigkeit bald auf die gesamte SBZ ausdehnte. Im *Zentralausschuss* übernahmen SPD-Politiker die Führung, die schon in der Weimarer Republik wichtige Ämter innegehabt hatten, darunter die ehemaligen Reichstagsabgeordneten *Otto Grotewohl* (1894–1964) und *Gustav Dahrendorf* (1901–1954). Zwischen *Zentralausschuss* und dem *Büro Schumacher* in Hannover kam es bald zu Differenzen über den einzuschlagenden Kurs in der Fusionsfrage mit der KPD und die politische Führungsrolle bei der Wiedergründung, ebenso war die zukünftige Politik für Deutschland als Ganzes strittig. Nach der Konferenz der Westzonen-SPD (s. S. 156) vollzog sich der Bruch in Stufen, bei dem sich der *Zentralausschuss* schließlich dem von der Sowjetischen Militärregierung ausgeübten Zwang unterwarf und trotz Widerstandes in der Partei die Vereinigung mit der KPD zur *Sozialistischen Einheitspartei Deutschlands* (SED) beschloss. (s. S.75)

Bis zur Zwangsvereinigung residierte der *Zentralausschuss* in der Behrenstraße in einem kriegsbeschädigten Haus, einem ehemaligen Gebäude der Dresdner Bank. Nach der Wende wurde das Haus für das *Hotel de Rome* umgebaut.

Eine frühere Gedenktafel aus der DDR-Zeit existiert nicht mehr.

Denkmal »versunkene Bibliothek«
Bebelplatz

Ab 1740 entstand nach Abtragung der Stadtbefestigung neben dem Opernhaus der *Opernplatz*. Von 1910 bis 1947 hieß er *Kaiser-Franz-Joseph-Platz*, danach wurde er nach dem Mitbegründer der Sozialdemokratie, *August Bebel*, in *Bebelplatz* umbenannt.

Der *Bebelplatz* war am 10. Mai 1933 Schauplatz einer großen Bücherverbrennung, die vom *Nationalsozialistischen Deutschen Studentenbund* angestoßen wurde. Bei der großen Zahl der Bücherverbrennungen im Deutschen Reich, insgesamt sind 93 Bücherverbrennungen nachweisbar, war die NS-Studentenorganisation führend, aber an zahlreichen Orten wirkten auch andere NS-Organisationen.

Das Ziel war die Zerstörung unerwünschter Literatur, daher der Name *Aktion wider den undeutschen Geist*. Getroffen werden sollten NS-kritische Autoren, wie *Thomas Mann*, *Bertolt Brecht*, *Alfred Döblin*, *Lion Feuchtwanger*, *Ernst Toller*, *Erich Maria Remarque*, *Erich Kästner*. Neben der Literatur standen auch sozialdemokratische, kommunistische und liberale Sachbuch-Autoren auf den Verbrennungslisten, wie *Karl Marx*, *Friedrich Engels*, *Karl Kautsky* und *Eduard Bernstein*. Für die Aktion wurden öffentliche Bibliotheken geplündert und die besetzten SPD- und Gewerkschaftsbüros, die Volksbibliotheken und Volksbuchhandlungen ausgeraubt. Aufgrund neuerer Untersuchungen steht fest, dass die Feuer vor allem mit diesem Raubgut beschickt wurden. In Berlin hielt NS-Reichspropagandaminister *Joseph Goebbels* (1897–1945) eine fanatische Feuerrede, die als Tondokument erhalten geblieben ist. 15 besonders angefeindete Autoren wurden mit neun Feuersprüchen (»Ich übergebe dem Feuer die Schriften von …«) in die Flammen geworfen.

An diesem Tag und den mit ihm verbundenen Kulturbruch erinnert in der Platzmitte das *Denkmal »versunkene Bibliothek«* von *Micha Ullmann*. Da ca. 20.000 Bücher am 10. Mai 1933 in Berlin verbrannt worden sein sollen, erinnert der unterirdische, nicht betretbare Raum, der durch eine Glasplatte abgedeckt ist, mit leeren Regalen an Platz für 20.000 Bücher.

→ Der Bebelplatz wird erreicht über Unter den Linden, er liegt gegenüber dem Haupteingang der Humboldt-Universität, umfasst von der Staatsoper, der Hedwigs-Kathedrale, dem Hotel de Rome und der Humboldt-Universität. Nächste S- und U-Bahnstationen: *Friedrichstraße*, *Brandenburger Tor*.

Deutsches Historisches Museum

Unter den Linden 2

Im ehemaligen preußischen *Zeughaus*, das 1730 von dem Architekten *Jean de Bodt* (1670–1745) als Militär-Arsenal fertiggestellt wurde, richtete die Regierung der DDR 1952 das *Museum für Deutsche Geschichte* ein, das ein besonderes DDR-Geschichtsbild fördern sollte.

Nach der Wende wurde dieses Museum aufgelöst und die CDU/CSU/FDP-Bundesregierung unter Bundeskanzler *Helmut Kohl* beschloss die Gründung eines *Deutschen Historischen Museums*, das 1991 eingeweiht wurde. Das umgebaute *Zeughaus* ergänzt ein von dem Architekten *Ieoh Ming Pei* entworfener Neubau.

Im Haupthaus befindet sich eine multimediale Dauerausstellung zur deutschen Geschichte, die zum 150. Gründungsjahr der SPD um sozialdemokratische Aspekte erweitert werden soll. Der Neubau präsentiert Sonderausstellungen.

→ Das *Deutsche Historische Museum* ist täglich von 10 bis 18 Uhr geöffnet. Informationen: www.dhm.de Nächste S- und U-Bahnstationen: *Friedrichstraße, Brandenburger Tor.*

Orte um das Rote Rathaus

Rathausstraße 15

Wer nach dem Besuch des *Deutschen Historischen Museums* noch Lust zu einem historischen Rundgang hat, der kann in Richtung Spree zum *Lustgarten* wandern. Der Park war häufiger Ort von politischen Kundgebungen der SPD. Zum letzten Mal am 7. Februar 1933, als *Otto Wels* (1873–1939) vor 200.000 Menschen zu Disziplin und Geschlossenheit im Kampf gegen die Nazis aufrief. Wenige Tage später, am 19. Februar, ging dort die vom preußischen Nazi-Innenminister *Hermann Göring* (1893–1945) kommandierte Polizei brutal gegen eine Kundgebung des *Reichsbanners Schwarz-Rot-Gold* vor.

Vom *Lustgarten* ist der Weg nicht weit zum *Marx-Engels-Forum*. Wo einst das *Berliner Schloss* stand – 1950 von der SED abgerissen –, kann man das Denkmal für *Karl Marx* und *Friedrich Engels* bewundern, das der Bildhauer *Ludwig Engelhardt* (1924–2001) für diese Gedenkstätte 1986 schuf.

In Blickweite liegt das *Rote Rathaus* (Rathausstraße 15), das 1859 nach Plänen des Architekten *Hermann F. Waesemann* (1813–1879) fertiggestellt wurde. Die rote Klinkerfassade gab ihm seinen Namen. Das *Rote Rathaus* ist eng mit der sozialdemokratischen Geschichte verbunden. Dort wirkte *Pauline Staegemann* (1838–1909), Gründerin der ersten sozialdemokratischen Frauenorganisation. Die Auseinandersetzungen zwischen SED und SPD über die Regierung Berlins hatten hier ihren Ort. Später saß dort der Ostberliner Magistrat, seit 1991 ist es der Sitz des Regierenden Bürgermeisters von Berlin.

Vom *Roten Rathaus* kann man den Weg durch das während der DDR-Zeit rekonstruierte *Nikolaiviertel* nehmen. Auch ein angenehmer Ort für eine Pause. Von dort ist es nicht weit zum *Neuen Marstall* (Schlossplatz 7), ein von 1898 bis 1906 im neobarocken Stil von dem Architekten *Ernst von Ihne* (1848–1917) errichtete Remise für die 300 Pferde und Kutschen des kaiserlich-königlichen Hofes. In der Novemberrevolution 1918/19 besetzten Matrosen als Volksmarinedivision das Gebäude und verteidigten es gegen konterrevolutionäre Truppen am 24. Dezember 1918. Die gefallenen Verteidiger wurden auf dem *Friedhof der Märzgefallenen* (s. S.92) beigesetzt. Zwei Reliefs des Bildhauers *Gerhard Rommel* aus dem Jahre 1988 erinnern an die Ereignisse.

Heute nutzt die *Hochschule für Musik Hanns Eisler* das Gebäude.

Nicht weit vom *Neuen Marstall* befindet sich der Sitz des ehemaligen Staatsrates der DDR. Das Haus ist DDR-Baustil, die Tore stammen aus dem abgerissenen *Berliner Schloss*. Nach dem Umzug der Bundesregierung von Bonn nach Berlin 1999 war es kurzzeitig Sitz des *Bundeskanzleramtes* (Werderstraße). Direkt daneben befindet sich das neue *Auswärtige Amt* (Werderscher Markt 1). Gebaut als Sitz für die Reichsbank (Architekt Heinrich Wolff – 1880–1944), in der SBZ/DDR Sitz der SED.

Von dort könnte man über die Kurstraße oder an der Spree entlang in Richtung Spittelmarkt/Fischerinsel gehen. In der Wallstraße liegt die *ehemalige ADGB-Zentrale* (s. S. 81), in der heutigen *australischen Botschaft* (Wallstraße 76–79) residierte die KPD nach 1945 und am Platz der heutigen *brasilianischen Botschaft* befand sich das Gästehaus des Zentralkomitees der SED (Wallstraße 57). Zur Entspannung trägt eine Ruhepause am *Alten Spreehafen* bei.

Wer von der Spurensuche noch nicht ermüdet ist, kann in diesem Viertel das ehemalige *Verbandshaus des Deutschen Holzarbeiterverbandes* besuchen (Am Köllnischen Park 2). Oder direkt in das *Verkehrslokal der Volksmarinedivision* gehen und zu günstigen Preisen essen und trinken (Am Köllnischen Platz 4–4a, Ecke Märkisches Ufer 48/50); um die Ecke in der Rungestraße lag 1990 die *Zentrale der SPD in der DDR*.

→ Die U-Bahn-Station *Märkisches Museum* liegt wenige Meter entfernt, ebenso die S-Bahn-Station *Jannowitzbrücke*.

Admiralspalast / Metropol-Theater
Ort der Zwangsvereinigung von KPD und SPD in der SBZ

Friedrichstraße 101

Nach den Erfahrungen mit dem Untergang der Weimarer Republik, ihrem Widerstand gegen den Nationalsozialismus und den gemeinsam erlittenen Verfolgungen im NS-System, hielten zahlreiche Sozialdemokraten und Kommunisten eine Vereinigung der seit 1917 gespaltenen Arbeiterbewegung in einer gemeinsamen Partei für möglich. Die Spaltung sollte überwunden werden. Die Vorstellung von einer gemeinsamen Partei erwies sich jedoch schon 1945 als Illusion. Die wiedergegründete KPD wich von ihrer Politik nicht ab, verdeckt blieb sie bei ihrer Kritik an der sozialdemokratischen Politik und sie strebte die Hegemonie ihrer Kader und nicht etwa die Gleichberechtigung in einer gemeinsamen Partei an.

Als die Zustimmung zur KPD-Politik in der Sowjetisch besetzten Zone (SBZ) deutlich hinter der SPD zurückblieb, setzte die KPD-Führung mit massiver Unterstützung der

Sowjetischen Militäradministration (SMAD) auf Vereinigung. Die Förderung des Einheitsgedankens in der SPD, sanfter und brutaler Druck auf die Einheitsgegner – bis zur Verfolgung und Verhaftung – bestimmten nun den Kurs, dem sich die SBZ-SPD unter der Führung des Zentralausschusses in Berlin nicht entziehen konnte. Obwohl es beachtlichen Widerstand gegen den Zusammenschluss gab, setzte sich der Fusionsbefürworter *Otto Grotewohl* (1894–1964), ein ehemaliger Braunschweiger SPD-Politiker und Reichstagsabgeordneter (1925–1933), schließlich durch. In den drei Besatzungszonen Westberlins fand sein Kurs wenig Unterstützung (s. S. 158), dort stimmten die SPD-Mitglieder nach harter politischer Debatte in einer Urabstimmung gegen die Vereinigung.

Am 19./20. April 1946 versammelten sich 445 SPD-Vertreter aus der SBZ in Berlin sowie 103 *Delegierte* aus den Westzonen zum sogenannten 40. Parteitag der SPD im *Theater am Schiffbauerdamm* und berieten über den geplanten Zusammenschluss. Auf Widerstand stieß nur die gemeinsame Existenz von Wohnbezirks- und Betriebsgruppen. Die Delegierten verlangten den Vorrang der Wohnbezirksgruppe, was aber von der KPD später nicht akzeptiert wurde. Im Vereinigungsbeschluss heißt es: »Sobald in Orten oder Bezirken die Vereinigung beschlossen und die Sozialistische Einheitspartei Deutschlands konstituiert ist, hat die ›Sozialdemokratische Partei Deutschlands‹ aufgehört zu existieren.« Einen ähnlichen Beschluss fasste der 15. Parteitag der KPD.

Am 21./22. April 1946 versammelten sich im *Admiralspalast* die Delegierten von KPD und SPD der SBZ zum Vereinigungsparteitag. Nach Erklärungen der jeweiligen Vorsitzenden – *Wilhelm Pieck* (1876–1960) für die KPD und *Otto Grotewohl* für die SPD – erfolgte die Abstimmung, die mit dem erwarteten einstimmigen Ergebnis endete. *Otto Grotewohl* und *Wilhelm Pieck* besiegelten mit Handschlag die Scheineinheit

der beiden Parteien. Von nun an waren sie gleichberechtigte Vorsitzende der *Sozialistischen Einheitspartei Deutschlands* (SED). Ab 1950 zerstörte der Prozess der Bolschewisierung der SED die Illusion der Gleichberechtigung, mit dem Kampf gegen den »Sozialdemokratismus« begann das Herausdrängen der Sozialdemokraten; der kommunistische Teil in der SED schreckte mit Unterstützung der SMAD nicht vor Verhaftungen von Sozialdemokraten zurück. Zu diesem Zeitpunkt wurde deutlich, dass die mit Illusionen gestartete Einheit eine Zwangsvereinigung war. Tausende von Sozialdemokraten verließen nach 1946 die SBZ/DDR und setzen ihre politische Arbeit in der Bundesrepublik fort: u.a. *Hermann Brill* (1895–1959), *Willi Brundert* (1912–1970), *Gustav Dahrendorf* (1901–1954), *Arno Hennig* (1897–1963), *Hans Hermsdorf* (1914–2001), *Albert Schulz* (1895–1947) und *Ernst Thape* (1892–1985).

Der 1911 als Vergnügungspark eröffnete *Admiralspalast* überstand den Zweiten Weltkrieg mit geringen Beschädigungen, sodass er 1946 als einer der wenigen intakten Säle für den Vereinigungsparteitag genutzt werden konnte. Heute befinden sich dort das Metropol-Theater, das Jüdische Theater sowie das Kabarett Distel.

Eine Erinnerungstafel außen existiert nicht, obwohl in den neuen Bundesländern vielerorts Erinnerungstafeln vorhanden sind, die an die örtlichen Vereinigungen erinnern. *Berliner Gedenktafeln* erinnern an die Theaterintendanten *Alfred* und *Fritz Rotter* (1886–1933; 1888-ca. 1939) sowie die Komponisten *Walter* und *Willi Kollo* (1878–1940; 1904–1988).

➔ Das *Metropol-Theater* (*Admiralspalast*) liegt in der *Friedrichstraße*, direkt am Bahnhof, ist also über S- und U-Bahn, Busse und Tram sowie den Bahnverkehr gut zu erreichen.

Neue Welt

Hasenheide 108–114

Im Bezirk Neukölln entwickelte sich in den 1860er-Jahren in der *Hasenheide* am Fuß des Rollbergs, ein Vergnügungsgelände mit Biergärten, Hippodrom, einer Teichanlage, elektrischer Eisenbahn usw. Einen besonderen Akzent erhielt das Vergnügungszentrum durch den um die Jahrhundertwende erbauten *Großen Saal*, der seitdem für Großveranstaltungen der SPD und der Gewerkschaften genutzt wurde. Im Ersten Weltkrieg diente die *Neue Welt* als Lazarett, in der Weimarer Republik war sie wiederum ein beliebter Versammlungsort aller Parteien, auch der NSDAP.

Die Kriegszerstörungen konnten bald behoben werden, sodass die *Neue Welt* ab 1946 wieder nutzbar wurde. Zahlreiche Eigentümer- und Pächterwechsel verschoben die Schwerpunkte der Nutzung, doch blieb die *Neue Welt* als Vergnügungszentrum erhalten. Auch politische Veranstaltungen gab es weiterhin dort. 1982 wurde die *Neue Welt* geschlossen. Nach einer Renovierung begann 1985 eine vielfältige Nutzung, u.a. wird ein Saal in Anlehnung an den utopischen Roman von *Aldous Huxley* (*Brave New World*) als *Huxley's Neue Welt* für Konzerte genutzt. Bei den häufigen Renovierungen wurde das historische Erscheinungsbild zerstört.

➔ Ab Berlin *Hauptbahnhof* mit dem Bus M41 (Richtung *Sonnenallee*) bis Haltestelle *Hermannplatz/Urbanstraße*. Ab Haltestelle *Hermannplatz* mit dem Bus N7 (Richtung *Rathaus Spandau*) bis Haltestelle *Hasenheide*.

Von ähnlicher Bedeutung für das politische Leben der SPD und der Gewerkschaften waren die *Concordia-Säle*, die im Zweiten Weltkrieg zerstört wurden. Die *Concordia-Säle* befanden sich in der Andreasstraße 64.

Orte von Parteitagen

Berlin war wiederholt Ort von sozialdemokratischen Parteitagen: der *Allgemeine Deutsche Arbeiterverein* tagte 1870 im *Gesellschaftshaus am Cottbusser Thore.* Die SPD versammelte sich 1892 in den *Concordia-Sälen*, 1924 im *Preußischen Landtag*, 1954 in der *Festhalle am Berliner Funkturm*, 1979, 1989 und 1990 (Vereinigungsparteitag) im *ICC*. 2001 bis 2006 sowie 2008 und 2009 im *Estrel-Hotel*, 2010 und 2011 in der *STATION Berlin*.

Die *Unabhängige Sozialdemokratische Partei Deutschlands* tagte 1920 im *Lehrervereinshaus*.

Zentralen der sozialdemokratischen Gewerkschaften

Die Gesetzgebung des Kaiserreiches behinderte die Entwicklung der Gewerkschaften über viele Jahrzehnte. Erst nach dem Ende des Sozialistengesetzes 1890 konnten sich die der Sozialdemokratie nahestehenden Gewerkschaften frei entwickeln. Gewerkschaftszentralen bildeten sich schon vor dem Ersten Weltkrieg in Berlin heraus, jedoch schuf erst die Weimarer Republik, mit dem weiteren Wachstum der Mitgliedschaft, dem Fortfall staatlicher Behinderungen und ihrer Anerkennung als Tarifpartei die notwendige Stabilität für die Bildung von Gewerkschaftszentralen in Berlin.

Die gewerkschaftliche Vielfalt drückte sich in der Weimarer Republik nicht nur in Richtungsgewerkschaften aus – christliche, liberale und deutschnationale Gewerkschaften –, sondern auch in einer berufsständischen Organisation. Auch die sozialdemokratischen Gewerkschaften organisierten sich nach Berufen, nicht nach Industriesektoren. Die häufig kleinen Berufsverbände verfügten deswegen nicht über das Kapital für neue Gebäude, sie residierten in Altbauten.

In diesem Führer werden die Neubauten aus der Weimarer Republik vorgestellt, die bei den sozialdemokratisch orientierten Gewerkschaften die enge Verbindung zum Neuen Bauen und zum *Bauhaus* sowie einen hohen ästhetischen Anspruch an die künstlerische Ausstattung ihrer Zentralen demonstrieren. Trotz der Zerstörungen durch die Nazizeit und den Zweiten Weltkrieg sind vier Zentralen in Berlin und die *ADGB-Bundesschule* in Bernau erhalten geblieben. Sie zeugen von der politisch-kulturellen Leistung der sozialdemokratischen Gewerkschaften. Auch in diesem Punkt unterschieden sich diese Gewerkschaften von ihren Konkurrenten, die ein solches Bekenntnis zur Architekturmoderne nicht ablegten.

Bundeshaus des Allgemeinen Deutschen Gewerkschaftsbundes (ADGB)

Inselstraße 6–6a / Wallstraße 61–65 / Märkisches Ufer 28–34

Die Novemberrevolution 1918 und die Verfassungswirklichkeit der Weimarer Republik stärkten die Gewerkschaften, sodass sie von der Zusammenarbeit in der *General-Kommission* zu einer festgefügten Gesamtorganisation übergehen konnten. 1919 schlossen sich in Nürnberg die sozialdemokratischen Gewerkschaften im Dachverband *Allgemeiner Deutscher Gewerkschaftsbund* (ADGB) zusammen.

Trotz der Geldentwertung durch die Inflation gelang es, aufgrund der hohen Solidarität der Mitglieder, 1923 das neue Bundeshaus fertigzustellen. Der Entwurf für die erste Bauphase stammte von *Max Taut* (1884–1967). Bedeutsam an diesem Bauteil ist, dass es sich um einen der ersten Stahlbetonbauten in Deutschland handelte, er verwirklichte die Formen des Neuen Bauens und nahm bei den Sitzungssälen Gestaltungsideen des Expressionismus auf. Die zweite Bauphase von 1930 bis 1932 realisierte der Architekt *Walter Würzbach* (1885–1971) in den Tautschen Bauformen.

Neben dem Bundesvorstand des ADGB waren bis 1933 gewerkschaftseigene Wirtschaftsunternehmen im Gebäude untergebracht, u.a. auch die Arbeiterbank. Ein Neubau für die Arbeiterbank, den *Hannes Meyer* (1889–1954) entworfen hatte, konnte wegen der Zerschlagung des ADGB 1933 nicht realisiert werden. Am 2. Mai 1933 wurde das ADGB-Bundeshaus von SA-Leuten besetzt; bis 1945 hatte dann die *Deutsche Arbeitsfront* dort ihren Sitz.

Nach 1945 nutzte der *Freie Deutsche Gewerkschaftsbund* der DDR das Gebäude. Nach Rückübertragung und Sanierung gehört das historische Bundeshaus zum Immobilieneigentum des *Deutschen Gewerkschaftsbundes* und wird gewerkschaftlich sowie von Dritten genutzt.

Der Originalzustand ist an einigen Stellen nicht erhalten. Das Haus steht seit 1989 unter Denkmalschutz. Eine *Berliner Gedenktafel* existiert für den ADGB-Vorsitzenden *Theodor Leipart* (1867–1947).

→ Das Haus liegt direkt an der U2 Haltestelle *Märkisches Museum* oder 10 Min. von der S-Bahn-Station *Jannowitzbrücke* entfernt.

Gewerkschaftshaus des Gesamtverbandes der Arbeitnehmer der öffentlichen Betriebe und des Personen- und Warenverkehrs

Engeldamm 70

Der *Gesamtverband* entstand 1930 als Zusammenschluss von *Deutschem Verkehrsbund*, *Verband der Gemeinde- und Staatsarbeiter*, *Verband der Gärtner und Gärtnereiarbeiter* sowie dem *Verband deutscher Berufsfeuerwehrmänner*, später kam die *Reichsgewerkschaft Deutscher Kommunalbeamter* hinzu. Für diese anwachsende Gewerkschaft, die mit ca. 700.000 Mitgliedern die größte Einzelgewerkschaft in Deutschland war, musste eine neue Zentrale gebaut werden. Schon früher hatte der *Transportarbeiter-Verband* (ab 1923 *Deutscher Verkehrsbund*) die Grundstücke am Engeldamm/Michaelkirchplatz erworben, die 1929/30 nach Plänen von *Bruno* (1880–1938) und *Max Taut* (1884–1967) bebaut wurden. Der sechsstöckige Stahlskelettbau im Stil des Neuen Bauens fällt durch die Rundung und die Fensterfront auf.

Mit besonderer Sorgfalt wurde der große Sitzungssaal gestaltet, für den der Bildhauer *Rudolf Belling* (1886–1972) ein Relief unter dem Motto »Vereinte Kraft Großes schafft« entwarf. Die Relief-Teile stellten die Tätigkeiten und Gewerbe der Gewerkschaftsmitglieder dar. *Rudolf Belling* gehört zu den herausragenden Bildhauern der klassischen Moderne. Seine Werke wurden in der Ausstellung »Entartete Kunst«

von den Nationalsozialisten diffamiert. Viele seiner Werke wurden konfisziert und zerstört.

Das Erdgeschoss diente gewerkschaftlichen Ladengeschäften: ein Warenhaus vertrieb Bekleidung, ein Fahrradgeschäft Produkte der gewerkschaftseigenen Fahrradfabrik *Lindcar*, es gab eine Volksbuchhandlung und eine Filiale der *Bank der Arbeiter, Angestellten und Beamten*. Auch die gewerkschaftliche Rechtsschutz- und Haftpflichtversicherung *Fakulta* für Kraftfahrer hatte dort ihre Zentrale.

Am 2. Mai 1933 wurde das *Gewerkschaftshaus* besetzt, später beschlagnahmt und der nationalsozialistischen *Deutschen Arbeitsfront* übergeben, die dort die Gauleitung der *Nationalsozialistischen Betriebszellen-Organisation* und die Gauverwaltung der NS-Organisation *Kraft durch Freude* unterbrachte.

Im Februar 1945 brannte das Gebäude nach einem Bombenangriff aus. Nach provisorischer Wiederherstellung übertrug die sowjetische Stadtkommandantur das Gebäude 1947 auf den *Freien Deutschen Gewerkschaftsbund* der DDR, dessen Bundesvorstand dort von 1950 bis 1988 seinen Sitz hatte. 1993 übernahm die Gewerkschaft *Öffentliche Dienste, Transport und Verkehr* (ÖTV) als Rechtsnachfolgerin des Gesamtverbandes das Gebäude. Seitdem wird das Gebäude von der ÖTV bzw. ver.di genutzt.

Seit 1992 steht das *Gewerkschaftshaus* unter Denkmalschutz. Von 1996 bis 1998 wurde das Gebäude umfassend saniert: die Muschelkalkfassade wurde gereinigt, die dreiteilige Fenstergliederung wiederhergestellt und der Sitzungssaal originalgetreu restauriert. Im Sommer 2002 musste das Haus geräumt werden, da nach der Flutung des *Engelbeckens* Wasser in das Gebäude eindrang.

→ Eine Besichtigung ist z.Z. nicht möglich. Die nächsten U-Bahn Stationen sind *Heinrich-Heine-Straße* oder *Moritzplatz*.

Haus des Deutschen Buchdruckerverbandes

Dudenstraße 10

Der 1866 gegründete *Buchdruckerverband* war die Gewerkschaft der im Grafischen Gewerbe beschäftigten Facharbeiter: der Schriftsetzer, Buchdrucker, Schriftgießer, Stereotypeure, Galvanoplastiker und Lithografen. Später kamen weitere Facharbeiterberufe wie Buchbinder, Chemigrafen und Reprografen hinzu; bis zur Auflösung des Buchdruckerverbandes 1933 und dem Aufgehen in der nationalsozialistischen *Deutschen Arbeitsfront* blieb der Verband jedoch ein Facharbeiterverband, erst nach 1945 öffnete sich die *Industriegewerkschaft Druck und Papier* für alle Beschäftigten des Grafischen Gewerbes.

Der *Buchdruckerverband* zeichnete sich durch den hohen Organisationsgrad der Facharbeiter des Grafischen Gewerbes aus, durch die hohen Gewerkschaftsbeiträge und durch seine enge Bindung an die SPD. Schriftsetzer und Drucker gehörten auf allen Ebenen der SPD zu ihrem Führungspersonal, ohne ihre Fachkenntnisse wäre die schnelle Entwicklung des sozialdemokratischen Presse- und Verlagswesens ab 1890 nicht möglich gewesen.

Der zunächst in Leipzig, einem Zentrum des Grafischen Gewerbes, residierende Verband wechselte 1888 nach Berlin und entschloss sich Anfang der 1920er-Jahre zur Zentralisierung aller Instanzen in Berlin, wozu auch Redaktion und Druckerei der Verbandszeitung *Korrespondenz* gehörten. 1924 kam die neu gegründete *Büchergilde Gutenberg* hinzu.

Die gute finanzielle Situation des *Buchdruckerverbandes* erlaubte ihm unmittelbar nach dem Ende der Inflation 1923 den Neubau in der Dudenstraße, trotzdem musste die beachtliche Bausumme durch Sonderzahlungen der Mitglieder abgestützt werden. Als Architekten wurden *Max Taut* (1884–1967) und *Franz Hoffmann* (1884–1951) beauftragt, die den Bau 1924/25 realisierten. Da *Max Taut* mit seinem Bruder

Bruno zu den führenden Vertretern des Neuen Bauens in Deutschland gehörte, zählt das *Buchdruckerverbandshaus* zu den eindrucksvollsten Zeugnissen dieser Richtung. Bemerkenswert am *Verbandshaus* ist das politische Bekenntnis zur Weimarer Republik durch die Farben schwarz, rot, gelb/gold außen und innen. Das *Verbandshaus* war Verwaltungszentrale des *Buchdruckerverbandes*, Verlags- und Druckereizentrum, außerdem existierten Mietwohnungen für Gewerkschaftsangestellte. Der Druckereitrakt gilt mit seinen Lichtverhältnissen und den sanitären Einrichtungen als Musterbeispiel eines menschengerechten Industriebaus, wie ihn *Walter Gropius* mit der *Fagus-Fabrik* 1911 in *Alfeld* vorgestellt hatte.

Wie alle Gewerkschaftshäuser wurde das *Verbandshaus* am 2. Mai 1933 von der SA besetzt, ein Teil der Vorstandsmitglieder in »Schutzhaft« genommen, das Vermögen enteignet und der *Buchdruckerverband* der nationalsozialistischen *Deutschen Arbeitsfront* als *Reichsbetriebsgemeinschaft Druck und Papier* eingegliedert.

Schon im Juni 1945 trafen sich im *Verbandshaus* Vertreter von grafischen Berufsorganisationen, um die Vorläufergewerkschaft der *IG Druck und Papier* in Berlin zu gründen. Das *Verbandshaus* hatte nur geringe Kriegsschäden und konnte deshalb bald voll genutzt werden. Das Eigentum wurde jedoch erst 1949 rückübertragen. Eine erste Sanierung betreute 1950 noch *Max Taut*. 1988/89 wurde das *Verbandshaus* umfassend restauriert, seitdem steht es unter Denkmalschutz. Ein Besuch ist lohnend, eine erklärende Ausstellung ist nicht vorhanden. Die Gebäude sind befriedigend bis gut saniert. Die großzügige Anlage ist teilvermietet.

➔ Das Haus wird mit der U6 (Richtung Mariendorf) Haltestelle *Platz der Luftbrücke* erreicht. Unmittelbar am U-Bahn-Ausgang *Platz der Luftbrücke* liegt das Gebäude.

Wer einen architekturgeschichtlichen Vergleich machen möchte, sollte über den Platz der Luftbrücke zum *Flughafen Tempelhof* gehen und das Flughafengebäude betrachten. Dessen Architekt *Ernst Sagebiel* (s. S. 62) kam ebenfalls aus der Schule des Neuen Bauens. Er war Büroleiter bei *Erich Mendelsohn* (s. S. 86) gewesen und passte sich mit seinen Bauten den Forderungen der Nationalsozialisten an.

Haus des Deutschen Metallarbeiterverbandes

Alte Jakobstraße 148–155

Schon bei seiner Gründung 1891 in Frankfurt a. M. war der *Deutsche Metallarbeiter-Verband* (DMV) ein Zusammenschluss von mehreren Facharbeiterverbänden, der bald zu einem Zentralverband der Metallberufe wurde. Der Druck zum zentralen Zusammenschluss ging von den Großunternehmen aus, die schon vor dem Ersten Weltkrieg die Metallindustrie beherrschten. Der DMV wurde schon in den 1890er-Jahren zur größten deutschen Gewerkschaft. Vor dem Ersten Weltkrieg erreichte er fast 600.000 Mitglieder, danach stieg die Zahl auf 1,5 Millionen, fiel jedoch in der Weltwirtschaftskrise auf knapp 700.000. Als Sitz hatte der DMV zunächst Stuttgart gewählt, wegen der liberalen Vereinsgesetzgebung im Königreich Württemberg, erst 1930 zog der DMV nach Berlin um.

Nach einem Wettbewerb wurden mit dem Bau die Architekten *Erich Mendelsohn* (1887–1953) und *Rudolf W. Reichel* beauftragt, die das Haus in 14-monatiger Bauzeit fertigstellten, sodass es am 17. August 1930 eingeweiht werden konnte. Anlässlich eines Verbandstages des DMV besichtigten die Delegierten sofort das neue Haus. Das spitzwinklige Grundstück stellte erhöhte Anforderungen an die Architekten, die sie mit einem auffälligen Entwurf lösten, der bei der Realisierung, auch im Innenausbau, durch Liebe zum Detail aus-

gefüllt wurde. Der leitende Architekt *Erich Mendelsohn* gehörte zu den herausragenden Vertretern des Neuen Bauens, dessen Bauten das Berlin der Weimarer Republik prägten. Leider sind zahlreiche seiner Bauten durch den Zweiten Weltkrieg zerstört worden oder wurden in der Nachkriegszeit verunstaltet. Das *Haus des Metallarbeiterverbandes* zählt zu den am besten erhaltenen und gepflegten Bauten dieses bedeutenden Architekten, obwohl es im Zweiten Weltkrieg völlig ausbrannte. *Mendelsohn* musste wegen der rassistischen Politik der Nazis 1933 Deutschland verlassen. In Tel Aviv, Palästina (heute Israel), finden sich zahlreiche Zeugnisse seines weiteren Wirkens.

Das *DMV-Haus* wurde am 2. Mai 1933 von der SA besetzt, das Vermögen wurde beschlagnahmt und der *Deutschen Arbeitsfront* zugeschlagen. Als Nachfolgeorganisation erhielt die *Industriegewerkschaft Metall* (IG Metall) 1952 das Haus zurück. Die letzte Sanierung, die den Originalzustand wiederherstellte, fand 1995 statt. Das Haus ist heute Sitz der Bezirksleitung der IG Metall für Berlin, Brandenburg und Sachsen.

Wegen des guten Zustandes des unter Denkmalschutz stehenden *Hauses des Metallarbeiterverbandes* lohnt dieser Besuch. Im Foyer befindet sich eine informative Ausstellung. Es gibt Überlegungen für regelmäßige Führungen, bitte im Internet erkundigen.

→ Das *Haus des Metallarbeiterverbandes* kann fußläufig vom *Willy-Brandt-Haus* erreicht werden (s. S. 56). Mit der U-Bahn fährt man mit den Linien U2 oder U6 bis zur Haltestelle *Hallesches Tor*; am *Halleschen Tor* halten mehrere Buslinien. Von dort sind es je nach gewähltem Weg 150 bis 200 m Fußweg.

Gedenktafel für Otto Wels

Bölschestraße 27–30

Otto Wels (1873–1939), gelernter Tapezierer, arbeitete ab 1891 aktiv in der SPD und in seiner Gewerkschaft. Für den Reichstag kandidierte er erstmals 1903 im Wahlkreis *Prenzlau-Angermünde*, der jedoch eine Hochburg der Konservativen blieb. In den Reichstag zog er 1912 für den Wahlkreis *Frankfurt/Oder* ein. Während der Novemberrevolution 1918 war *Otto Wels* Stadtkommandant von Berlin. Mitglied der Nationalversammlung bzw. des Reichstages blieb er von 1918 bis 1933. Im Juni 1919 wählte ihn der Weimarer Parteitag zu einem der Vorsitzenden der SPD. Dieses Amt übte er bis zu seinem Tod 1939 aus.

Otto Wels begründete für die SPD-Reichstagsfraktion die Ablehnung des von der Hitler-Regierung vorgelegten Ermächtigungsgesetzes am 23. März 1933, mit dem die Demokratie in Deutschland ausgelöscht wurde.

Wegen seiner besonderen Gefährdung verließ *Otto Wels* 1933 das Deutsche Reich und führte danach gemeinsam mit dem Ko-Vorsitzenden *Hans Vogel* (1881–1945) den Exilvorstand der SPD (SOPADE), mit dem er 1938 die Tschechoslowakei verlassen musste. Über Dänemark erreichte er Frankreich, wo er 1939 starb (s. S. 243).

Von 1919 bis 1933 wohnte er mit seiner Familie in der Rahnsdorfer Straße 23 in *Berlin-Friedrichshagen*. Dort wurde 2009 aus Anlass seines 70. Todestages vor der evangelischen Kirche eine Stele errichtet, die Bundeskanzler a. D. *Gerhard Schröder* der Öffentlichkeit übergab.

→ S3 bis Friedrichshagen benutzen, von dort 10 Min. Fußweg zur Bölschestraße.

Weitere Gedenktafeln für Sozialdemokraten in Berlin

An die prominenten Bürgerinnen und Bürger Berlins erinnert eine große Zahl von Gedenktafeln vor allem aus dem Programm *Berliner Gedenktafeln*, von denen nur einige aufgeführt werden können. Für die weiterführende Orientierung wird auf die einschlägigen Führer verwiesen.

Rudolf Breitscheid (1874–1944)
Reichstagsabgeordneter 1920–1933
Budapester Straße, vor dem Europacenter, Charlottenburg

Friedrich Ebert (1871–1925)
Erster Reichskanzler der Weimarer Republik
Joachimsthaler Straße 20, Charlottenburg

Carlo Mierendorff (1897–1943)
Reichstagsabgeordneter, Widerstandskämpfer
Mierendorffstraße 30, Charlottenburg

Siegfried Aufhäuser (1884–1969)
Vorsitzender des Allgemeinen freien Angestelltenbundes
Siegfried-Aufhäuser-Haus, Blissestraße 2, Wilmersdorf

Hermann Brill (1895–1959)
Reichstagsabgeordneter, Minister in Thüringen
Karlsruher Straße 13, Wilmersdorf

Wilhelm Liebknecht (1826–1900)
Mitbegründer der deutschen Sozialdemokratie
Adalbertstraße 2, Kreuzberg

Ernst Heilmann (1881–1940)
Vorsitzender der SPD-Fraktion im Preußischen Landtag
Brachvogelstraße 5, Kreuzberg

Max Sievers (1867–1944)
Reichsvorsitzender des Deutschen Freidenkerverbandes
Gneisenaustraße 41, Kreuzberg

Theodor Leipart (1867–1947)
Vorsitzender des Holzarbeiterverbandes
Am Köllnischen Park 2, Mitte

Verein der Lehrlinge und jugendlichen Arbeiter Berlins
Erste Arbeiterjugendorganisation
Berolinastraße 12, Mitte

Adolf Reichwein (1898–1944)
Pädagoge, Widerstandskämpfer
Bodestraße 1–3, Mitte

Rosa Luxemburg (1871–1919)
Karl Liebknecht (1871–1919)
Mannheimer Straße 27, Wilmersdorf

Karl Liebknecht
Ort der Ermordung von Liebknecht und Luxemburg
Großer Weg, Tiergarten

Rosa Luxemburg (1871–1919)
Fundort der Leiche
Lichtensteinbrücke, Tiergarten

Ferdinand Lassalle (1825–1864)
Mitbegründer des ADAV
Bellevuestraße 13, Tiergarten

Julius Leber (1891–1945)
Reichstagsabgeordneter
Kurt-Schumacher-Damm, Wedding

Mathilde Jacob (1873–1943)
Enge Vertraute von Rosa Luxemburg
Mathilde-Jacob-Platz, Tiergarten

Kurt Schumacher (1895–1952)
Vorsitzender der SPD 1946–1952
Müllerstraße 163, Wedding

Gedenktafel für die unter nationalsozialistischer und kommunistischer Diktatur verfolgten Sozialdemokraten
Müllerstraße 163, Wedding

Erika Heß (1934–1986)
Bezirksbürgermeisterin
Müllerstraße 163, Wedding

Otto Braun (1872–1955)
Letzter demokratischer Ministerpräsident Preußens
Staatsbibliothek, Potsdamer Straße 33–55, Tiergarten

Hugo Heimann (1859–1950)
Erbauer der Roten Häuser
Prinzenallee 46a, Wedding

Salo Drucker (1885–1940)
Stadtarzt des Bezirks Wedding
Reinickendorfer Straße 60b, Wedding

Wilhelm Hasenclever (1837–1889)
Mitbegründer der Sozialdemokratie, Herausgeber des Vorwärts
Wilhelm-Hasenclever-Platz, Wedding

Volkspark Friedrichshain
Friedhof der Märzgefallenen
Gedenkstätte für die Interbrigadisten
Friedrichshain / Prenzlauer Berg

Der *Volkspark Friedrichshain* entstand als Parkanlage. Er wurde zwischen 1846 und 1848 angelegt und seitdem vielfach umgestaltet. Besonders gepflegt wurde der Skulpturenschmuck. Aufgrund der erheblichen Kriegsschäden musste der *Volkspark* ab 1946 neu entwickelt werden, nach der Wende erfuhr der *Volkspark* von 1995 bis 2004 eine weitere Rekonstruktion.

Im *Volkspark Friedrichshain* befindet sich der 1848 eingerichtete *Friedhof der Märzgefallenen*, mit dem die Opfer der Märzrevolution 1848 geehrt wurden, die bei den Kämpfen mit den königlich-preußischen Truppen fielen.

In Erinnerung an die Teilnahme von *Internationalen Brigaden* zur Verteidigung der Republik Spanien (1936–1939) gegen die faschistischen Putschisten unter *General Franco* (1892–1975) errichtete der Magistrat von Berlin eine *Gedenkstätte für die Interbrigadisten*, die 1968 eingeweiht wurde. Der Bildhauer *Fritz Cremer* (1906–1993) schuf in Anlehnung an *Ernst Barlachs* (1870–1938) *Der Rächer* die überlebensgroße *Figur eines Spanienkämpfers*. Von dem Bildhauer *Siegfried Krepp* stammen die doppelseitigen Relieftafeln mit Kriegsszenen.

Trotz der starken Bindung der Interbrigadisten an kommunistische Parteien darf nicht vergessen werden, dass für die Rettung der spanischen Republik auch zahlreiche Sozialdemokraten und Linkssozialisten kämpften.

Im *Volkspark* liegt auch das 1972 eingeweihte *Denkmal des gemeinsamen Kampfes polnischer Soldaten und deutscher Antifaschisten* sowie seit 1989 die *Weltfriedensglocke* der japanischen *World Peace Bell Association*.

→ Der *Volkspark* ist ab *Berlin-Hauptbahnhof* erreichbar mit dem Bus 142 (Richtung *Ostbahnhof*), Haltestellen *Am Friedrichshain* und *Weinstraße*, oder mit der S-Bahn 7 ab *Hauptbahnhof* (Richtung *Ahrensfelde*) bis Haltestelle *Alexanderplatz Bahnhof* und weiter mit der Tram 4 (Richtung *Falkenberg*) ab Haltestelle *Alexanderplatz Bahnhof/Gontardstraße* bis Haltestelle *Am Friedrichshain*. Die Gedenkstätte der Interbrigadisten liegt parkseitig an der *Friedenstraße*, fußläufig erreichbar von der Haltestelle *Weinstraße* in Richtung *Platz der Vereinten Nationen*.

Gedenkstätte Köpenicker Blutwoche Juni 1933
Puchanstraße 12

Unter den Terroraktionen, mit denen die Nationalsozialisten nach der Machtübertragung ihre politischen Gegner einschüchtern oder ausschalten wollten (s. S. 145), hebt sich die Verhaftungs-, Folter- und Mordaktion im Stadtteil Köpenick vom 21. bis 26. Juni 1933 durch Umfang und Brutalität hervor.

Rollkommandos der SA griffen in mehreren Stadtteilen Köpenicks vermutete Gegner des NS-Regimes an (Mitglieder von KPD und SPD, des Reichsbanners, Gewerkschafter, Juden), verhafteten und misshandelten sie. Man schätzt, dass etwa 500 Gegner des Nationalsozialismus Opfer der Gewalttaten wurden. Die Aktion eskalierte am 21. Juni als mindestens 200 Personen in SA-Lokalen misshandelt wurden. In der Nacht vom 21. zum 22. Juni tötete das SPD-Mitglied *Anton Schmaus* (1910–1934) einen SA-Mann in Notwehr, worauf die SA ihren Terror verschärfte. Schmaus und sein Vater *Johannes* überlebten die Misshandlungen nicht.

Die Angaben zu den Todesopfern schwanken. 100 Todesopfer sind jedoch wahrscheinlich, da die gesundheitlichen Schäden aus Misshandlungen und Folter erst später wirkten. Geschätzt werden ca. 70 Vermisste. Die Leichen wurden verscharrt oder in Säcken in die nahen Gewässer geworfen.

Unter den Opfern befanden sich der frühere SPD-Ministerpräsident von Mecklenburg-Schwerin *Johannes Stelling* (1877–1933) sowie die sozialdemokratischen Reichsbannerführer *Paul von Essen* (1886–1933) und *Richard Alsmann* (1875–1933).

Die Täter wurden vom NS-Reichsjustizminister *Franz Gürtner* (1881–1941) am 25. Juli 1933 amnestiert. 1950 wurde ein Teil der Täter vom Landgericht Ost-Berlin verurteilt: 15 zum Tode, 42 zu langen Haftstrafen. 26 identifizierte Täter konnten nicht vor Gericht gestellt werden. Die Justiz der

Bundesrepublik eröffnete kein Verfahren gegen die dort ansässigen Täter.

Seit 1980 gibt es im ehemaligen *Amtsgericht Köpenick* eine *Gedenkstätte Köpenicker Blutwoche*, die letztmalig 1995 neu gestaltet wurde. In Köpenick existieren Gedenksteine und Gedenktafeln an den früheren SA-Lokalen sowie den Wohnorten einiger Opfer. Für *Anton* und *Johann Schmaus* (1879–1933) gibt es eine Gedenktafel an ihrem Wohnhaus Nr. 2 in der nach ihnen benannten Schmausstraße.

→ Die *Gedenkstätte* ist jeweils donnerstags von 10 Uhr bis 18 Uhr geöffnet. Führungen können außerhalb der Öffnungszeiten telefonisch vereinbart werden: (030) 90297–5671 oder -3350. Die *Gedenkstätte* in der *Puchanstraße* ist erreichbar vom *Hauptbahnhof Berlin* mit der S-Bahn 75 (Richtung *Wartenberg*) bis Haltestelle *Ostkreuz*, weiter mit der S-Bahn 3 (Richtung *Erkner Bahnhof*) bis Haltestelle *Köpenick*, schließlich mit dem Bus 269 (Richtung *Müggelschlößchenweg*) bis Haltestelle *Puchanstraße*. Die *Gedenkstätte* ist zugänglich über den Hof der *Puchanstraße* 12.

Gedenkstätte Plötzensee

Hüttigpfad 15

Die *Strafanstalt Plötzensee* wurde von 1868 bis 1879 errichtet. Der große Komplex diente bis 1933 als Strafgefängnis, in dem Ansätze eines auf Besserung und Integration orientierten Strafvollzuges angewandt wurden.

Nach der nationalsozialistischen »Machtergreifung« 1933 änderte sich die Ausrichtung schnell: die Haftbedingungen wurden verschärft und *Plötzensee* wurde mit wachsender Dauer des NS-Regimes zur Haftanstalt für von Sondergerichten oder vom 1934 eingerichteten Volksgerichtshof Verurteilte, dessen Todesurteile in *Plötzensee* vollstreckt wurden.

Die Gesamtzahl der in *Plötzensee* Ermordeten wird mit 2.891 angegeben, darunter ca. 1.500 vom Volksgerichtshof, rund 1.000 von *Sondergerichten* und etwa 400 von anderen Gerichten zum Tode Verurteilte. Die Hälfte der Opfer sind Deutsche. In der Geschichte des Widerstandes nimmt *Plötzensee* eine besondere Stellung ein, da hier die vom Volksgericht verurteilten Teilnehmer des Attentats auf *Adolf Hitler* am 20. Juli 1944 in bestialischer Weise ermordet wurden. Zwischen dem 8. August 1944 und dem 9. April 1945 wurden 89 Menschen hingerichtet, darunter die Sozialdemokraten *Theodor Haubach* (1896–1945), *Wilhelm Leuschner* (1890–1944), *Julius Leber* (1891–1945) und *Adolf Reichwein* (1898–1944).

Die *Gedenkstätte* wurde auf Beschluss des *Senats von Berlin* eingerichtet, 1952 wurde sie eingeweiht. Die Gestaltung übernahm der Architekt *Bruno Grimmek* (1902–1969). An der Stelle des Hinrichtungsschuppens gestaltete der Architekt eine *Gedenkwand*.

Das ursprüngliche Strafgefängnis hat durch Kriegszerstörungen und Umbauten große Veränderungen erfahren. Heute findet dort Strafvollzug für jugendliche Strafgefangene statt, und es existiert ein Haftkrankenhaus.

→ Erreichbar ist die *Gedenkstätte* ab *Berlin Hauptbahnhof* mit dem Bus 123 (Richtung *Saatwinkler Damm Mäckeritzwiesen*) bis Haltestelle *Gedenkstätte Plötzensee*.

Gedenkstätte der Sozialisten

Städtischer Zentralfriedhof Friedrichsfelde
Gudrunstraße 20

Das wachsende Berlin verlangte Ende des 19. Jahrhunderts nach einer neuen, großen Friedhofsanlage, die mit dem *Städtischen Gemeindefriedhof für Berlin* außerhalb der damaligen Stadtgrenze geschaffen wurde. Der Berliner Stadtgartendirektor *Hermann Mächtig* (1837–1909), ein Schüler *Joseph Lennés* (1789–1866), und der königliche Gartenbaudirektor *Axel Fintelmann* (1848–1907) schufen den Friedhof als Landschaftspark. 1881 wurde der Friedhof eingeweiht. Ausdrücklich waren auch Armenbegräbnisse vorgesehen, bei denen die Stadt die Kosten übernahm.

Friedrichsfelde entwickelte sich zum Friedhof der Berliner Arbeiterschaft, was das Jahr 1900 zeigte, als dort *Wilhelm Liebknecht* beerdigt wurde. An seinem Trauerzug nahmen 150.000 Personen teil. Weitere Prominente, die hier bestattet wurden, waren *Paul Singer*, *Ignaz Auer*, *Emma Ihrer* und *Carl Legien*, sodass *Friedrichsfelde* bald den Namen *Sozialistenfriedhof* erhielt.

Eine zusätzliche Bedeutung erhielt *Friedrichsfelde* durch die Beisetzung der Opfer des Spartakusaufstandes, die am 25. Januar 1919 in einem Massengrab erfolgte, darunter war auch *Karl Liebknecht*. Später kamen *Leo Jogiches* (1867–1919) und am 12. Juni 1919 die Leiche *Rosa Luxemburgs* hinzu.

Die KPD ließ 1926 in Erinnerung an den Spartakusaufstand und den Tod ihrer Anhänger ein Revolutionsdenkmal errichten, das der Architekt *Ludwig Mies van der Rohe* (1886–1969) entworfen hatte. An diesem Denkmal fanden jährlich Gedenkfeiern zu Ehren von *Lenin*, *Liebknecht* und *Luxemburg* statt (sogenannte LLL-Wochen). Unmittelbar nach der »Machtergreifung« 1933 begannen die Nazis mit der Zerstörung des Denkmals, 1935 wurde es restlos abgetragen.

Obwohl das Denkmal als herausragendes Zeugnis einer zeitgenössischen Denkmals-Architektur gilt, kam eine Rekonstruktion nicht zustande, da *Mies van der Rohe* seine Zustimmung verweigerte. Auch in der Führung der SED gab es inzwischen Bedenken gegen die betonte Pflege des Andenkens an *Rosa Luxemburg*, deren theoretische Positionen innerhalb der SED als *Luxemburgismus* unterdrückt wurden. Seit 1982 befindet sich am Ort des zerstörten Denkmals eine von dem Bildhauer *Gerhard Thieme* gestaltete Gedenktafel.

Auf Anregung des DDR-Staatspräsidenten *Wilhelm Pieck* (1876–1960) beschloss der *Ostberliner Magistrat* 1949 den Bau einer gemeinsamen Gedenkstätte für Sozialdemokraten und Kommunisten. Die demonstrierte Gemeinsamkeit entsprang der Geschichtspolitik der SED, die sich als Erbin der sozialdemokratischen Geschichte darstellen wollte. In einer groß angelegten Aktion geschahen Umbettungen und Umsetzungen von Grabmälern in die Gedenkstätte, die offen für weitere Persönlichkeiten der Arbeiterbewegung angelegt wurde. Am 14. Januar 1951 wurde die *Gedenkstätte der Sozialisten* von *Wilhelm Pieck* eingeweiht.

Neben der historischen Prominenz der KPD (*Rosa Luxemburg, Karl Liebknecht, Ernst Thälmann*) wurde dort später die DDR-Prominenz beigesetzt. In einigen Fällen existieren nur Symbolgräber, da die Leichen verschollen sind (*Thälmann*) oder auf anderen Friedhöfen beigesetzt wurden. Gräber von folgenden Sozialdemokraten befinden sich im Rondell: *Ignaz Auer* (1846–1907), *Friedrich Bartels* (1871–1931), *Adolf Braun* (1892–1929), *Egon Brückner* (1872–1931), *Richard Fischer* (1875–1922), *Hugo Haase* (1863–1929), *Adolph Hoffmann* (1858–1930), *Emma Ihrer* (1857–1911), *Alwin Körsten* (1856–1924), *Carl Legien* (1861–1920), *Theodor Leipart* (1867–1947), *Wilhelm Liebknecht*

(1826–1900), *Waldeck Manasse* (1864–1923), *Hermann Molkenbuhr* (1851–1927), *Hermann Müller-Franken* (1876–1931), *Adolf Ritter* (1871–1924), *Paul Singer* (1844–1911), *Johannes Stelling* (1877–1933), *Margarete* (1856–1931) und *Robert Wengels* (1850–1930), *Hermann* (1866–1925) und *Klara Weyl* (1872–1941) und *Luise Zietz* (1865–1922). Um die Porphyrstele im Zentrum mit der Inschrift »Die Toten mahnen uns« erinnern zehn Gedenktafeln an prominente Verstorbene, u.a. *Wilhelm Pieck* (1876–1960) und *Walter Ulbricht* (1893–1973), außerdem wird an die Sozialdemokraten *Franz Mehring* (1846–1919), *Franz Künstler* (1888–1942) und *Rudolf Breitscheid* (1874–1944) erinnert.

Die Zukunft der Gedenkstätte war nach der Wende umstritten, bis sich der Förderverein *Erinnerungsstätte der Deutschen Arbeiterbewegung Berlin-Friedrichsfelde* der Sanierung annahm, jedoch sorgte erst die Initiative der SPD-Schatzmeisterin *Inge Wettig-Danielmeier* und von Abgeordnetenhaus-Präsident *Walter Momper* für die notwendigen Sanierungsmittel. Im Zuge der Sanierung wurden auch die erläuternden Texte neu gefasst. Außerdem wurde neben der Gedenkstätte ein Gedenkstein mit der Inschrift »Den Opfern des Stalinismus« aufgestellt. Neben der *Gedenkstätte* wurden im *Pergolenweg* Prominente der DDR beerdigt.

Der *Zentralfriedhof Friedrichsfelde* ist als letzte Ruhestätte bedeutender Persönlichkeiten des politischen und kulturellen Lebens ein Kulturdenkmal des 20. Jahrhundert.

→ Der Friedhof ist von 7.30 Uhr bzw. 8 Uhr (Dez, Jan) bis Dämmerung geöffnet. Er ist mit der S-Bahn bis *Lichtenberg* oder *Friedrichsfelde-Ost* erreichbar, mit der U-Bahn bis *Lichtenberg*, ca. 10–15 Min. Fußweg. Tram Linie 18 und 21 bis *Guntherstraße*, ca. 10 Min. Fußweg.

Waldfriedhof Stahnsdorf

Stahnsdorf bei Berlin
Bahnhofstraße 2

Aus Platzmangel wurde 1920 vom Bezirksamt *Wilmersdorf* außerhalb Berlins in *Stahnsdorf* ein Friedhof eingerichtet, gestaltet von *Erwin Barth* (1880–1933). Auf dem Friedhof überwiegen Gräber aus den 1920er- und 1930er-Jahren. Während der DDR-Zeit verwaltete das Bezirksamt Wilmersdorf weiterhin den Friedhof, Bestattungen gab es jedoch nur in geringer Zahl. Seit 1990 ist dies wieder möglich.

Zu den Prominenten, die hier bestattet sind, gehören die SPD-Politiker *Ernst Heilmann* (s. S. 120) und *Paul Levi* (Reichstagsabgeordneter und Vorsitzender der SPD-Reichstagsfraktion – 1885–1930).

➔ Die Verkehrsverbindungen ab *Berlin-Hauptbahnhof*: S-Bahn S 7 (Richtung *Potsdam Hbf* bis Endstation). Vom Bahnhofsvorplatz Buslinie X1 (Richtung *Teltow*, Bahnhof) bis zur Haltestelle *Stahnsdorf Bahnhofstraße*.

Gräber von Willy Brandt, Paul Löbe, Otto Suhr und Ernst Reuter

Waldfriedhof Zehlendorf
OT Nikolassee
Wasgensteig 30/Potsdamer Chaussee 75

Der *Waldfriedhof Zehlendorf* wurde zwischen 1946 und 1948 angelegt. Die Architektin *Herta Hammersbacher* (1900–1985) gestaltete die erste Phase, *Max Dietrich* setzte den Ausbau fort. Der Friedhof wurde bald zum Prominentenfriedhof mit über 40 Ehrengräbern. Zu den dort begrabenen SPD-Politikern gehören: *Willy Brandt* (1913–1992), *Paul Löbe* (1875–1967), *Otto Suhr* (1894–1957) und *Ernst Reuter* (1889–1953).

Eine Besonderheit ist der 1953 angelegte *Ehrenfriedhof* für die 1.183 in Berlin gefallenen italienischen Soldaten, die teilweise unbekannt geblieben sind.

Das Grab von *Willy Brandt* befindet sich im Feld 038, Nr. 483/484. Die alte Feldbezeichnung lautet 6W 17 b.

➔ Der *Waldfriedhof* ist ab *Berlin Hauptbahnhof* mit der S-Bahn S7 (Richtung *Potsdam*) bis Haltestelle *Wannsee Bahnhof* und ab dort mit der Buslinie 118 (Richtung *Krumme Lanke*) über die Haltestellen *Wasgensteig* oder *Waldfriedhof Zehlendorf* zu erreichen.

Rathaus Schöneberg
John-F.-Kennedy-Platz

Das *Rathaus* wurde von 1911 bis 1914 nach Plänen der Architekten *Peter Jürgensen* (1873–1954) und *Jürgen Bachmann* (1872–1951) errichtet. Bis 1920 war es Sitz des Rates der Verwaltung der Stadt Schöneberg, nach der Eingemeindung in Groß-

Berlin Sitz des Bürgermeisters und der Verwaltung des Bezirks Schöneberg. 1933 wurde die Bezirksversammlung aufgelöst und ein NS-Politiker übernahm das Amt des Bezirksbürgermeisters. Den Zweiten Weltkrieg überstand das Rathaus mit schweren Beschädigungen, konnte jedoch mit Notreparaturen wieder funktionsfähig gemacht werden.

Nach der Teilung Berlins 1948 durch die Währungsreform und die Berlin-Blockade entstand im Rathaus ab 1949 das politische Zentrum Westberlins bis 1990; es war Sitz des Regierenden Bürgermeisters von Berlin und des Abgeordnetenhauses. Hier führten die Sozialdemokraten *Ernst Reuter* (1889–1953), *Otto Suhr* (1894–1957), *Willy Brandt* (1913–1992), *Heinrich Albertz* (1915–1993), *Klaus Schütz*, *Dietrich Stobbe* (1938–2011), *Hans-Jochen Vogel* und *Walter Momper* den Senat von Berlin, von der CDU nur *Walter Schreiber*, *Richard von Weizsäcker* und *Eberhard Diepgen*.

Im Kampf um die Selbstbehauptung Westberlins als freien Teil der Stadt besuchten zahlreiche Staatsoberhäupter der westlichen Welt das Rathaus, darunter waren die US-Präsidenten *John F. Kennedy* (1917–1963) und *Ronald Reagan* (1911–2004). In langfristiger Erinnerung bleibt davon die Rede von *John F. Kennedy* auf dem Platz vor dem Rathaus. Sein Bekenntnis »Ich bin ein Berliner« war zwei Jahre nach dem Mauerbau die Garantie der amerikanischen Schutzmacht für die weitere Sicherung der Freiheit Westberlins gegen Ansprüche der DDR bzw. der Sowjetunion.

Zu den bedeutenden Kundgebungen auf dem Rathausplatz, der seit 1969 den Namen *John-F.-Kennedy-Platz* trägt, gehören die Kundgebung nach dem Ende der Berlin-Blockade am 12. Mai 1949, das Gedenken an die Opfer des 17. Juni 1953, die Kundgebungen nach dem Mauerbau am 16. und 19. August 1961 und die Kundgebung am Abend des 10. November 1989, dem ersten Tag nach der Öffnung der Mauer, bei der *Willy Brandt* und *Walter Momper*, für die Bundesregierung *Helmut Kohl* und *Hans-Dietrich Genscher* sprachen.

Zwiespältige Erinnerungen verbinden sich mit dem 2. Juni 1967, als dort bei dem Besuch des Schahs von Iran im Rathaus die schweren Auseinandersetzungen zwischen Demonstranten, Schah-Anhängern (»Jubelpersern«) und Berliner Polizei ihren Anfang nahmen. Auch die Kundgebung des Senats und des Deutschen Gewerkschaftsbundes am 21. Februar 1968, die sich gegen die anwachsende Studentenbewegung richtete und Gewalt provozierte, gehört zum Negativbild des Rathausplatzes.

Das *Schöneberger Rathaus* enthält zahlreiche Erinnerungsstücke aus seiner 100-jährigen Geschichte, die mit der europäisch-deutschen Geschichte eng verknüpft ist. Eine besondere Erinnerung ist die *Freiheitsglocke*, aus Spenden der US-Zivilbevölkerung gestiftet, die täglich um 12 Uhr läutet, und auch am 2. Oktober 1990 um 23.55 Uhr läutete.

➔ Im *Schöneberger Rathaus* befindet sich heute die Bezirksverwaltung von Tempelhof-Schöneberg, es kann von 8 bis 19 Uhr in Teilen besichtigt werden. Informationen: www.berlin.de/orte/sehenswuerdigkeiten/rathaus-schoeneberg. Es wird erreicht über die U-Bahn U4 in (Richtung *Innsbrucker Platz*) Haltestelle *Rathaus Schöneberg*.

Denkmal »Tod des Demonstranten«

Bismarck-/Krumme Straße (vor der *Deutschen Oper*)

An den Mord des Studenten *Benno Ohnesorg* (1940–1967) durch den Westberliner Polizisten *Karl-Heinz Kurras* erinnert das von dem Bildhauer und Maler *Alfred Hrdlicka* (1928–2009) geschaffene Relief »Tod des Demonstranten«. Anlässlich des Staatsbesuches Reza Pahlavis, des tyrannischen Schahs von Iran, demonstrierten Tausende vor der *Deutschen Oper*. Die Aktionen der Berliner Polizei führten dabei zu Exzessen gegenüber Demonstranten, die den Tod von *Benno Ohnesorg* zur Folge hatten. Die nachfolgende Vertuschungsaktion durch die Polizeiführung und den Berliner Senat sowie die skandalösen Gerichtsurteile führten zu einer nachhaltigen Erschütterung des Verhältnisses von Zivilgesellschaft und Staatsmacht. Obwohl politisch Verantwortliche bald mit Rücktritt reagierten – Innensenator *Wolfgang Büsch* (1929–2012) und der Regierende Bürgermeister *Heinrich Albertz* (1915–1993) –, bestimmte dieses Ereignis über viele Jahre die Berliner Innenpolitik und die Zustimmung zur SPD.

Der 2. Juni 1967 gilt als der Beginn der studentischen und außerparlamentarischen Bewegung in der Bundesrepublik, die sich erst nach der Regierungsübernahme durch die Sozialliberale Koalition unter Bundeskanzler *Willy Brandt* (1969) beruhigte.

→ Die Deutsche Oper ist mit der U2 (Haltestelle Deutsche Oper) erreichbar.

Sitz der SPD der DDR
Rungestraße 3–6

Nachdem durch den Auflösungsbeschluss der SPD in der SBZ und die anschließende Vereinigung mit der KPD (s. S. 75) die SPD in der SBZ/DDR untergegangen war und sozialdemokratische Bestrebungen sogar mit Haftstrafen bedroht wurden, gab es erst nach 43 Jahren einen Anstoß zur Wiedergründung einer sozialdemokratischen Partei in der DDR (s. S. 126). Mehrere Initiativen führten ab August 1989 dazu, dass im untergehenden kommunistischen System der DDR Gründungen von Ortsvereinen und -kreisen einer Sozialdemokratischen Partei erfolgten, die sich bewusst SDP nannte, um den Verdacht der Abhängigkeit von der SPD der Bundesrepublik zu entgehen. Bis zum Jahresanfang

1990 war die Parteigründung so weit fortgeschritten, dass eine Landesdelegiertenkonferenz in der Ostberliner *Kongresshalle* stattfinden konnte (12.-14. Januar 1990). Sie beschloss den Parteinamen *Sozialdemokratische Partei Deutschlands* als Nachfolgerin der 1946 zwangsvereinigten SPD der SBZ und forderte das von der SED übernommene Vermögen zurück.

Im Februar 1990 wurde ein zentrales Büro für die SPD der DDR in der *Rungestraße 3–6* eingerichtet, in dem die vorläufige Parteiführung mit ihrem Mitarbeiterstab residierte. Erst auf dem Parteitag in Leipzig (22.–25. Fcbruar 1990) wählten die Delegierten eine Parteiführung. *Ibrahim Böhme* (1944–1999) wurde Vorsitzender.

Die *Rungestraße* hatte neben dem Parteiaufbau zwei wichtige Fragen zu lösen: die Vorbereitung der für den 18. März 1990 kurzfristig angesetzten Volkskammerwahl und die anschließenden Kommunal- und Landtagswahlen in den neu gebildeten Bundesländern Brandenburg, Mecklenburg-Vorpommern, Sachsen, Sachen-Anhalt und Thüringen. Trotz politisch-organisatorischer Selbstständigkeit erfuhr die SPD der DDR zunehmende Unterstützung der SPD der Bundesrepublik.

Die Tätigkeit der Parteizentrale der SPD der DDR endete mit dem Zusammenschluss von SPD der DDR und SPD der Bundesrepublik Deutschland auf dem Vereinigungsparteitag am 27./28. September 1990 in Berlin. Das Büro wurde aufgelöst. Vom Jahresende 1990 bis zur Fertigstellung des *Willy-Brandt-Hauses* 1996 bestand ein Verbindungsbüro des SPD-Parteivorstandes in der *Karl-Liebknecht-Straße*.

Eine Gedenktafel ist in Planung.

➔ Die *Rungestraße* 3–6 liegt ca. 200 m von der S-Bahn-Station *Jannowitzbrücke* und der U-Bahn-Station *Märkisches Museum* entfernt, bzw. an der Buslinie 147 (Haltestelle *Fischerinsel*).

In unmittelbarer Nähe befindet sich die historische Zentrale des *Allgemeinen Deutschen Gewerkschaftsbundes* (ADGB) in der *Wallstraße* (s. S. 81).

Gedenkstätte Hohenschönhausen

Genslerstraße 66

Schon im Mai 1945 richtete der sowjetische Geheimdienst *NKWD* auf dem Gelände einer Großküche ein Speziallager ein, in dem neben ehemaligen Nationalsozialisten zunehmend Oppositionelle gegen die sowjetische Besatzungspolitik inhaftiert wurden. Nach der Zwangsvereinigung von KPD und SPD zählten auch Sozialdemokraten, die diesem Kurs widersprachen, zu den Häftlingen. 1951 wurde Hohenschönhausen vom Ministerium für Staatssicherheit übernommen und bis 1989 als zentrales Untersuchungsgefängnis betrieben.

1994 wurde die Haftanstalt als Gedenkstätte eingerichtet, sie soll an die Geschichte eines zentralen Ortes der kommunistischen Unterdrückung in der SBZ/DDR erinnern und aktive Aufklärung leisten.

→ Die Besichtigung des ehemaligen *Stasi-Gefängnisses* ist nur im Rahmen einer Führung möglich. Mo-Fr stündlich zwischen 11 und 15 Uhr, Sa, So und Feiertage stündlich zwischen 10 und 16 Uhr. Gruppen mit mehr als 6 Personen nur nach Voranmeldung. E-Mail: besucherdienst@stiftung-hsh.de, Informationen: www.stiftung-hsh.de. Die *Gedenkstätte* ist über die Tram 5 bis *Freienwalder Straße* oder die Tram 6, 7, 17 bis *Genslerstraße* erreichbar.
Wer das *System STASI* begreifen möchte, dem ist ein Besuch in der *STASI-Stadt*, der MfS-Zentrale in Lichtenberg, zu empfehlen. Anfahrt mit der U5 Haltestelle *Magdalenenstraße*.
Der historische Rundgang umfasst 20 Stationen. Das *Stasimuseum* in der *Ruschestraße* kann von Montag bis Freitag:

11 bis 18 Uhr und Samstag, Sonntag, Feiertage 12. bis 18 Uhr besichtigt werden.

Denkort Hohenschönhausen

Alt-Hohenschönhausen
Gärtnerstr 7

Nicht weit von der *Gedenkstätte* entfernt liegt der *Denkort Hohenschönhausen* auf dem *Städtischen Friedhof Hohenschönhausen*. Dort wurden bisher aufgcfundene, verstorbene Häftlinge des *NKWD*-Lagers beigesetzt, die zunächst an unbezeichneten Stellen vergraben waren. Man schätzt, dass es im *NKWD*-Lager mehr als tausend Todesfälle gegeben hat.

Der 1998 eingerichtete und von dem Designer *Manfred Höhne* gestaltete *Denkort* markiert die Ruhestätten mit Steinplatten. Im Zentrum befindet sich ein Feld von Natursteinen und ein Findling mit Metalltafel.

➔ Der *Friedhof* ist direkt mit der Tram 18, 26, 28 bis *Rhinstraße/Gärtnerstraße* erreichbar; von der *Gedenkstätte Hohenschönhausen* ca. 2 km entfernt, über *Schleizer Straße* und *Ferdinand-Schultze-Straße*.

Grab von Johannes Rau

Friedhof der Dorotheenstädtischen und Friedrichwerderschen Gemeinden
Chausseestraße 126

Der Friedhof gehört zu den vor dem *Oranienburger Tor* angelegten Friedhöfen, von denen nur der 1762 angelegte *Dorotheenstädtische Friedhof* und der 1780 angelegte *Französische Friedhof* (Hugenotten-Friedhof) noch genutzt werden. Die Gesamtanlage ist ein Kulturdenkmal ersten Ranges, nicht nur der Friedhofskultur. Ein Besuch der Friedhöfe gestaltet sich zu einem Spaziergang durch die deutsche Kultur- und Geistesgeschichte, denn neben den Gräbern der Philosophen *Georg Wilhelm Friedrich Hegel* (1770–1831) und *Johann Gottlieb Fichte* (1762–1814) findet man auch die Gräber von *Ernst Litfaß* (1816–1874) und *August Borsig* (1804–1854).

Nach dem Zweiten Weltkrieg entwickelte sich der *Dorotheenstädtische Friedhof* zu einem Friedhof der künstlerischen Prominenz der DDR, mit den Gräbern für *Bertolt Brecht* (1898–1956), *Johannes R. Becher* (1891–1958), *Hanns Eisler* (1898–1962), *Anna Seghers* (1900–1983) und *John Heartfield* (1891–1968). Seit der Wende 1990 wählen ihn auch Prominente der alten Bundesrepublik als letzte Ruhestätte: z. B. *Günter Gaus* (1929–2004) und *Dietrich Stobbe* (1938–2011).

Das Grab des zweiten sozialdemokratischen Bundespräsidenten und langjährigen Ministerpräsidenten von Nordrhein-Westfalen, *Johannes Rau* (1931–2006), befindet sich im hinteren Teil des *Dorotheenstädtischen Friedhofes*, Platz 141. In unmittelbarer Nähe wird mit zwei Sammelgräbern der Opfer des Widerstandes und der letzten Kriegswochen 1945 gedacht.

Johannes Rau kam 1957 mit *Gustav Heinemann* (s. S. 178) zur SPD und begann seine politische Laufbahn als Landtagsabgeordneter in Nordrhein-Westfalen, wo er nach der Regierungsübernahme durch *Heinz Kühn* (SPD – 1912–1992) 1967 Fraktionsvorsitzender wurde. 1970 wurde er erster Wissenschaftsminister des Landes. In seiner Amtszeit bis 1978 gestaltete er die Hochschullandschaft neu. Als Nachfolger von *Heinz Kühn* bewältigte er als Ministerpräsident (1978–1998) die schwierige Aufgabe des Strukturwandels der Kohle- und Stahlindustrie. 1994 nominierte ihn die SPD für das Amt des Bundespräsidenten, jedoch unterlag er bei dieser Wahl. Erst 1999 wurde er zum Bundespräsidenten gewählt. Stellvertretender Vorsitzender der SPD war *Johannes Rau* von 1982 bis 1999.

→ Der *Friedhof* ist täglich ab 8 Uhr geöffnet, die Schlusszeit verändert sich jahreszeitlich. Informationen: www.berlin.de/orte/sehenswuerdigkeiten/dorotheenstaedtischer-friedhof. Die nächste S-Bahnstation (S1) ist *Oranienburger Straße*, bei der U-Bahn (U6) *Oranienburger Tor*. Unmittelbar neben den Friedhöfen liegt die *Brecht-Weigel-Gedenkstätte* (*Chausseestraße* 125). Dort im Keller gibt es ein Restaurant mit österreichischer Küche.

Luise und Karl Kautsky-Haus

Saarstraße 14

In der Bundesgeschäftsstelle der *Sozialistischen Jugend Deutschlands – Die Falken* gibt es eine Ausstellung zum Leben und Wirken von *Luise* und *Karl Kautsky*, die vor 1933 in der Nähe wohnten.

Luise Kautsky (1864–1944) war als Kommunalpolitikerin aktiv und übersetzte sozialistische Texte. Mit ihrem Mann 1933 ins Exil gezwungen wurde sie 1944 verhaftet und später in Auschwitz ermordet.

Karl Kautsky (1854–1938) gestaltete als Theoretiker die Programmdiskussion der SPD. Sein wichtigster Beitrag ist das von ihm und *Eduard Bernstein* (s. S. 222) entworfene *Erfurter Programm* (1891). Kautsky starb im Amsterdamer Exil.

→ Das *Luise und Karl Kautsky-Haus* ist erreichbar mit der S-Bahn Linie S7 vom Berliner *Hauptbahnhof* (Richtung *Ahrensfelde*) bis Haltestelle *Friedrichstraße Bahnhof*, von dort mit der S1 (Richtung *Nikolassee*) bis Haltestelle *Friedenau*, weiter zu Fuß, in Fahrtrichtung links, auf die *Baumeisterstraße*, dann links in die *Bahnhofstraße*, links auf die *Wielandstraße*, der Straße folgen (wird zur *Wilhelm-Hauff-Straße*) anschließend links in die *Fregestraße*, schließlich nach rechts auf die *Saarstraße*.

Freie Volksbühne

Rosa-Luxemburg-Platz

Der Besuch von Schauspiel-, Opern- und Konzertaufführungen war der Arbeiterschaft durch die hohen Preise weitgehend versperrt, deshalb organisierten sich Arbeiter im kulturellen Bereich selbst. Schon 1890 wurde in Berlin der Verein *Freie Volksbühne* gegründet, der einen raschen Aufschwung nahm und nach dessen Vorbild sich in fast allen Theaterstädten des Deutschen Reichs Volksbühnenvereine gründeten, sodass man von einer Volksbühnenbewegung sprechen konnte, die 1933 von den Nazis in der Organisation *Kraft durch Freude* gleichgeschaltet wurde. Nach 1945 entstanden zahlreiche Volksbühnenvereine neu, jedoch konnte der frühere Stand nicht wieder erreicht werden. Während die Volksbühnenvereine Theateraufführungen für ihre Mitglieder einkauften und dann über ermäßigte Preise vermittelten, setzte die *Freie Volksbühne* eigene Akzente. Sie förderte das Theater des Naturalismus, das auf den Widerstand kaiserlich-königlicher Kulturpolitik stieß, und errichtete mit dem von *Oskar Kaufmann* (1873–1956) entworfenen *Volkskunsthaus* 1913 eine eigene Spielstätte, die durch die Regiearbeit von *Erwin Piscator* (1893–1966) ein Zentrum des politischen Theaters wurde. Die Regiearbeiten von *Piscator* wirkten weit über Berlin hinaus und beeinflussten die von *Bertolt Brecht* (1898–1956) und anderen entwickelte *Theorie des epischen Theaters*.

Durch die deutsche Teilung konnte diese Tradition nach dem Ende der NS-Zeit im historischen Haus nicht wieder aufgegriffen werden. Die *Freie Volksbühne* arbeitete bis 1992 in West-Berlin. Der aus dem Exil zurückgekehrte *Erwin Piscator* sowie *Kurt Hübner* (1916–2007) setzten erneut Akzente des politischen Theaters. Das historische Haus unterstand bis 1990 dem *Freien Deutschen Gewerkschaftsbund*.

Seit 1992 wird in dem inzwischen denkmalgeschützten

Haus unter der Intendanz von Frank Castorf Theater mit politischen Akzenten aufgeführt.

➔ Die *Volksbühne* ist mit der U-Bahn U2 zu erreichen, Haltestelle *Rosa-Luxemburg-Platz*.

Siedlungen der Berliner Moderne
Wohnungsgenossenschaften

Die Wanderungsbewegungen in dic wachsenden industriellen Zentren, die Familiengründungen geburtenstarker Jahrgänge und das Fehlen einer staatlichen Wohnungsbaupolitik verschärften vor dem Ersten Weltkrieg die ohnehin schlechte Wohnsituation der Arbeiterfamilien, sodass erste Ideen zur Selbsthilfe entstanden. Im Umfeld der Sozialdemokratie wurde die Genossenschaftsidee zur Lösung der Wohnungsnot entwickelt. In Selbsthilfe durch Aufbringung des notwendigen Kapitals, auch durch Eigenleistungen sollten preisgünstige Wohnungen entstehen, die die Ansprüche an Komfort und gesundes Wohnen erfüllten. Der Arbeiter sollte Nutzer einer Wohnung und als Genosse in der Genossenschaft Mitträger des Eigentums werden. In den Genossenschaften sollten sich auch unterschiedliche Vorstellungen vom Zusammenleben realisieren, was sich u. a. in gemeinschaftlichen Einrichtungen und Tätigkeiten ausdrückte.

Die schon vor dem Ersten Weltkrieg von Sozialdemokraten begründete Genossenschaftsbewegung (s. S. 130) umfasste auch Wohnungsgenossenschaften, die jedoch erst in der Weimarer Republik einen steilen Aufschwung nahmen. Berlin wurde zu einem Schwerpunkt der Wohnungsgenossenschaften, die sich auch als Auftraggeber an die Architekten des Neuen Bauens hervor taten. Besonders hervorzuheben sind die Brüder *Bruno* (1880 – 1938) und *Max Taut* (1884 – 1967),

Franz Hillinger (1895 – 1973), *Otto Bartning* (1883 – 1959), *Hans Scharoun* (1893 – 1972) sowie als Anreger und Mitgestalter der sozialdemokratische Stadtbaurat Berlins *Martin Wagner* (1885 – 1957).

Neben kleineren Genossenschaften war die 1924 gegründete gewerkschaftlich-genossenschaftliche Wohnungsfürsorgegesellschaft für Groß-Berlin GEHAG die bedeutendste Trägerin des Wohnungsbauprogramms der 1920er-Jahre. Von gewerkschaftlich, sozialdemokratischen Genossenschaften wurden gebaut:

Siedlung am Schollenhof der Baugenossenschaft »Freie Scholle«
Allmende- und Schollenweg, nördlich des Waidmannsluster Damms in Berlin-Tegel.

Der Entwurf stammt von *Bruno Taut* (1880 – 1938). Die Wohn- und Siedlungsidee orientierte sich an einer neuen Lebensform, die Arbeit, Wohnen und Freizeit als Einheit sah; sie sollte auch Selbstversorgung aus eigener Scholle und gemeinschaftliche Wohlfahrtspflege beinhalten. Trotz wirtschaftlicher Schwierigkeiten konnte das Projekt bis 1931 realisiert werden.

Die »Freie Scholle« erlitt starke Kriegszerstörungen, die beim Wiederaufbau nicht völlig ausgeglichen wurden, trotzdem ist sie ein bedeutendes Denkmal für den Wohnungsbau einer Selbsthilfeorganisation.

Wohnstadt »Carl Legien«
Zwischen Grellstraße und Ostseestraße, Prenzlauer Allee und Gubitzstraße in Prenzlauer Berg.

Diese Wohnstadt der gewerkschaftlichen GEHAG gestaltete *Bruno Taut*. Mit dem Bau wurde schon 1927 begonnen, wesentliche Teile konnten erst 1929 fertig gestellt. Das Ensemble gehört zu den städtebaulich und architektonisch markantesten Werken *Tauts*. Als die Wohnstadt 1930 eingeweiht und den Namen des 1920 verstorbenen Gewerkschaftsvorsitzenden *Carl Legien* (1861 – 1920) erhielt, schrieb eine Gewerkschaftszeitung: »Wer unvermittelt aus dem schwarzen Gewühl der Proletarierviertel des Prenzlauer Bergs in diese neue Siedlung versetzt würde, müsste meinen, eine Fata Morgana, einen Architektentraum verwirklicht zu sehen.« Seit 1977 steht die Wohnstadt unter Denkmalschutz. Die von den Nationalsozialisten getilgten Namen wurden durch Namen von Widerstandskämpfern ersetzt.

Wohnanlage Berlin-Lichtenberg

Beiderseits der Lincolnstraße sowie teilweise Eggersdorfer Straße in Lichtenberg.

Die »Heimat« Gemeinnützige Bau- und Siedlungs-AG realisierte zwischen 1925 und 1931 eine große Wohnanlage zwischen dem Bahnhof Lichtenberg und der Dorfgemarkung Friedrichsfelde. Architekten *Paul Emmerich* (1876–1958) und *Paul Mebes* (1872 – 1938)

»Flusspferdhof«

Große-Leege-Straße, Simon-Bolivar-Weg, Goeckestraße, Straußbergerstraße in Hohenschönhausen.

Ebenfalls von *Emmerich* und *Mebes* wurde in den 1920er-Jahren die Wohnanlage Flusspferdhof im Stil des Neuen Bauens realisiert. Sie steht unter Denkmalschutz. Ab 1996 wurde sie von der GEWOBAG restauriert.

Siedlungsgenossenschaft »Lichtenberger Gartenheim«

Beiderseits der Hönower Straße zwischen Albrecht-Dürer-Straße / Greifswalder Straße sowie Briesener Weg / Am Lupinenfeld in Mahlsdorf.

Von der GEHAG betreut entstanden die Eigenheime dieser Genossenschaft von 1924 bis 1931 nach Entwürfen von *Bruno Taut*. Auffällig im Stil des Neuen Bauens ist das Verwaltungsgebäude.

Spreesiedlung Schöneweide
Hainstraße und Britzer Straße in Schöneweide.

Paul Emmerich und *Paul Mebes* bauten 1931/32 die kleine Wohnanlage für die »Heimat«.

Gartenstadt am Falkenberg (Tuschkastensiedlung)
Treptow-Köpenick OT Bohnsdorf.

Die von Gewerkschaften, Sozialdemokraten und Sozialreformern schon vor dem Ersten Weltkrieg gegründete Genossenschaft startete mit einer von *Bruno Taut* gestalteten Mustersiedlung, deren farbliche Gestaltung den Namen Tuschkastensiedlung provozierte. Nach dem Weltkrieg wurde eine zweite Bauphase unter Leitung des Berliner Spar- und Bauvereins realisiert, die von den Plänen Tauts abwich. Die Falkenberger Genossenschaft zeichnete sich durch ein reiches politisch-gesellschaftliches Leben aus und war durch sozialdemokratische Abgeordnete stark im politischen Leben vertreten.

Arbeiter-Bau-Genossenschaft »Paradies«
Paradiesstraße zwischen Buntzelstraße, Siebweg und Hundsfelder Straße in Bohnsdorf.

Diese Selbsthilfegenossenschaft begann ihre Tätigkeit schon 1902 und konnte erste Häuser noch vor dem Ersten Weltkrieg fertigstellen. In den 1920er-Jahren übernahm die GEHAG die Bauträgerschaft, die weitere Gestaltung lag bei *Bruno Taut*. Auch diese Siedlung zeichnete sich durch eine starke sozialdemokratisch bestimmte Solidargemeinschaft aus.

»Werrablock« des Beamten-Wohnungsverein zu Neukölln
Werrastraße, Roseggerstraße, Weserstraße, Innstraße in Neukölln.

Vor 1914 begann die Tätigkeit dieser Genossenschaft, die in den 1920er-Jahren von *Paul Emmerich* und *Paul Mebes* betreut wurde. Die Anlage zeichnet sich durch architektonisch interessante Lösungen aus.

Baugenossenschaft »Ideal«

Östlich und westlich der Rungiusstraße in Neukölln-Rixdorf.

Gegen den Widerstand des Rixdorfer Magistrats wurde ab 1907 diese Mustersiedlung verwirklicht, deren genossenschaftliche Träger Mitarbeiter der AOK-Rixdorf sowie fortschrittliche Ärzte und Apotheker waren. Die Genossenschaft orientierte sich am Modell der Gartenstadt und wollte die Mietskaserne mit lichtlosen Hinterhöfen überwinden. In den 1920er-Jahren schloss sich die Genossenschaft der GEHAG an, damit lag die Gestaltung in der Hand von *Bruno Taut*.

Hufeisensiedlung

Fritz-Reuter-Allee zwischen Blaschkoallee und Parchimer Allee in Neukölln-Britz.

1925 bis 1927 nach den Entwürfen von *Bruno Taut* und *Martin Wagner* gestaltete Großsiedlung, die als Musterbeispiel für den Wohnungsbau des Neuen Bauens in den 1920er-Jahren gilt. Auffällig ist die Farbgebung, die der Fritz-Reuter-Allee wegen des Anstrichs den Namen »Rote Front« gab.

Waldsiedlung »Onkel-Toms-Hütte«

Am Fischtal und Am Hegewinkel in Zehlendorf:

Nach den Plänen von *Bruno Taut* u.a. errichtete die GEHAG diese Siedlung, die wegen des gewählten Flachdachs einen »Dächerkrieg« auslöste. Ab 1927 konnten die Häuser bezogen werden. Zu der Anlage gehört auch der Wohnblock Peitschenknall. Interessant ist auch die Farbgebung von Bruno Taut. Die Anlage steht unter Denkmalschutz. »Onkel Toms Hütte« war auch ein Zentrum der Sozialdemokratie. Im Eisvogelweg 71 wohnte der Reichstagsabgeordnete *Julius Leber*.

»Rauchlose Siedlung«
Steglitzer Damm, Munsterdamm in Steglitz.

Die gemeinnützige Wohnungsbaugesellschaft »Heimat« ließ von *Paul Emmerich* und *Paul Mebes* die »Rauchlose Siedlung« entwerfen, die 1931/32 errichtet wurde. Die Wohnungen hatten keine Ofenheizung, sondern wurden mit Fernwärme versorgt.

Die gewerkschaftlich-sozialdemokratische Solidargemeinschaft der neuen Siedlungen erfuhr nach 1933 den gezielten Angriff der Nationalsozialisten, die die Leitungsstruktur beseitigten und freie Wohnungen mit ihren Anhängern besetzten. Trotzdem blieben diese Wohnquartiere Orte des Widerstandes gegen das NS-System.

Folgende Wohnsiedlungen, darunter auch Anlagen, die nicht von den gewerkschaftlich orientierten Genossenschaften errichtet wurden, aber dem Neuen Bauen verpflichtet sind, nahm die UNESCO 2008 in die Liste des Weltkulturerbes auf:

Gartenstadt Falkenberg in Bohnsdorf
Siedlung Schillerpark in Wedding
Großsiedlung Britz (Hufeisensiedlung) in Britz (Neukölln)
Wohnstadt »*Carl Legien*« in Prenzlauer Berg
Weiße Stadt in Reinickendorf
Großsiedlung *Siemensstadt* (Ringsiedlung) in Charlottenburg

Bundesschule des Allgemeinen Deutschen Gewerkschaftsbundes (ADGB)

Bernau bei Berlin
Hannes-Meyer-Campus

In den Jahren der Weimarer Republik begründeten die sozialdemokratischen Gewerkschaften eine enge Zusammenarbeit mit den Architekten der Neuen Sachlichkeit. Ihre Berliner Zentralen wurden von den führenden Vertretern dieser Gruppe entworfen (s. S. 109), schließlich erhielt auch ein Repräsentant des *Bauhaus*es einen herausragenden Auftrag.

Nachdem sich die im ADGB organisierten Gewerkschaften von den Krisenjahren der Weimarer Republik bis 1928 wieder erholt hatten, schrieb der ADGB-Bundesvorstand einen engeren Wettbewerb unter sechs Architekten aus: *Max Berg* (1870–1947), *Alois Klement*, *Willy Ludewig* (1902–1963), *Erich Mendelsohn* (1887–1953), *Max Taut* (1884–1967) und *Hannes Meyer* (1889–1954). Das Preisrichter-Kollegium unter Vorsitz des ADGB-Vorsitzenden *Theodor Leipart* (1867–1947) entschied sich für den Entwurf von *Hannes Meyer*, der auch den Bau gemeinsam mit *Hans Wittwer* (1894–1952) realisierte.

Hannes Meyer war von 1927 bis 1930 Meister für Architektur am *Bauhaus* Dessau gewesen, und seit 1928 Direktor des *Bauhaus*es als Nachfolger von *Walter Gropius* (s. S. 202). Nach einem Konflikt mit dem Magistrat von Dessau wurde er 1930 entlassen. Meyer war Mitglied der KPD. 1930 bis 1936 arbeitete er in der Sowjetunion, aus der er in die Schweiz zurückkehrte. Bis zu seinem Tod wirkte er als Architekt und Stadtplaner in der Schweiz und in Mexiko.

Die 1930 eingeweihte *Bundesschule des ADGB*, in der Internatsunterricht stattfand, gilt als Musterbeispiel für den

Bau von Internatsschulen in der Erwachsenenbildung (Heimvolkshochschulen). Bernau strahlte deshalb auch international aus.

Vom ADGB konnte Bernau nur wenige Jahre genutzt werden. Am 2. Mai 1933 besetzte die SA die *Bundesschule*, die danach die *Reichsführerschule der NSDAP* wurde. Nach dem Zweiten Weltkrieg diente sie zunächst als Lazarett der Roten Armee und wurde 1946 an die SBZ-Behörden übergeben. Ab 1947 wurde sie vom kommunistischen *Freien Deutschen Gewerkschaftsbund* (FDGB) genutzt und 1951 in die *Fritz-Heckert-Gewerkschaftshochschule* umgewandelt.

Nach der Wende sah sich der *Deutsche Gewerkschaftsbund* nicht in der Lage, Bernau wieder in sein Eigentum zu übernehmen. Nach mehreren Zwischenstufen gelangte die Handwerkskammer Berlin 2001 in das Eigentum und sanierte das Baudenkmal bis 2007. Seitdem trägt das Ensemble den Namen *Hannes-Meyer-Campus*. Das Hauptgebäude wird als Seminar- und Lehrgangshotel von der Handwerkskammer genutzt, daneben gibt es weitere Nutzer. Das erhaltene Freibad soll noch saniert werden.

Die Sanierung hat die durch die Nazizeit und die DDR bewirkte Überschichtung des Originals weitgehend getilgt, doch sind unübersehbare Spuren geblieben, die ein aktiver Denkmalsschutz aufgreifen sollte. Nicht jedes Detail des *Bauhaus*es ist heilig, aber angestrengte Sorgfalt sollte schon verlangt werden. So wirkt störend, dass Baureste aus der DDR-Zeit im Umfeld der Bundesschule den Gesamteindruck mindern. Ein weiterer Sanierungsschritt ist deshalb notwendig.

An den zentralen Stationen des Baudenkmals existieren Erklärungen, außerdem eine kleine Ausstellung im *Meyer-Wittwer-Bau*. Ein von den Nationalsozialisten angebrachtes Relief über einem Eingang wird nicht näher erläutert. Was auch für das Relief-Bild von *Hermann Duncker* gilt, der von 1949 bis 1960 an der FDGB-Schule als Lehrer wirkte.

Hermann Duncker (1874–1960), promovierter Nationalökonom, war seit 1893 Mitglied der SPD, für die er als Redakteur und Lehrer an der Parteischule in Berlin arbeitete. 1918 gehörte er zu den Mitbegründern der KPD. Nach einer Haft im nationalsozialistischen Deutschland lebte er in mehreren Ländern im Exil, von 1941 bis 1947 in den USA. Nach seiner Rückkehr trat er in die SED ein.

→ Die ADGB-Bundesschule ist mit der S2 (Richtung Bernau) erreichbar. Ab Bahnhof fahren die Busse 894 (Mo-Fr) und 903 (Sa-So) bis Haltestelle *Bernau-Waldfrieden*. Wer mit dem Auto anreist, sollte auf der A11 bis *Bernau-Nord* fahren. Die Abfahrt in Richtung *Wandlitz* verlassen. Nach der *Siedlung Waldfrieden* kommt die Bundesschule (Hinweis vorhanden). Aus dem Ort Bernau ist die Anfahrt schlecht ausgeschildert. Informationen: www.baudenkmal-bundesschule-bernau.de. E-Mail: bundesschule.bernau@gmx.de. Die *Bundesschule* kann auch mit einem Radausflug ab Bahnhof Bernau besucht werden. Radwege sind ausgeschildert. Wer die *Bundesschule* in einem Tagesausflug besuchen will, sollte einen Abstecher zum *Liepnitzsee* einplanen, einem der schönsten Badeseen in der Umgebung Berlins.

Konzentrationslager Oranienburg

Oranienburg
Berliner Straße/Erich-Mühsam-Straße

In einer ehemaligen Brauerei richtete die SA schon am 21. März 1933 ein *wildes* Konzentrationslager ein. In von der SA organisierten Verhaftungsaktionen wurden Sozialdemokraten, Kommunisten, Liberale und Juden vor allem in Berlin, Brandenburg und Anhalt verhaftet und in Oranienburg eingeliefert. Die Inhaftierten unterlagen einem Arbeitszwang, der beim Ausbau des Lagers, im Straßenbau und in der Landwirtschaft erfüllt wurde.

Prominente Regimegegner bei der Einlieferung in das KZ Oranienburg, darunter Friedrich Ebert jun. (5.v.re.) und Ernst Heilmann (6.v.re.)

Im *KZ Oranienburg* wurde eine große Zahl von bekannten SPD-Politikern inhaftiert: *Ernst Heilmann* (1881–1940, Fraktionsvorsitzender im Preußischen Landtag, ermordet im Konzentrationslager Buchenwald), die Reichstagsabgeordneten *Friedrich Ebert jun.* (1894–1979), *Gerhart Seger* (1896–1967), *Franz Künstler* (1888–1942), *Paul Szillat* (1888–1958, Landtagsabgeordneter, Oberbürgermeister von Brandenburg/Havel), *Eduard Zachert* (1881–1943, Landtagsabgeordneter) sowie zahlreiche Kommunalpolitiker der Region um Berlin.

Zu den Häftlingen in Oranienburg gehörte auch der anarchistische Schriftsteller *Erich Mühsam* (1878–1934), der dort zu Tode gefoltert wurde.

Das *KZ Oranienburg* bestand nur bis zum Juli 1934. Die Häftlinge wurden überwiegend in das *KZ Lichtenburg* überführt. International bekannt wurde das *KZ Oranienburg* durch den 1934 veröffentlichten Erlebnisbericht *Gerhart Segers*, der nach mehrmonatiger Haft fliehen konnte. Der im SPD-Exilverlag Graphia in Karlsbad/Tschechoslowakei verlegte Bericht wurde in zahlreichen Übersetzungen weltweit verbreitet.

An der ehemaligen Lagermauer in der Berliner Straße befinden sich eine Gedenktafel sowie ein Gedenkstein für *Erich Mühsam;* eine weitere Gedenktafel für den Schriftsteller befindet sich am Haus Erich-Mühsam-Straße 10.

→ Vom *S-Bahnhof Oranienburg* mit der Linie 800 zur Haltestelle *Gericht*. Von dort sind es nur wenige Meter stadtauswärts in der *Berliner Straße*. Der Fußweg vom Bahnhof beträgt ca. einen Kilometer über *Stralsunder Straße, Krebsstraße, Kreuzung Lehnitzer Straße*, bis zur Havel, von dort über die Fußgängerbrücke in die *Erich-Mühsam-Straße*.

Mahn- und Gedenkstätte Ravensbrück

Fürstenberg an der Havel
Straße der Nationen

Die ersten weiblichen Häftlinge wurden im Mai 1939 aus der Lichtenburg in das größte, neu errichtete, Frauenkonzentrationslager auf deutschem Gebiet verlegt.

1941 erfolgte die Erweiterung des KZ-Lagerkomplexes um ein kleineres *Männerlager*. 1942 entstand in unmittelbarer Nachbarschaft das sogenannte *Jugendschutzlager* für junge Frauen und Mädchen.

Mit Ravensbrück setzte die SS-Führung ihre Politik zur Bildung von großen Konzentrationslagern nach dem Vorbild von Dachau und Sachsenhausen fort. Die Zusammenführung von Frauen aus zahlreichen Haftorten in einem reinen Frauenkonzentrationslager ermöglichte die Isolierung aber auch die Intensivierung der Ausbeutung der Häftlinge am Vorabend und während des Zweiten Weltkrieges. Schon 1940 registrierte das Frauenkonzentrationslager Ravensbrück über 4000 Häftlinge. Die Frauen mussten schwere körperliche Arbeiten leisten, wurden zu sogenannten frauentypischen Arbeiten im SS-eigenen Unternehmen *Gesellschaft für*

Textil- und Lederverwertung mbH zur Zwangsarbeit eingesetzt. Sie waren für die Rüstungsproduktion und damit Unternehmen wie Siemens & Halske billige Arbeitskräfte. Nach der Okkupation Polens wuchs der Anteil polnischer Frauen im Lager. Im Verlauf des 2. Weltkrieges kamen Frauen aus über 40 Nationen ins Konzentrationslager Ravensbrück.

Im Januar 1945 waren in Ravensbrück ca. 46.000 weibliche und fast 8.000 männliche Häftlinge registriert. Kurz vor Kriegsende gelang dem Internationalen Roten Kreuz im April die Rettung von ca. 7.500 Frauen nach Schweden. Der erste Befreiungstransport führte in die Schweiz. Im April 1945 begannen die Evakuierungsmärsche. Am 30. April konnten die kranken und nicht gehfähigen, im Lager zurückgebliebenen Häftlinge durch die Rote Armee befreit werden.

Unter den Häftlingen waren jüdische Frauen, Kinder und Männer, Sinti und Roma kamen ins Frauenkonzentrationslager Ravensbrück. Die Häftlinge starben an Entkräftung, an Krankheiten, medizinischen Experimenten, wurden erschossen, erschlagen. Behinderte, nicht arbeitsfähige und jüdische Häftlinge wurden im Rahmen der *Aktion 14f13* in die Gaskammer der *Heil- und Pflegeanstalt Bernburg* geschickt. Zu Beginn des Jahres 1945 erfolgten die Vergasungen der Menschen in einer provisorischen Gaskammer im Frauenkonzentrationslager Ravensbrück.

Über die Zahl der Häftlinge und Todesopfer weichen die Angaben ab. Registriert wurden ca. 132.000 Frauen und Kinder, ca. 20.000 Männer und ca. 1000 weibliche Jugendliche. Tausende Frauen, Kinder und Männer starben im Frauenkonzentrationslager Ravensbrück, dem sogenannten Männerlager, in den zahlreichen KZ-Außenlagern, auf den Todesmärschen.

Zu den bekanntesten sozialdemokratischen Häftlingen in Ravensbrück gehören die Reichstagsabgeordneten *Marie Ansorge* (1880–1955), *Johanna Tesch* (1875–1945), *Gustav Dahrendorf* (1901–1954), *Theodor Haubach* (1896–1945) sowie die Landtagsabgeordneten *Matthäus Hermann* (1879–1959) und *Wilhelm Winzer* (1878–1957). Die Überlebende *Martha Fuchs* (1892–1966) wurde nach Kriegsende in Braunschweig Ministerin und Oberbürgermeisterin.

Die Nationale Mahn- und Gedenkstätte Ravensbrück wurde am 12. September 1959 als eine von drei zentralen Gedenkstätten in der DDR eröffnet. Der Bildhauer *Will Lammert* (1892–1957) schuf das Modell der Bronzeskulptur. Nach seinem Tod 1957 setzte u.a. *Fritz Cremer* die Arbeiten fort. Diese Skulptur wird auch als *Pieta von Ravensbrück* bezeichnet. Beachtenswert sind auch die Skulpturen *Zwei Stehende* vor dem Krematorium und die *Müttergruppe*.

Seit 1993 gehört die Mahn- und Gedenkstätte Ravensbrück zur *Stiftung Brandenburgische Gedenkstätten*. Es begann die Umgestaltung und Erweiterung der Gedenkstätte im Rahmen einer langfristig angelegten Planung. Neben den baulichen Veränderungen wurden mehrere neue Dauerausstellungen eröffnet, u.a. *Züge nach Ravensbrück. Transporte mit der Reichsbahn 1939–1945* (2005), eine Ausstellung zur *Geschichte des Zellenbaus* (2006), *Das Führerhaus: Alltag und Verbrechen der Ravensbrücker SS-Offiziere* (2010). Die Eröffnung der neuen umfassenden Hauptausstellung *Das Frauen-Konzentrationslager Ravensbrück – Geschichte und Erinnerung* erfolgt im April 2013.

→ Die Öffnungszeiten der Gedenkstätte und der Ausstellungen sind von Oktober bis April: Dienstag bis Sonntag von 9.00 bis 17.00 Uhr und von Mai bis September: Dienstag bis Sonntag von 9.00 bis 18.00 Uhr. Die Erreichbarkeit der *Gedenkstätte* ist mit öffentlichen Verkehrsmitteln nicht möglich. Vom Bahnhof nimmt man entweder ein Taxi oder geht zu Fuß, Wegstrecke 2,5 km ca. 25 Min., von der *Luisenstraße* Richtung Norden, geradeaus, weiter auf der *Gelderner Straße* bis zum Straßenende. An der Kreuzung weiter auf der *Ravensbrücker Dorfstraße*, diese wird dann zur *Himmelpforter Landstraße*, dann nach rechts auf die *Straße der Nationen*, am Ende der Straße befindet sich die *Gedenkstätte*.

Konzentrationslager Sachsenhausen
Oranienburg
OT Sachsenhausen

Das *Konzentrationslager Sachsenhausen* wurde 1936/37 als Ersatz für zahlreiche frühe, *wilde* Konzentrationslager durch Häftlinge der *Emslandlager* (s. S. 146) erbaut. Es nahm als Ausbildungslager für KZ-Kommandanten und Wachmannschaften eine Sonderstellung im SS-System der Konzentrationslager ein. *Sachsenhausen* war Zentrum eines Ausbeutungssystems, das mit ca. 100 Außenlagern einen beachtlichen Beitrag zur Rüstungsproduktion leistete. Gleichzeitig war das KZ ein Ort des Terrors mit Misshandlungen, Folter, Massenerschießungen, Hunger und defizitärer medizinischer Versorgung.

Im *Konzentrationslager Sachsenhausen* waren mehr als 200.000 Häftlinge inhaftiert, darunter in den Anfangsjahren zahlreiche politische Häftlinge, die aus anderen Lagern hierher verlegt wurden oder aus dem politischen Widerstand im nahen Berlin kamen. Später überwogen Häftlinge aus den besetzten Teilen Europas, für rassisch und biologisch minderwertig Erklärte und Zeugen Jehovas. Man schätzt, dass bis zu 18.000 sowjetische Kriegsgefangene in Sachsenhausen ermordet wurden.

Unter den politischen Häftlingen gehören die Sozialdemokraten *Heinrich Albertz* (1877–1945), *Nikolaus Bernhard* (1881–1957), *August Berger* (1892–1945), *Rudolf Breitscheid* (1874–1944), *Paul Brodele* (1884–1942), *Georg Buch* (1903–1995), *Ernst Domke* (1882–1945), *Heinrich Düker* (1898–1986), *Rudolf Freidhof* (1888–1983), *Cornelius Gellert* (1881–1944), *Paul Gerlach* (1888–1944), *Hermann Henneicke* (1886–1966), *Fritz Henßler* (1886–1953), Clemens *Högg* (1890–1945), *Heinrich Jasper* (1875–1945), *Johannes Kleinspehn* (1880–1944), *Julius Leber* (1891–1945), *Fritz Lewerentz* (1878–1945), *Rudolf Löhr* (1885–1945), *Erich Lübbe* (1891–1977), *Reinhard Rauschenberg* (1879–1953), *Theodor Roeingh* (1882–1945), *Erich Roßmann* (1884–1963), *Michael Schnabrich*

(1880–1939), *Heinrich Siems* (1877–1945) und *Max Westphal* (1895–1942) zu den bekannteren.

Nach der Befreiung 1945 wurde das Lager zunächst als Internierungslager für NS-Belastete von der Sowjetischen Militäradministration genutzt, danach gab es weitere Nutzungen durch die DDR. In einem Teil des Lagers befindet sich heute die Fachhochschule der Polizei des Landes Brandenburg.

Zu einer *Nationalen Mahn- und Gedenkstätte* wurde *Sachsenhausen* ab 1956 ausgebaut, dabei wurde der größte Teil der Baracken abgerissen. Für diese Gedenkstätte schuf der Bildhauer *Waldemar Grzimek* (1918–1984) eine Plastik-Gruppe, die *Widerstand, Siegesbewusstsein, Trauer und Tod* symbolisiert. 1976 wurden 200 Erinnerungstafeln an den Todesmarsch der Häftlinge 1945 ausgestellt. In mehreren Schritten erfolgte 1993 die Umgestaltung der Gedenkstätte, die seitdem von der *Stiftung Brandenburgische Gedenkstätten* unterhalten wird. Seit 2001 existiert ein Museumsneubau. Umfangreiche Sanierungsbauarbeiten wurden 2005 abgeschlossen.

➔ Die *Gedenkstätte* ist geöffnet vom 15. März bis 14. Oktober täglich 8.30 bis 18 Uhr; vom 15. Oktober bis 14. März täglich von 8.30 bis 16.30 Uhr. Montags sind die Museen, das Archiv und die Bibliothek geschlossen. Die Open-Air-Dokumentation *Mord und Massenmord im KZ Sachsenhausen*, der Gedenkort *Station Z* sowie das Besucherinformationszentrum sind geöffnet. Informationen im Internet unter www.stiftung-bg.de. Verkehrsverbindungen ab *Berlin-Hauptbahnhof*: S-Bahn S 1 (*Oranienburg* bis Endstation); Regionalbahn RE 5 Richtung *Stralsund/Rostock* bis *Oranienburg*. Vom Bahnhofsvorplatz Buslinie 804 (stündlich, Richtung *Malz*) und Buslinie 821 bis zur Haltestelle *Gedenkstätte*.

Pfarrhaus Schwante
Gründungsort der Sozialdemokratischen Partei in der DDR (SDP)
Schwante

Zur Opposition in der DDR gehörte auch die Gruppe, die im April 1989 einen ersten Gründungsaufruf für eine Sozialdemokratische Partei verfasste, der schließlich am 26. August in der Berliner Golgathagemeinde von *Markus Meckel* und *Martin Gutzeit* vorgestellt wurde. Der Tag wurde in Erinnerung an die *Erklärung der Menschen und Bürgerrechte* vor 200 Jahren 1789 gewählt. Am 7. Oktober, dem 40. Gründungstag der DDR, erfolgte dann die Gründung der *Sozialdemokratischen Partei* in der DDR. An der Gründungsversammlung in *Schwante* nahmen 43 Frauen und Männer teil. Nach dieser Gründungsversammlung bildeten sich in den folgenden Wochen überall in der DDR Initiativgruppen für eine Sozialdemokratische Partei, sodass die neue Partei im Prozess der Umgestaltung und Demokratisierung der DDR zu einem eigenständigen Faktor wurde. Sie war die erste Parteigründung neben den Blockparteien seit 1945/46, und sie blieb als einzige Neugründung über das Jahr 1990 bestehen. Bis zum Jahresende 1989 waren die lokalen Gründungen soweit fortgeschritten, dass Anfang 1990 regionale Zusammenschlüsse und im Januar 1990 der zentrale Zusammenschluss erfolgen konnte (s. S. 104).

Am Gründungshaus befindet sich eine Erinnerungstafel.

➔ *Schwante* ist mit öffentlichen Verkehrsmitteln schwer zu erreichen. Der Ort liegt nordwestlich von Berlin bei *Kremmen* im Landkreis Oberhavel, er wird über den Berliner Ring, Abfahrt *Oberkrämer*, erreicht.

Orte in Hamburg

In der Geschichte der SPD haben *Hamburg* und die bis 1938 preußischen Städte *Altona* und *Harburg* stets einen besonderen Platz eingenommen: Hier entstand früh eine starke sozialdemokratische Partei- und Gewerkschaftsorganisation, die sich auch ein wirtschaftliches Umfeld schaffen konnte, hier überstand die Sozialdemokratie die Verfolgungen unter dem Sozialistengesetz (1878–1890) mit geringen Verlusten. Nicht zuletzt lag hier der Reichstagswahlkreis von *August Bebel*.

Die Stärke der Hamburger Sozialdemokratie machte Hamburg nach der »Machtergreifung« der Nationalsozialisten zu einem dauerhaften Ort des Widerstandes, den das NS-Regime trotz härtester Verfolgung nicht auslöschen konnte.

SPD-Parteihaus

Große Theaterstraße 42–44

Noch während der Geltung des Sozialistengesetzes erwarb die SPD Grundstücke in der Großen Theaterstraße, um für den Sitz ihrer Parteizeitung *Hamburger Echo* ein Verlagshaus mit Druckerei zu bauen. Nach dem Fall des Sozialistengesetzes 1890 konnte das Haus offiziell von der SPD genutzt werden. 1919 kam das Haus *Große Theaterstraße 42/43* hinzu.

Das Parteihaus war lediglich das große Verwaltungshaus der SPD. Die Parteiversammlungen fanden im Großen Saal des *Gewerkschaftshauses* statt.

Am 10. Mai 1933 wurde das *Parteihaus* von der SA besetzt, das Parteivermögen beschlagnahmt, später wurde das Haus enteignet. Im Zweiten Weltkrieg wurde es durch Bomben teilzerstört.

1945 konnte die SPD einen Teil der Räume nur anmieten, sie entschloss sich deshalb zu einem Neubau in der Kurt-Schumacher-Allee 10, in den sie 1957 einzog.

An der Stelle des historischen *Parteihauses* befinden sich heute zwei Neubauten mit zahlreichen Geschäften.

Eine Gedenktafel existiert nicht.

Gewerkschaftshaus

Besenbinderhof 56–61

August Bebel unterstrich am 29. Dezember 1906 die politische Ausstrahlung des neu errichteten Gewerkschaftshauses, das er als »geistige Waffenschmiede« der Sozialdemokratie bezeichnete. Die Pläne stammten von dem Architekten *Heinrich Krug*. Verwirklicht wurde das Volkshaus-Konzept, das neben Büro- und Veranstaltungsräumen auch Restaurant- und Herbergsbetrieb sowie eine Volksbuchhandlung vorsah.

Der Gebäudekomplex *Besenbinderhof* war damals das größte Gewerkschaftshaus im Deutschen Reich, es drückte Kraft und Selbstbewusstsein der hamburgischen Arbeiterbewegung aus.

Am 5. November 1918 beschloss hier eine öffentliche Versammlung die Unterstützung des *Matrosenaufstandes*, der die Novemberrevolution 1918 einleitete. Während des *Kapp-Putsches* 1920 organisierte sich dort der Widerstand. Vom 21. bis zum 25. Mai 1923 tagte im Gewerkschaftshaus unter dem Vorsitz von Alexandre Bracke (1861–1955) der *Internationale Sozialistische Arbeiter-Kongress*. 30 Länder waren durch 426 ordentliche und 194 Gastdelegierte vertreten. Das wichtigste Ereignis war die Gründung der *Sozialistischen Arbeiterinternationale* (SAI), die sich als demokratischer Gegenpol zur *Kommunistischen Internationale* (*Komintern*) sah.

Am 2. Mai 1933 wurde das *Gewerkschaftshaus* von der SA besetzt und später von der nationalsozialistischen *Deutschen Arbeitsfront* übernommen. Das Vermögen wurde enteignet.

Unter den Gewerkschaftern, die sich am Widerstand gegen das NS-Regime beteiligten, ragt *Adolph Kummernuss* (1895–1979) hervor, der bis 1933 Sekretär der Hafenarbeiter-Gewerkschaft und nach 1945 Vorsitzender der Gewerkschaft *Öffentliche Dienste, Transport und Verkehr* war.

Am 11. Mai 1945 fand im Gewerkschaftshaus die Gründungssitzung der *Sozialistischen Freien Gewerkschaft* statt, die im späteren *Deutschen Gewerkschaftsbund* aufging. Zu den aktiven Gewerkschaftsgründern gehörten der frühere Senator *Adolph Schönfelder* (1875–1966), später Mitglied des Parlamentarischen Rates, und der spätere Bundestagsabgeordnete *Hellmut Kalbitzer* (1913–2006).

Der *Besenbinderhof* erfuhr im Zweiten Weltkrieg nur geringe Zerstörungen. Von der Britischen Militärregierung wurde das Haus schrittweise zurückerstattet, erst 1949 kam es in den vollen Besitz der Gewerkschaften.

Seit 2003 erinnert eine Gedenktafel am Eingang Nr. 60 an die NS-Besetzung und die Verfolgung von Gewerkschaftern.

GEG- und ZdK-Zentrale

Besenbinderhof 52

In der Genossenschaftsidee formulierte die sozialdemokratische Arbeiterbewegung ihre Wirtschaftsalternative zum kapitalistischen Unternehmertum. Produktions-, Handels- und Wohnungsgenossenschaften sollten zum Gegenmodell werden.

Die Stärke der Hamburger Arbeiterbewegung führte gegen Ende des 19. Jahrhunderts dazu, dass das notwendige Kapital und die erforderliche Organisationskraft zur Gründung von Genossenschaften mobilisiert wurde. Schon 1894 wurde die *Großeinkaufsgesellschaft deutscher Consumvereine* (GEG) gegründet.

Als 1902 der bürgerlich-konservative Genossenschaftsverband die sozialdemokratischen Genossenschaften ausschloss, gründeten sie mit dem *Zentralverband deutscher Konsumgenossenschaften* einen eigenen Dachverband. Die dritte Säule der Arbeiterbewegung neben Partei und Gewerkschaft entstand.

1907 wurde die GEG- und ZdK-Zentrale bezogen. Sie war nach den Plänen des Hamburger Architekten *Heinrich Krug* erbaut worden.

Auch die *Konsum-Zentrale* wurde am 2. Mai 1933 von der SA besetzt. Die Konsumgenossenschaften wurden zwar nicht aufgelöst, jedoch in das NS-Wirtschaftssystem eingegliedert. Die Mitarbeiter der Konsumgenossenschaften, darunter zahlreiche Sozialdemokraten, wurden schikaniert, drangsaliert und entlassen. Zu den prominenten Opfern des NS-Terrors gehörten *Adam Remmele* (1877–1951) und *Max Mendel* (1872–1942, im KZ Theresienstadt verstorben).

Der nur gering durch den Bombenkrieg beschädigte *Besenbinderhof* 52 wurde nach dem Zweiten Weltkrieg den Konsumgenossenschaften zurückerstattet. Nach unternehmerischer Veränderung der Genossenschaftstätigkeit wurde die Zentrale verkauft, heute befindet sich dort die *Generali*-Versicherung (vormals *Volksfürsorge*, die vorher im Nachbargebäude ihren Hauptsitz hatte).

Eine Gedenktafel existiert nicht.

Auer-Druckerei
Hamburger Echo
Fehlandtstraße 11–19

Die *Auer-Druckerei* entstand 1891 aus der 1875 gegründeten *Genossenschaftsdruckerei* (Amelungstrasse 5), die unter der Leitung des Parteiverlegers *J. H. W. Dietz* (1843–1922) die Zeit des Sozialistengesetzes überlebte. Ab 1887 druckte sie das *Hamburger Echo*, das noch unter dem Sozialistengesetz im liberalen Hamburg erscheinen konnte. Deren Redaktion und Druckerei befanden sich im Parteihaus (s. S. 127). Nach dem Ende des Sozialistengesetzes wurde die Firma von den sozialdemokratischen Treuhändern *August Bebel* (s. S. 267), *Paul Singer* (s. S. 53) und *Ignaz Auer* (s. S. 53) übernommen und als *Auer-Druck* weitergeführt. Bis 1933 entwickelte sich *Auer-Druck* zu einer der größten Druckereien Norddeutschlands. Das Wachstum des Unternehmens veranlasste die SPD zum Erwerb der angrenzenden Grundstücke Fehlandtstraße 11–19, um es 1928 ein weiteres Mal zu erweitern.

Nach dem Reichstagsbrand am 27. Februar 1933 verlangte die Hitler-Regierung vom Hamburger Senat das Verbot des *Hamburger Echo*, dessen kritische Berichterstattung den offiziellen Erklärungen zum Reichstagsbrand widersprach. Die SPD-Senatoren traten daraufhin zurück, weil sie diesem Beschluss nicht zustimmen wollten. Am 3. März 1933 erschien die letzte Ausgabe, am 10. Mai wurden Redaktion und Druckerei besetzt und später das Vermögen beschlagnahmt. Die Rotationsmaschinen übernahm die NS-Zeitung *Hamburger Tageblatt*.

Die Betriebsgebäude wurden im Zweiten Weltkrieg zerstört. Heute befindet sich auf den Grundstücken die *Berenberg-Bank*.

Das *Hamburger Echo* konnte ab April 1946 als Lizenzzeitung der Britischen Militärregierung wieder erscheinen, auch *Auer-Druck* entstand wieder. Im Pressewettbewerb konnte sich das *Hamburger Echo* nicht behaupten, 1966 erschien die letzte Ausgabe. *Auer-Druck* wurde 1980 geschlossen.

Eine Gedenktafel existiert nicht.

Tütge's Etablissement

Valentinskamp 40–42

1863 konstituierte sich dort der *Allgemeine Deutsche Arbeiterverein* (ADAV), dort fand am 30. September 1890 das große Fest der Partei zum Ende des Sozialistengesetzes statt. Vom 3. bis 9. Oktober 1897 tagte dort der SPD-Parteitag mit 186 Delegierten aus ganz Deutschland. Die Stirnseite des Saales schmückte das Spruchband *Proletarier aller Länder, vereinigt Euch!*

Ein wichtiges Thema des Parteitages war die weitere Taktik bei den Wahlen zum Preußischen Abgeordnetenhaus, an denen die SPD wegen des diskriminierenden Dreiklassenwahlrechts nicht teilgenommen hatte. In Hamburg wurde die Teilnahme beschlossen. *August Bebel* und *Paul Singer* wurden mit je 184 Stimmen erneut zu Vorsitzenden gewählt.

Der Hamburger SPD half der Parteitag beim Wiedergewinn ihres Selbstbewusstseins, denn im Februar 1897 hatte ein elfwöchiger Hafenarbeiterstreik mit einer Niederlage geendet.

In ebendieses Haus, Valentinskamp 40–42, zog 1923 die Leitung des KPD-Bezirks *Wasserkante* mit der KPD-Zeitung *Hamburger Volkszeitung* ein. Nach dem Reichstagsbrand am 27. Februar 1933 wurde aufgrund der *Notverordnung zum*

Schutz von Volk und Reich die *Hamburger Volkszeitung* verboten. Illegale Ausgaben erschienen bis 1935. Die KPD-Funktionäre wurden verhaftet und das Haus am 1. Mai 1933 versiegelt.

Nach 1945 erfuhr das Haus Valentinskamp 40–42 verschiedene Nutzungen, seit 2005 finden in dem umgestalteten Saal Theateraufführungen statt.

Eine Gedenktafel existiert nicht.

In Hamburg fanden 1950, 1977 und 2007 weitere Parteitage der SPD statt: 1950 verlas *Herbert Wehner* vor den Delegierten des Parteitages einen verzweifelten Brief des Sozialdemokraten *Dieter Rieke* (in der SBZ zu 25 Jahren verurteilt) und seiner Mithäftlinge an die Weltöffentlichkeit. Rieke und die anderen hatten sich im Zuchthaus Bautzen an der Revolte der Häftlinge im März 1950 beteiligt (*Theatersaal des Besenbinderhofes, Gewerkschaftshaus*).

2007 wurde im *Congress-Centrum* das *Hamburger Programm* beschlossen.

Otto Meissners Verlag

Bergstraße 26

Wer Hamburgs Innenstadt durchstreift, kann sich in der Bergstraße 26 an den Hausverlag von *Karl Marx* erinnern. *Carl Otto Meissner* (1819–1902) hatte seinen Verlag im Revolutionsjahr 1848 gegründet und verlegte neben politischen Werken ein breites Sortiment.

1867 erschien bei ihm der 1. Band des *Kapitals* (*Der Produktionsprozess des Kapitals*). *Karl Marx* überbrachte das Manuskript persönlich. Die Schilderung seiner Reise von London nach Hamburg kann im Internet abgerufen werden. Hamburg war ein sicherer Verlagsort für ihn, weil dort die preußische Zensur umgangen werden konnte. Der 2. Band (*Der Cirkulationsprocess des Kapitals*) erschien 1885 nach dem Tod von *Karl Marx*, er wurde von *Friedrich Engels* herausgegeben. *Engels* gab 1894 auch den 3. Band (*Der Gesamtprocess der kapitalistischen Produktion*) heraus.

Das Verlagshaus wurde im Zweiten Weltkrieg zerstört, heute befindet sich der Verlag in Berlin.

Amtsgericht Altona
Max-Brauer-Allee 91

Als *Landgericht Altona* 1873 erbaut. Vom Landgericht Altona wurden die auf preussisch-altonaer Gebiet wohnenden Sozialdemokraten in der Zeit des Sozialistengesetzes zu hohen Gefängnisstrafen verurteilt. Während der nationalsozialistischen Herrschaft tagte in diesem ehemaligen Landgericht auch das Sondergericht, mehrere Todesurteile wurden dort vollstreckt.

Die *Gedenkstätte* zu Ehren der Hingerichteten liegt hinter dem Gerichtsgebäude. Fußläufig erreichbar vom Altonaer Bahnhof.

➔ Soweit nicht besonders angegeben, können die Erinnerungsorte fußläufig vom Hauptbahnhof erreicht werden (*Gewerkschaftshaus, GEG-Zentrale, Kurt-Schumacher-Haus*). Vom *Dammtor-Bahnhof* sind die Orte des historischen *Parteihauses* sowie *Auer-Druck* erreichbar. Nahe U-Bahn-Stationen sind *Gänsemarkt* und *Jungfernstieg*.

Konzentrationslager Neuengamme
Jean-Dolidier-Weg 75

Das Konzentrationslager *Neuengamme* wurde im Dezember 1938 in *Neuengamme* nahe *Hamburg-Bergedorf* in einer Ziegelei eingerichtet, zunächst mit Häftlingen aus dem Konzentrationslager *Sachsenhausen*. In den folgenden Jahren, verstärkt nach Kriegsbeginn, entwickelte sich *Neuengamme* zu einem Zentrum industrieller Zwangsarbeit für die Kriegs- und Bauwirtschaft mit zahlreichen Außenlagern, wozu im letzten Kriegsjahr auch *Frauenlager* kamen.

Insgesamt waren über 100.000 Häftlinge im KZ *Neuengamme* inhaftiert, von denen aufgrund der schlechten Haft- und Arbeitsbedingungen und der Mordaktionen der SS-Wachmannschaften mehr als 42.000 Häftlinge nicht überlebten. Die Häftlinge kamen aus allen von der Wehrmacht besetzten Ländern Europas.

Einen besonderen Platz in der SPD-Geschichte erhielt *Neuengamme* 1944, als nach dem Attentat auf Adolf Hitler am 20. Juli die Gestapo in einer umfassenden Verhaftungsaktion – der *Aktion Gitter* – die vermutete Opposition gegen den Nationalsozialismus verhaftete. Insgesamt 650 Häftlinge wurden im August 1944 in *Neuengamme* eingeliefert, darunter ein beachtlicher Teil der vor 1933 besonders aktiven Sozialdemokraten aus ganz Norddeutschland. *Neuengamme*, *Dachau*, *Ravensbrück* und *Sachsenhausen* waren die wichtigsten Haftorte für die *Aktion Gitter*. Kurz vor Kriegsende starben noch viele von ihnen in der Haft oder wurden hingerichtet. Ab November 1944 erfolgten Entlassungen, wenn die Verdachtsgründe nicht ausreichten. Unter den Überlebenden waren zahlreiche sozialdemokratische Politiker der Gründungsjahre der Bundesrepublik, unter anderem der SPD-Vorsitzende von 1946 bis 1952 *Kurt Schumacher*.

Tragisch endete die Räumung des Lagers kurz vor der Einnahme Hamburgs durch britische Truppen. Am 2. Mai 1945 fanden sie das Lager fast geräumt vor; am 3. Mai versenkten britische Flieger in der Ostsee die von ihnen für Truppentransporter gehaltene *Cap Arcona* und weitere Schiffe, auf die die SS Häftlinge verladen hatte. Unter den ca. 7.000 Opfern waren über 6.000 Häftlinge (s. S. 139 u. 217).

→ Die Öffnungszeiten der Ausstellungen sind montags bis freitags 9.30 bis 16 Uhr sowie samstags, sonntags und an Feiertagen von Oktober bis März 12 bis 17 Uhr und April bis September 12 bis 19 Uhr. Die Ausstellungen sind am 24.12., 25.12., 31.12 und 01.01. geschlossen. Der Eintritt ist frei; das Gelände ist auch außerhalb der Öffnungszeiten zugänglich. Informationen: www.kz-gedenkstaette-neuengamme.de. E-Mail: info@kz-gedenkstaette-neuengamme.de. Die *Gedenkstätte* ist erreichbar mit der S-Bahn (S2/S21) bis zum S-Bahnhof *Bergedorf*, anschließend mit den Buslinien 227, 327.

SPD-Parteihaus

Frankfurt
Fischerfeldstraße 7–11

Im August 1962 weihte der SPD-Vorsitzende *Erich Ollenhauer* (1901–1963) das neue *SPD-Parteihaus* in der Innenstadt von Frankfurt ein. Bis 1933 hatte die SPD im Gewerkschaftshaus in der Allerheiligenstraße ihre Büros. Nach 1945 war sie Mieterin in verschiedenen Häusern. In den 1950er-Jahren sollte für den inzwischen 48.000 Mitglieder zählenden SPD-Bezirk Hessen-Süd ein »repräsentatives, der hessischen Regierungspartei würdiges Haus« geschaffen werden. Dafür schrieb der südhessische SPD-Vorstand 1958 einen Wettbewerb unter sozialdemokratischen Architekten aus. Von den 13 eingegangenen Arbeiten gewann der Entwurf von *Günther Balser* den Ersten Preis. Balsers Entwurf sah neben einem viergeschossigen Haupthaus einen auf V-Stützen stehenden Trakt vor, der zwei Sitzungssäle enthält. Das 1997/98 sanierte Gebäude, in dem sich die Büros des SPD-Bezirks Hessen Süd, des SPD-Unterbezirks Frankfurt und von Abgeordneten befinden, ist ein eindrucksvolles Beispiel für die Ästhetik der Nachkriegsmoderne.

Am Haus befindet sich eine Gedenktafel an die *Opfer des Nationalsozialismus*.

→ Das Parteihaus liegt nahe der U-Bahn-Station *Dom*.

Justizvollzugsanstalt Preungesheim

Frankfurt
Homburger Landstraße

Die von 1882 bis 1886 erbaute Justizvollzugsanstalt wurde in der NS-Zeit zu einem Zentrum für politische Häftlinge, in dem ca. 17.000 Personen wegen Verstoßes gegen NS-Gesetze inhaftiert waren. Häufig schloss sich an die Haft eine weitere Haft in einem Konzentrationslager an. *Preungesheim* war eng mit der Rüstungsindustrie um Frankfurter verbunden.

In *Preungesheim* wurden mehr als 500 Menschen hingerichtet, die die NS-Justiz u. a. wegen *Wehrkraftzersetzung*, als *Volksschädling*, wegen *Hören von Fremdsendern*, *Hochverrat* zum Tode verurteilte. Sozialdemokraten und Kommunisten waren die häufigsten Opfer; mit Kriegsbeginn in wachsender Zahl Kriegsgefangene.

In *Preungesheim* existiert ein Mahnmal des Landes Hessen, das am 20. Juli 1962 vom Generalstaatsanwalt *Fritz Bauer* (s. S. 26) eingeweiht wurde. Die von dem Bildhauer *Karl Hartung* (1908–1967) gestaltete Gedenktafel enthält stellvertretend für die unbekannten Opfer, deren Unterlagen verloren gingen, 100 Namen. Die Inschrift stammt von der Schriftstellerin *Ricarda Huch* (1864–1947).

→ Die *JVA Preungesheim* ist erreichbar vom *Hauptbahnhof Frankfurt* mit der U-Bahn 5 (Richtung *Preungesheim*) bis Haltestelle *Ronneburgstraße*, der *Ronneburgstraße* bis zur *Homburger Landstraße* folgen, rechts einbiegen und nach ca. 100 m links in die *Obere Kreuzäckerstraße*, am Ende der Straße befindet sich der Eingang zur JVA.Das Mahnmal befindet sich am Ende der *Homburger Landstraße*.Weitere Informationen zu Gedenktafeln, Verfolgung und Widerstand in Frankfurt am Main sind unter www.hlz.tu-darmstadt.de/index.php?id=ref_iii_erinnern zu finden, für Hessen unter Topografie des Nationalsozialismus in Hessen: www.lagis-hessen.de/de/subjects/index/sn/nstopo

Cap-Arcona-Gedenkstätten
Insel Poel

Näheres zum Untergang der *Cap Arcona* und der *Thielbek* (s. S. 217).

Auf der *Insel Poel* befindet sich beim Ort *Am Schwarzen Busch* eine Gedenktafel zum Untergang der *Cap Arcona* für die in der *Wismarer Bucht* angetriebenen Opfer. Die dort errichtete *Gedenkstätte* wurde 1979 neu gestaltet; außerdem gibt es eine Ausstellung im *Heimatmuseum in Kirchdorf*.

Die zunächst bei *Groß Schwansee* nahe Grevesmühlen bestatteten 407 Opfer wurden wegen des Grenzbaus der DDR 1955 nach *Grevesmühlen* umgebettet. Dort entstand auf dem *Tannenberg* die zentrale Erinnerungsstätte der DDR für die *Cap-Arcona*-Opfer.

2006 wurde in *Groß Schwansee* eine weitere Gedenkstätte errichtet.

Albert-Schulz-Haus
Rostock
Doberaner Straße 6

1892 wurde die *Mecklenburgische Volkszeitung* gegründet, 1895 ging sie in das Eigentum der SPD über. Da die Auflage schnell anstieg, reichte der Standort Hopfmarkt nicht mehr aus, und die Firma erwarb 1900 das Grundstück in der Doberaner Straße 6. 1905 wurde das repräsentative Jugendstilhaus erbaut. Im Erdgeschoss befand sich eine Volksbuchhandlung; in den oberen Etagen waren die Verlags- und Redaktionsräume. Das Hofgebäude beherbergte die Druckerei. Später zogen die SPD und verwandte Organisationen ein.

Am 12. Mai 1933 teilte die Redaktion der *Mecklenburgischen Volkszeitung* ihren Lesern mit, dass die Zeitung vorerst beschlagnahmt sei. Am 18. Mai besetzten SA-Verbände das Verlagsgebäude. Am 1. August 1933 wurden Redaktion und Druckerei für die nationalsozialistische Landeszeitung *Niederdeutscher Beobachter* beschlagnahmt, die Maschinen der Druckerei abgebaut und nach Schwerin und Süddeutschland gebracht. Die Immobilie ging 1935 in den Besitz des Landes Mecklenburg über; ein Jahr später wurden die Gebäude Eigentum der NSDAP.

Im Krieg wurden die Gebäude bei Bombenangriffen stark beschädigt.

Ab 1947 wurden in der Doberaner Straße auf den zurückgebrachten Maschinen wieder Zeitungen hergestellt; zunächst die Rostocker Ausgabe der *Landeszeitung*, ab 1952 die *Ostseezeitung*, die Bezirkszeitung der SED. 1964 wurden die Räume an Dritte vermietet, unter anderem an die Kreisinspektion der *Arbeiter- und Bauern-Inspektion* (ABI).

1992 erhielt die SPD ihr Eigentum zurück. Nach Plänen der Architekten *Lars Krug & Bernhard van der Minde* wurde das denkmalgeschützte Haus 1996/97 zu einem modernen Büro-, Geschäfts- und Wohnhaus umgebaut.

In Erinnerung an den ehemaligen Redakteur der *Mecklenburgischen Volkszeitung* und ersten sozialdemokratischen Oberbürgermeister nach 1945 trägt es den Namen *Albert-Schulz-Haus*. *Albert Schulz* (1895–1974) verließ 1949 die SBZ, nachdem er wegen seiner sozialdemokratischen Haltung von der SED-Führung verfolgt wurde.

Im Eingangsbereich des Hauses befindet sich eine Ausstellung.

→ Vom Hauptbahnhof durch die *Gerhart-Hauptmann-Straße*, *Augustusstraße* und *Karlsstraße*, in die *Doberaner Straße*, ca. 20 Min. Mit der Straßenbahn ab *Hauptbahnhof* Linie 3 (*Neuer Friedhof*) oder Linie 4 (Richtung *Mecklenburger Allee*) zum *Doberaner Platz*.

Willy-Brandt-Haus

Schwerin

Wismarsche Straße 32

Das Haus Wismarsche Straße 32/Ecke Molkereistraße wurde in der zweiten Hälfte des 19. Jahrhunderts als bürgerliches Wohnhaus gebaut.

1927 mietete die Redaktion der Zeitung *Das Freie Wort*, Organ der SPD für Süd-, West- und Mittel-Mecklenburg, Räume im Erdgeschoss. Die Zeitung war 1919 gegründet worden. Seit 1926 erschien sie als Kopfblatt der *Mecklenburgischen Volkszeitung*. Zunächst druckte man die Zeitung in Schwerin. Später wurde sie in der Verlagsdruckerei in Rostock produziert. Die Wismarsche Straße wurde auch von der SPD und den Gewerkschaften genutzt. 1931 kaufte die SPD-eigene *Mecklenburgische Volks-Zeitung GmbH* in Rostock das Schweriner Haus.

1933 wurde *Das Freie Wort* verboten und später der Betrieb von den Nazis enteignet. In die Redaktionsräume zog die

Hauptgeschäftsstelle des nationalsozialistischen Blattes *Niederdeutscher Beobachter* ein. Außerdem hatte die Kreisleitung, später die Gauverwaltung Mecklenburg der *Deutschen Arbeitsfront* (DAF) dort ihre Büros.

1945 kehrte die Schweriner SPD für kurze Zeit in das Haus zurück. 1946 meldete die SED Rückübertragungsansprüche an und wurde Eigentümerin des Hauses. Von 1980 bis 1998 nutzte die *URANIA*, die Gesellschaft zur Verbreitung wissenschaftlicher Kenntnisse, die Räume.

1990 konnte die SPD den Antrag auf Rückübertragung ihres Traditionshauses stellen. Nach einem langwierigen Verfahren erhielt sie es im August 1998 zurück. Daraufhin begann die umfassende Sanierung und Modernisierung des Hauses, die 1999 abgeschlossen wurde.

Zu Ehren *Willy Brandts*, der sich mit der mecklenburgischen Heimat seines Großvaters eng verbunden fühlte, trägt das Haus seinen Namen.

Im Haus befindet sich eine Ausstellung.

→ Das Haus liegt fußläufig 3 Min. vom *Hauptbahnhof* entfernt.

Volksfreundhaus

Braunschweig
Schlossstraße 8

Im März 1871 gründete *Wilhelm Bracke* (1842–1880) die Arbeiterzeitung *Braunschweiger Volksfreund*. 1897 ging der Verlag in das Eigentum der SPD über. 1912 konnte die Druckerei das Haus Ölschlägern 29 und das anliegende Grundstück in der Schlossstraße 8 erwerben, um darauf das *Volksfreund*-Gebäude zu errichten. Es wurde 1913/14 von dem Architekten *Karl Munte* (1865–1936) erbaut und gehört stilistisch zum späten Jugendstil. Das *Volksfreundhaus* wurde zum Sitz der SPD des bis 1946 selbstständigen Landes und der Stadt Braunschweig, der sozialdemokratischen Gewerkschaften, der *Arbeiterwohlfahrt* und des *Freidenkerverbandes*. In weiteren Räumen gab es Büros des *Reichsbanners Schwarz-Rot-Gold*, Versammlungsräume von Jugendorganisationen, eine Volksbuchhandlung, die Volksbibliothek sowie eine Filiale des *Konsum-Vereins*. In den Nebengebäuden befanden sich die Druck- und Redaktionsräume des *Volksfreundes*.

Wegen seiner roten Backsteinfassade und seiner Nähe zum herzoglichen Schloss hieß das Haus im Volksmund auch das *Rote Schloss*.

Das historische Schloss der Braunschweiger Herzöge wurde von dem Schinkel-Schüler *Carl Theodor Ottmer* (1800–1843) im Stil des ausgehenden Klassizismus entworfen. Aufgrund der Kriegsschäden entschied der Braunschweiger Rat 1960 den Abriss. 2006 wurde als Investorenobjekt eine Rekonstruktion eingeweiht.

Am 9. März 1933 stürmte die SS-Hilfspolizei das *Rote Schloss* und machte es zum »Schutzhaftgefängnis«. In den Kellern wurden inhaftierte Sozialdemokraten gefoltert. Auf dem Platz vor dem *Volksfreundhaus* fand am 9. März 1933 eine der ersten von den Nazis organisierten Bücherverbrennungen statt. Im Juli 1933 ging das *Volksfreundhaus* durch Enteignung der SPD in das Vermögen der NSDAP über.

Das Gebäude wurde im Zweiten Weltkrieg bei der Bombardierung der Braunschweiger Innenstadt stark beschädigt. Nach dem Krieg wurde es an die SPD zurückgegeben und mit Hilfe von Spenden wieder aufgebaut. Ein kleiner Turm auf dem Dach wurde nicht wieder errichtet.

1993 wurde das Gebäude gründlich erneuert. Die Büros der SPD erhielten wieder Bogenfenster wie vor dem Krieg. Im *Volksfreundsaal* wurde eine Wand durch ein Panoramafenster mit Blick auf das Magniviertel, die Ägidienkirche und den Alten Bahnhofsplatz geöffnet. Das Hinterhaus mit der Druckerei wurde abgerissen.

Wesentliche Teile der von der SPD genutzten Etage konnten durch Spenden der Mitglieder des SPD-Bezirks Braunschweig finanziert werden. Dies belegt die Verbundenheit der Sozialdemokraten mit ihrem *Roten Schloss*.

Die Büroräume der SPD und ihrer Abgeordneten liegen im dritten Stock, ebenso der *Volksfreundsaal*.

Im Eingangsflur befindet sich eine Erinnerungstafel.

➔ Vom *Hauptbahnhof* sind mit der Straßenbahn (M1 und M5) die Haltestellen *Schloss* bzw. *Georg-Eckert-Straße* schnell zu erreichen. Von den Haltestellen ist das im *Magniviertel* gelegene *Volksfreundhaus* zu Fuß erreichbar.

Büste von Heinrich Jasper
Braunschweig
Ruhfäutchenplatz

Heinrich Jasper (1875–1945), promovierter Jurist, schloss sich schon 1901 kurz vor seinem Assesorexamen der SPD in Braunschweig an. Der junge Rechtsanwalt wurde bald zum wichtigsten Vertreter der erstarkenden braunschweigischen Sozialdemokratie. Ab 1903 vertrat er sie als Stadtverordneter und ab 1914 trotz des Dreiklassenwahlrechts im Landtag.

Nach der Novemberrevolution 1918 wurde Jasper zunächst Landtagspräsident, später wiederholt Ministerpräsident des Landes Braunschweig (1919–1921, 1922–1924, 1927–1930). In diesen Zeiten leistete er vorbildliche Regierungsarbeit.

Da er ein entschiedener Gegner der Nationalsozialisten war, verfolgten ihn die Nazis mit besonderem Hass. Schon am 18. März 1933 wurde er das erste Mal verhaftet, ein Martyrium wiederholter Haft in verschiedenen Konzentrationslagern folgte. In *Bergen-Belsen* folterte ihn die SS zu Tode, seine Leiche wurde verbrannt.

In Erinnerung an *Heinrich Jasper* wurde am 23. Dezember 1951 eine von dem Bildhauer *Jakob Hoffmann* (1876–1955) gestaltete Büste errichtet, die heute auf dem *Ruhfäutchenplatz* steht.

→ Der *Ruhfäutchenplatz* ist von der *Schlossstraße* in weniger als 5 Min. erreichbar.

Rieseberg-Morde

Königslutter OT Rieseberg

Braunschweig gehörte zu den Orten, in denen die Nationalsozialisten nach der »Machtergreifung« am 30. Januar 1933 mit brutalen Aktionen gegen ihre Gegner vorgingen. Die immer noch starke Arbeiterbewegung sollte vernichtet werden.

Als am 29. Juni 1933 in Zivil gekleidete SA- und SS-Männer im Arbeiterviertel *Eichtal* nach den Verteilern von illegalen Flugblättern suchten, kam es zum Tod eines SS-Mannes, vermutlich durch eigene Leute, wie ein späterer Prozess 1950

feststellte. Den Tod des SS-Mannes nahm die braunschweigische NSDAP-Führung zum Anlass für eine Vergeltungsaktion nach der NS-Parole »Für jeden getöteten Nationalsozialisten müssen zehn Marxisten sterben«. Verhaftet wurden mehrere hundert Personen, die im provisorischen »Schutzhaft«-Gefängnis im *AOK-Gebäude* Fallersleber Straße inhaftiert, misshandelt und gefoltert wurden. Nachdem ein Geständnis erpresst worden war, entschied die NS-Führung, dass ein Exempel statuiert werden müsse. Zehn Häftlinge – überwiegend Kommunisten – wurden ausgewählt und in das *Gewerkschaftsheim für Arbeiterkinder Rieseberg* transportiert. Nach schweren Misshandlungen wurden die Häftlinge am Abend des 4. Juli 1933 von SS-Leuten erschossen. Die Leichen wurden auf dem Rieseberger Friedhof in ungekennzeichneten Gräbern verscharrt.

Die Morde konnten nicht vertuscht werden, sodass in der braunschweigischen Arbeiterschaft Solidaritätskundgebungen stattfanden, die von der braunschweigischen NS-Regierung mit Repressalien beantwortet wurden. Der Friedhof wurde deswegen von der SS bewacht. International bekannt wurden die *Rieseberg*-Morde als Beispiel für den NS-Terror durch den Bericht von *Hans Reinowski* (1900–1977), unter dem Titel »Terror in Braunschweig. Aus dem ersten Quartal der Hitlerherrschaft«. Herausgegeben von der *Kommission zur Untersuchung der Lage der politischen Gefangenen*, erschienen 1933 in Zürich im *Verlag Sozialistische Arbeiter-Internationale*.

Nach dem Zweiten Weltkrieg konnten die *Rieseberg*-Morde nicht vollständig aufgeklärt werden. Einige Täter wurden 1950 zu langjährigen Haftstrafen verurteilt, aus denen sie aber nach kurzer Haft auf Bewährung entlassen wurden. Von den beiden Anstiftern wurde *Dietrich Klagges* (1891–1972) wegen *Billigung* zu einer kurzen Haftstrafe verurteilt. *Friedrich Jeckeln* (1895–1946) wurde als General der Waffen-SS in der Sowjetunion zum Tode verurteilt und gehängt. Er war verantwortlich für Massenmorde u.a. in *Babi Jar* und im *Ghetto Riga*. Die Opfer wurden 1953 exhumiert und auf dem *Stadtfriedhof Braunschweig* in Ehrengräbern beigesetzt.

Am Tatort *Pappelhof* erinnert seit 1959 ein Gedenkstein an die Morde. 1983 wurde ein Relief, geschaffen von dem Bildhauer *Henning Freiberg*, aufgestellt. An der Arbeit beteiligten sich Studierende der Kunstpädagogik, Angestellte aus dem VW-Werk Wolfsburg und Gewerkschafter aus dem Kreis Helmstedt. 2005 wurde das Mahnmal saniert und als freistehende Skulptur aufgestellt.

Der *Deutsche Gewerkschaftsbund* (DGB) organisiert seit den 1950er-Jahren Gedenkveranstaltungen. Seit 1995 besteht ein *Rieseberg-Forum*, das neben dem DGB auch von Braunschweiger Schulen mitgestaltet wird.

➔ Rieseberg ist mit öffentlichen Verkehrsmitteln schwierig zu erreichen. Auf jeden Fall kann der Bahnhof *Königslutter* erreicht werden.

Gedenkstätte Esterwegen
Esterwegen
Hinterm Busch 1

Die im Jahr 2011 eröffnete *Gedenkstätte Esterwegen* erinnert an die 15 Konzentrationslager, die von 1933 bis 1945 im Emsland existierten. Die *Emslandlager* gehörten zu den frühen Konzentrationslagern, in denen ab Frühsommer 1933 die Nationalsozialisten ihre politischen Gegner einlieferten. Die ersten Lager wurden in *Börgermoor, Esterwegen* und *Neusustrum* eingerichtet. Insgesamt litten in diesem Lagerkomplex bis 1945 über 200.000 Gefangene, von denen mehr als 25.000 durch Gewalt, Hunger, Krankheiten, Unterernährung und schwere Arbeit starben.

Nach der Anfangszeit als Haftorte für politische Gefangene wurden die Lager ab 1936 für deutsche Straf- und Militärstrafgefangene, später für französische und sowjetische Kriegsgefangene sowie italienische Militärinternierte genutzt. Mehr als 100.000 waren dort inhaftiert.

Zu den bekannten politischen Häftlingen gehörten die Sozialdemokraten *Otto Eggerstedt* (Polizeipräsident in Altona, 1933 ermordet), die Reichstagsabgeordneten *Friedrich Ernst Husemann* (Vorsitzender des *Bergarbeiterverbandes* - 1873–1935; nach schweren Misshandlungen verstorben), *Julius Leber*, *Wilhelm Leuschner* (beide nach dem 20. Juli 1944 verurteilt und hingerichtet), *Carlo Mierendorff* (1943 bei einem Bombenangriff umgekommen) und *Ernst Heilmann* (Fraktionsvorsitzender im Preußischen Landtag, 1940 in Buchenwald ermordet), die preußischen Landtagsabgeordneten *Matthias Jakobs* (1885–1935) und *Arthur Zabel* (1891–1954), *Theodor Haubach* (1896–1945; beteiligt am 20. Juli 1944), *Max Kukil* (1904–1958; 1952–1958 Mitglied des engeren Parteivorstandes der SPD), *Walter Freitag* (1889–1958; nach 1945 DGB-Vorsitzender und Bundestagsabgeordneter) und *Georg Diederichs* (nach 1945 niedersächsischer Ministerpräsident).

Ab Mai 1945 wurde das Lager *Esterwegen* von der Britischen Militärregierung als Lager für Kriegsverbrecher genutzt. Anfang der 1950er-Jahre wurde das Lager aufgelöst, jedoch von 1953 bis 1959 als Flüchtlingsdurchgangslager unterhalten. Später nutzte die Bundeswehr das Lager als Depot bis 2001.

Zunächst fanden ab 1955 Gedenkveranstaltungen auf dem Lagergelände statt. Für den ehemaligen Häftling *Carl von Ossietzky* (1889–1938) errichtete die Gewerkschaftsjugend 1963 einen Gedenkstein. Von 1985 bis Juli 2011 existierte in *Papenburg* ein *Dokumentations- und Informationszentrum*, das im Oktober 2011 durch die *Gedenkstätte Esterwegen* ersetzt wurde. Mit großzügiger Förderung ist sie zu einem *europäischen Gedenkort* entwickelt worden.

➔ Die *Gedenkstätte Esterwegen* ist Dienstag bis Sonntag von 10 bis 17 Uhr geöffnet, ab April bis Oktober von 10 bis 18 Uhr. Nähere Informationen im Internet unter www.gedenkstaette-esterwegen.de. Die *Gedenkstätte* ist ab *Papenburg Bahnhof* zwischen Ende März und Anfang November mit dem Emsland-RADexpress erreichbar.

Haus des Volksblattes

Göttingen
Maschmühlenweg 8–10

Die Planungen für ein *Volkshaus* begannen vor dem Ersten Weltkrieg. Der Aufschwung von Gewerkschaften und SPD machte ein Versammlungslokal dringlich. Am bisherigen Treffpunkt *Kaiserhalle* störten der Name und der Mangel an Raum und Licht. 1921 wurde der Trägerverein *Solidarität e.V.* gegründet. Sammlungen in der SPD und den Gewerkschaften erbrachten bis 1922 167.469 Reichsmark. Mit diesem Geld wurde der *Bürgerpark* im Maschmühlenweg, außerhalb der Innenstadt gelegen, umgeben vom Schlachthof, dem

Gaswerk und dem Güterbahnhof, jedoch auch vom Grün eines Friedhofs und großer Gärten, erworben.

Nach umfangreichen Umbauarbeiten, die 1921 mit einer Eröffnungsfeier abgeschlossen wurden, konnte das *Volksheim* bezogen werden. Im zweiten Bauabschnitt fanden dann die Gewerkschaften ausreichend Raum für ihre Sekretariate, ein zweiter Saal wurde gebaut und eine Küche für die Gaststätte. Als *Haus des Volksblattes* wurde 1924 ein Neubau eingeweiht. Dort befanden sich Redaktion, Verlag und Druckerei des *Volksblattes* und die Büros der SPD.

Mitte der 1920er-Jahre hatte sich das *Volksheim* zum zentralen Kommunikations- und Aktionszentrum entwickelt. Die Organisationen der Arbeiterbewegung hatten hier ihre Büros, ihre Versammlungen fanden in den Sälen und im Kaffeegarten statt, im Haus befand sich eine Arbeiterbibliothek, mit der Gaststätte und dem Kaffeegarten gab es einen allgemeinen Treffpunkt.

Zum Ende der Weimarer Republik wurde das *Volksheim* mehrfach von der SA angegriffen und am 26. April 1933 erstmals von der SA besetzt. Am 2. Mai kam die endgültige Besetzung. Die Terroraktionen fanden am 5./6. Mai ihre Fortsetzung, als im Keller des *Volksheims* SPD- und Gewerkschaftsfunktionäre schwer misshandelt wurden. Das *Volksheim* wurde von der *Nationalsozialistischen Betriebszellen-Organisation* (NSBO) übernommen, es erhielt den Namen *Haus der deutschen Arbeit*. Die Arbeiterbibliothek wurde am 10. Mai 1933 bei der Bücherverbrennung vernichtet, das *Volksblatt* wurde verboten, Verlag und Druckerei wurden für die NS-Tageszeitung *Göttinger Nachrichten* genutzt. Nachdem die Gaststätte 1940 hatte schließen müssen, diente das Haus als Kriegsgefangenenlager. 1944 zerstörte ein Bombenangriff das *Volksheim*; das *Haus des Volksblattes* wurde schwer beschädigt.

Als in den Nachkriegsjahren die Wiedergutmachung begann, verständigten sich die Nachfolger des Vereins *Solidarität e.V.* über die weitere Nutzung. Der *Deutsche Gewerk-*

schaftsbund verzichtete auf den Wiederaufbau des *Volksheims*, die SPD sanierte und nutzte das *Haus des Volksblattes* für ihre 1946 von der Britischen Militärregierung lizenzierte *Göttinger Presse*, einem Kopfblatt der *Hannoverschen Presse*. Die SPD konnte erst 1958 in das Haus einziehen, so lange zogen sich die Umsetzungen der Mieter und die Sanierungsarbeiten hin. 1958 verkaufte der DGB seine Anteile an die SPD-Unternehmensholding, die infolge der finanziellen Sanierung der SPD-Unternehmen 1983 das Haus verkaufte.

Am Haus befindet sich eine Erinnerungstafel.

→ Das Haus befindet sich ca. 10 Min. vom Hauptbahnhof entfernt. Vom HBF-Haupteingang nach links ca. 100 m in die *Berliner Straße* bis zur Ampelkreuzung, links führt ein Fußweg zwischen Finanzamt und Landgericht direkt auf das Haus zu.

Kurt-Schumacher-Haus

Hannover
Odeonstraße 15/16

Wenige Tage nach dem Ende des Zweiten Weltkrieges eröffnete der ehemalige Reichstagsabgeordnete *Kurt Schumacher* in Hannover in der Jakobstraße 10 das *Büro Dr. Kurt Schumacher* als Verbindungsstelle für die Sozialdemokraten und für den Wiederbeginn der politischen Arbeit der SPD. Schumacher war nach seiner langen KZ-Haft (1933–1944) Hannover als Wohnort zugewiesen worden.

Im Oktober 1945 zog das *Büro Schumache*r von der Jakobstraße in die Odeonstraße 15/16 um. Dort war das stark beschädigte Haus wieder soweit hergestellt worden, dass sich Büros einrichten ließen. Hier entstand die Parteizentrale der 1946 wiedergegründeten SPD der Westzonen. Bis zum Umzug nach Bonn im Juni 1951 arbeitete der Parteivorstand in der Odeonstraße.

Das Haus in der Odeonstraße gehörte bis 1933 der *Gewerkschaftshaus und Volksheim G.m.b.H.* in Hannover, in der die sozialdemokratischen Gewerkschaften und die SPD gleichermaßen Gesellschafter waren. Das Eigentum dieser Gesellschaft wurde 1933 vom nationalsozialistischen Staat enteignet. Nach dem Zweiten Weltkrieg und der Rückübertragung des Hauses übernahm die SPD das Haus allein.

Heute beherbergt die Odeonstraße 15/16 die Büros von SPD-Landesverband, SPD-Bezirk Hannover sowie weitere SPD-Büros. Im Treppenhaus befindet sich eine Ausstellung zur Geschichte der niedersächsischen SPD.

➔ Das Haus liegt 10 Min. vom Hauptbahnhof entfernt, rechts vom Eingang des Hauptbahnhofes über die *Kurt-Schumacher-Straße* erreichbar.

Folgende Parteitage der SPD fanden in Hannover statt: 1899 im *Ballhof*. 1946 versammelten sich die Delegierten aus den drei Westzonen in einer Fabrikhalle der *Hanomag* zur Wiedergründung der SPD. 1960 wählte der Parteitag in der *Stadthalle Willy Brandt* zum Kanzlerkandidaten für die Bundestagswahl 1961, auch die zentrale Feier zum 100. Gründungsjahr der SPD fand 1963 in der *Stadthalle* statt. 1973 kam die SPD erneut in der *Stadthalle* zusammen. Die Parteitage 1997, 2001 und 2012 fanden auf dem *Messegelände* statt.

Grab von Kurt Schumacher
Hannover
Stadtfriedhof Ricklingen
Göttinger Chaussee 246

Kurt Schumacher (1895–1952) begann nach Studium und Promotion seine politische Laufbahn in Stuttgart als Redakteur der sozialdemokratischen Tageszeitung *Schwäbische Tag-*

wacht. Er zog in den Württembergischen Landtag ein (1924–1931) und wurde 1930 erstmals in den Reichstag gewählt. Er gehörte zu den jungen sozialdemokratischen Politikern, die für eine harte Linie gegenüber der anwachsenden NSDAP eintraten. Gegen ihn richtete sich deshalb die brutale Verfolgung der Nazis nach der »Machtergreifung«. Bald nach Beschluss des Ermächtigungsgesetzes am 23. März 1933 wurde er verhaftet und in württembergische Konzentrationslager eingeliefert (s. S. 29 u. 31). Die längste Haftzeit verbrachte er im *KZ Dachau*. 1944 entließen ihn die Nazis nach Hannover, wo er bei seiner Schwester lebte. Trotz polizeilicher Überwachung bereitete er dort die Wiedergründung der SPD vor. Sein entschiedenes Auftreten und seine strategische Vorstellung von der Politik einer wiedergegründeten sozialdemokratischen Partei ließen ihn bald zum unumstrittenen Führer der SPD in den Westzonen werden, sodass er 1946 zum Vorsitzenden der West-SPD gewählt wurde.

Schumachers Kurs der Abgrenzung gegenüber der Vereinigung mit der wiedergegründeten *Kommunistischen Partei*, sein Einfluss auf die Gestaltung des Grundgesetzes und seine Politik der ideologischen Öffnung der SPD gaben der Partei Orientierung weit über seinen Tod hinaus.

Bei der ersten Bundestagswahl 1949 gewann die CDU/CSU knapp vor der SPD und konnte unter *Konrad Adenauer* eine bürgerliche Koalition bilden. *Kurt Schumacher* errang einen klaren Wahlsieg in seinem hannoverschen Wahlkreis. Von 1949 bis 1952 führte er die SPD-Bundestagsfraktion.

→ Der *Stadtfriedhof Ricklingen* ist ab Hauptbahnhof mit der U-Bahn-Linie 3 oder 7 in Richtung *Wettbergen* erreichbar, Haltestelle *Wallensteinstraße*. Vom Friedhofseingang zunächst geradeaus bis zur Kapelle, von dort führt der Weg nach rechts direkt zum Grab (Abt. 49, Nr. 618).

Konzentrationslager Moringen
Moringen
Lange Straße 58

Das *Konzentrationslager Moringen* entstand als *wildes* KZ und hat während seiner Existenz mehrere Veränderungen erfahren. Im April 1933 in einem Landeswerkhaus des Landes Preußen eingerichtet, wurde es zunächst bis November 1933 als Männer-KZ betrieben, in das jedoch zunehmend auch Frauen eingeliefert wurden. In den ersten Monaten seiner Existenz wurde ein großer Teil der prominenten sozialdemokratischen und kommunistischen Funktionäre aus der südlichen preußischen Provinz Hannover dort inhaftiert. Mit der Umwandlung in ein Frauen-KZ wurden diese Häftlinge entlassen oder in andere KZs gebracht.

Ab Oktober 1933 wurde Moringen in ein Frauen-KZ umgewandelt. Moringen war Haftort für Anhängerinnen der Zeugen Jehovas, die bis zu 90 Prozent der Inhaftierten stellten, und einer Gruppe von prominenten kommunistischen Funktionärinnen. Bei der Auflösung des Frauen-KZs im März 1938 wurden die Häftlinge in das *KZ Lichtenburg* überstellt. Von 1940 bis zum Kriegsende diente Moringen als Jugendkonzentrationslager für Jugendliche und junge Männer zwischen 13 und 22 Jahren.

Seit 1993 existiert eine Gedenkstätte. Ein Großteil der alten Gebäude wurde abgerissen und durch Neubauten für ein Landeskrankenhaus ersetzt.

→ Die *Gedenkstätte* ist geöffnet für Einzelbesucher mittwochs von 14 bis 17 Uhr, nach telefonischer Vereinbarung (Tel. 0 55 54 / 25 20) auch zu anderen Zeiten und Wochentagen. Termine für Gruppen nur nach telefonischer Vereinbarung. Informationen: www.gedenkstaette-moringen.de E-Mail: info@gedenkstaette-moringen.de Moringen im Landkreis Northeim ist erreichbar mit der Bahn über Northeim und von dort ab *Bahn-*

hofstraße mit der Buslinie 222; von *Hauptbahnhof Göttingen* mit der Buslinie 220. Die *Gedenkstätte* befindet sich in der *Langen Straße*, unmittelbar am Kreisel, ca. 100 Meter nördlich der ehemaligen Kommandantur.

Heimvolkshochschule Springe

Springe
Kurt-Schumacher-Straße 5

1925 beschloss die *Sozialistische Arbeiterjugend* (SAJ) *Hannover*, eine eigene Fortbildungsstätte außerhalb der Stadt zu schaffen. Noch im gleichen Jahr begann der Verkauf von Bausteinen und die Suche nach einem geeigneten Objekt. Der Bausteinverkauf brachte rund 40.000 Reichsmark und 1926 wurde für 30.000 RM ein großes Grundstück oberhalb der Stadt Springe gekauft. Die SAJ verband mit der Nutzung des Hauses drei Ziele: »Politische Bildungsarbeit, freier Arbeitsdienst am Heim, Freizeitselbstgestaltung«. Die SPD unterstützte das Vorhaben finanziell. 1929 wurde der heutige Altbau fertiggestellt. 1932, als die Weltwirtschaftskrise ihren Höhepunkt erreicht hatte, richtete man Arbeitslosenkurse ein. Das Landesarbeitsamt finanzierte sie als Freiwilligen-Arbeitsdienst.

Im März 1933 besetzte ein SA-Trupp das Heim. Am 2. Mai 1933 wurde es in ein Wohnheim für Landhilfearbeit durch Jugendliche umgewandelt. Im Zweiten Weltkrieg war das Haus ein Lazarett.

Nachdem die Bemühungen des SPD-Bezirks Hannover als Rechtsnachfolgerin der SAJ gescheitert waren, das Haus im Rahmen der Wiedergutmachung zurückzubekommen, musste es mit Hilfe einer Spendenaktion zurückgekauft werden.

1951 erfolgte die Gründung der *Heimvolkshochschule Springe e.V.* Im Mittelpunkt der Arbeit der Schule standen in den 1950er- und 1960er-Jahren vier- bis sechswöchige Grund- und längere Aufbaukurse für junge ArbeitnehmerInnen. Dank dieser Kurse gelangten viele TeilnehmerInnen über den Zweiten Bildungsweg zum Studium. Im Wandel der politischen Bildung finden heute kurzzeitige Kurse in der Schule statt.

Heute ist die SPD-eigene *Victor-Adler-Heim GmbH* Eigentümerin der Anlage und vermietet das Objekt an den Verein *Bildungs- und Tagungszentrum Heimvolkshochschule Springe e.V.*

Ein Gedenkstein am Altbau und eine Ausstellung dort erinnern an die Geschichte der Schule. Die Häuser tragen die Namen sozialdemokratischer Politiker: *Otto-Brenner-Haus*, *Hinrich-Wilhelm-Kopf-Haus*, *Victor-Adler-Haus*, *Anna-Zammert-Haus* sowie *Kurt-Schumacher-Haus*.

➔ Vom Hinterausgang des Bahnhofs nach links der *Industriestraße* folgen, die *Jägerallee* überqueren, von dort geradeaus (*Am Kalkwerk, Militsch-Trachenberger Str.*) bis zum *Kurzen Ging*. Dann nach links und gleich wieder rechts in die *Otto-Wehner Straße* bis zur HVHS, ca. 20–30 Min. Fußweg. Ab Bahnhofsvorplatz verkehrt die Buslinie Stadtverkehr Nr. 301 (über *Göbelbastei*) bis zur Haltestelle *Kurzer Ging*. Von dort Fußweg über die *Kurt-Schumacher-Straße* bis zur HVHS.

Calenberger Hof

Wennigsen
Bahnhofstraße 11

Die erste überregionale politische Konferenz der in Gründung befindlichen SPD kam am 5./6. Oktober 1945 in *Wennigsen* bei Hannover zusammen. Die Initiative dazu ging vom *Büro Dr. Kurt Schumacher* aus, das hannoversche Sozialdemokraten dem ehemaligen Reichstagsabgeordneten schon im Mai 1945 eingerichtet hatten. Die organisatorische Vorbe-

reitung für die *Wennigser Konferenz* war äußerst schwierig, da die westlichen Besatzungsmächte zunächst eine überörtliche Organisation der SPD ablehnten und schon gar nicht einen Zusammenschluss zwischen Besatzungszonen zulassen wollten.

Nach Intervention der Britischen Militärregierung durften nur die Vertreter der Britischen Besatzungszone zusammentreten, an dieser Sitzung nahmen als Mitglieder des *SPD-Exilvorstandes* (SOPADE) aus London *Erich Ollenhauer* (1901–1963), *Fritz Heine* (1904–2002) und *Erwin Schoettle* (1899–1976) teil. Mit den SPD-Vertretern aus der Amerikanischen und der Französischen Besatzungszone führte *Schumacher* Gespräche am Rande der Konferenz. Aus der Britischen Besatzungszone nahmen 33 Vertreter an der Konferenz teil.

Für die Genehmigung der *Wennigser Konferenz* war schließlich ausschlaggebend, dass die Parteigründung in der Sowjetischen Besatzungszone (SBZ) schnell auf Zonenebene erfolgte und eine Tendenz erkennbar wurde, den Zusammenschluss von SPD und KPD zu bewirken. An einem solchen Zusammenschluss, der in der SPD der SBZ im dort handelnden *Zentralausschuss* unter dem Vorsitz von *Otto Grotewohl* (1894–1964). Unterstützung fand, gab es kein Interesse der westlichen Besatzungsmächte (s. S. 75). Deutlich wurde ein Zusammenschluss mit der KPD von der SPD der Westzonen abgelehnt, deren Haltung *Kurt Schumacher* prägte. Am Rande der Konferenz fand ein Treffen zwischen *Schumacher* und *Grotewohl* statt, ihre Standpunkte blieben jedoch unvereinbar. Neben der Frage der Zusammenarbeit zwischen der West- und der Ost-SPD beschäftigte die *Wennigser Konferenz* die Vorbereitung eines ersten Parteitages für die wiedergegründete SPD der Westzonen, der vom 9. bis 11. Mai 1946 in Hannover stattfand.

Geklärt wurde in *Wennigsen* auch das Verhältnis zwischen *SPD-Exilvorstand* und der neu entstehenden Führung der SPD. Das Mandat des Exilvorstandes wurde anerkannt und vereinbart, dass dessen Treuhänderrolle mit dem beschlossenen Parteitag enden sollte.

Die *Wennigser Konferenz* bestätigte die politische Führungsrolle *Kurt Schumachers* in der SPD der Westzonen und grenzte die Entwicklung der Westzonen-SPD von der SPD in der *SBZ* ab.

Aus heutiger Sicht überrascht der Tagungsort *Wennigsen*, was nur mit materiellen Problemen im stark kriegszerstörten Hannover zu erklären ist. Dort fand sich kein akzeptabler Sitzungssaal, auch die Unterbringung der angereisten SPD-Vertreter war auf dem Lande einfacher zu lösen.

Das historische Bahnhofshotel (heute *Calenberger Hof*) ist 1977 abgebrannt, am Neubau gibt es seit 1979 eine Gedenktafel.

Gegenüber dem Bahnhof wurde ein Gedenkstein mit einem Bronzerelief *Kurt Schumachers* errichtet.

→ *Wennigsen* ist mit der S 1 und S 2 vom *Hauptbahnhof Hannover* erreichbar. Der *Calenberger Hof* liegt wenige Meter vom Bahnhof entfernt.

Paul-Hug-Haus

Wilhelmshaven
Rathausplatz 4–6, 12–16

1888 kaufte der ehemalige Werftarbeiter und Wirt der *Arche*, *Paul Hug* (1857–1937), eine kleine Druckerei, um dort das sozialdemokratische *Norddeutsche Volksblatt* herzustellen. 1895 zogen Verlag und Druckerei in die Wilhelmshavener Straße. Über viele Stationen entwickelte sich die Zeitung zu einem soliden Unternehmen. *Paul Hug* wurde wegen seines sozialen Engagements auch der »Bebel des Nordens« genannt.

1933 wurde das *Volksblatt* verboten, Verlag und Druckerei wurden enteignet. Es wurde erst dem Land Oldenburg und später dem nationalsozialistischen *NG-Gauverlag* überschrieben.

Am 1. April 1947 erhielten Sozialdemokraten von der Britischen Militärregierung die Lizenz für die Herausgabe der *Wilhelmshavener Presse*.

1948 erhielt die *Paul Hug & Co OHG* einen Erbbauvertrag über das Grundstück am Rathausplatz zur Errichtung eines Druckerei- und Verlagsgebäudes, das 1951 und 1958 erweitert wurde. Am 30. Oktober 1971 erschien die letzte Ausgabe der *Wilhelmshavener Presse – Rundschau für Wilhelmshaven und Friesland*.

1997 hat die *Konzentration GmbH* die Grundstücke gekauft. Heute befinden sich dort die Büros der SPD, Wohnungen sowie Büros verschiedenster Firmen.

Eine Erinnerungstafel gibt es nicht.

→ Vom Zentralen *Omnibusbahnhof* mit der Linie 1 bis *Bismarckplatz* und der Linie 2 weiter bis *Rathaus* oder mit der Linie 111 direkt bis *Rathausplatz*.

Matrosenaufstand in Wilhelmshaven
Wilhelmshaven
Stadtpark

In der Erinnerungskultur der Stadt spielt der Beginn des Matrosenaufstandes, der die Novemberrevolution 1918 einleitete, bisher keine Rolle. Jedenfalls fand das Stadtarchiv auf Nachfrage keine deutbaren Spuren. Ein Grund dafür mag in der bis 1937 getrennten Stadt liegen, die bis dahin aus der oldenburgischen Stadt *Rüstringen* und der preußischen Stadt *Wilhelmshaven* bestand.

Nachweisbar ist ein *Denkmal für die Gefallenen eines verspäteten Spartakus-Aufstandes*, der am 28. Januar 1919 von Berufssoldaten niedergeschlagen wurde. Dieses Denkmal wurde 1934 von den Nazis zerstört.

Auf Anregung des *Deutschen Gewerkschaftsbundes* (DGB) beschloss der Rat der Stadt Wilhelmshaven einen Erinnerungsort mit folgendem Text:

»Im Oktober und November 1918 erhoben sich die Mannschaften der Kaiserlichen Flotte vor Rüstringen und Wilhelmshaven gegen den Krieg, für Frieden und Demokratie. Die Revolution brachte die erste Republik auf deutschem Boden.

Schon 1920 mußten die Freien Gewerkschaften den jungen Weimarer Staat und seine Verfassung gegen Kapp-

Putschisten und drohende Diktatur durch einen Generalstreik verteidigen.

Am 2. Mai 1920 errichtete an dieser Stelle die Rüstringer und Wilhelmshavener Arbeiterschaft einen Sarkophag zum Andenken an die Toten der Revolution. Mit einem Spruch von Freiligrath wurde die Brücke zu den alten demokratischen Bestrebungen unseres Volkes geschlagen. Der Vers mahnt zur Einheit der Arbeiterschaft und zum Einstehen für die großen Ziele der Arbeiterbewegung und ihrer Traditionen.

Die Nationalsozialisten zerschlugen den Stein 1934, nachdem hier trotz drohender schwerer Bestrafung weiter Kränze niedergelegt worden waren.

Am 2. Mai 1989 stellten auf Vorschlag des *Historischen Arbeitskreises des DGB* die Wilhelmshavener Gewerkschaften und die Stadt Wilhelmshaven das Denkmal in neuer Form wieder auf.«

Den Namen des Bildhauers konnte das Stadtarchiv nicht feststellen.

→ Vom Bahnhof ist das *Denkmal* mit der Buslinie 1, Haltestelle *Hauffstraße* erreichbar, von dort Fußweg über den *Neunengrodener Weg* bis zum *Stadtpark*, ca. 750 m.

Nordrhein-Westfalen

Volkswachthaus
Bielefeld
Arndtstraße 8

Am 30. Juni 1912 besichtigten 6.000 Menschen das neue Verlags- und Druckhaus der sozialdemokratischen Tageszeitung *Volkswacht* an der Arndtstraße. Im Neubau befanden sich die Redaktion sowie die SPD- und Gewerkschaftsbüros. Auch die Zeitungsdruckerei zog in den Neubau ein. Selbstverständlich gehörte eine Volksbuchhandlung zum *Volkswachthaus*. Als Beispiel der Reformarchitektur mit neobarockem Einschlag steht das *Volkswachthaus* heute unter Denkmalschutz.

Am 27. Februar 1933 erschien die *Volkswacht* zum letzten Mal. Aufgrund der *Notverordnung zum Schutz von Volk und Staat*, die Reichspräsident *Hindenburg* nach dem Reichstagsbrand erlassen hatte, wurde die Zeitung verboten. Am 19. März wurde die Druckerei geschlossen. Am 10. Mai 1933 beschlagnahmte die Polizei das Vermögen der SPD. Gebäude und Inventar der *Volkswacht* übertrugen die Nationalsozialisten der *Volksblatt-Verlag GmbH*. 1938 wurde der von der NSDAP gegründete *Zeitungsverlag für Westfalen GmbH* in das Handelsregister eingetragen.

Nach dem Zweiten Weltkrieg versuchte die SPD, ihr Vermögen zurückzubekommen, wurde von der Britischen Militärregierung zunächst aber abgewiesen. Im Oktober 1945 erreichte die SPD die »treuhänderische Rückgabe des Volkswacht-Gebäudes«. Erst im August 1950 lag der Beschluss des von der Britischen Militärregierung errichteten *Allgemeinen Organisationsausschusses* (AOA) vor, das Parteivermögen in Bielefeld und Minden, das 1933 beschlagnahmt worden war, zurückzuerstatten. Drei Betriebe (in Bielefeld, Minden und Detmold) wurden nach der Rückgabe in einem gemeinsamen Unternehmen, der *Presse Druck GmbH,* zusammengefasst. Die *Presse Druck GmbH* war das Druckhaus der *Freien Presse* und der *Sozialistischen Rundschau*.

1967 fusionierte die *Freie Presse* mit der *Westfälischen Zeitung* zur *Neuen Westfälischen*. Das *Volkswacht*-Gebäude verlor seine Funktion als Pressehaus der SPD. Heute befinden sich dort Büros der Bielefelder SPD sowie der SPD-Abgeordneten der Region, weitere Büroräume sowie die Ladenzeile sind vermietet.

➔ Vom Hauptbahnhof folgt man der *Bahnhofstraße* (Fußgängerzone) 10 Min. bis zur *Arndtstraße*.

Bonn

Die Bonner Politikmeile

Eine *Politikmeile*, die an 50 Jahre *Bonner Republik* erinnert, könnte neben die schon existierende *Kunstmeile* treten. An zahlreichen, leicht erreichbaren Orten wurde zwischen 1949 und 1999, dem Jahr des Umzuges nach Berlin, in Bonn die Politik der Bundesrepublik gestaltet. Nicht jeder Erinnerungsort erzählt umfassend über seine Rolle im politischen Geschehen, aber aus dem Zusammenspiel mehrerer Orte lassen sich Eindrücke von der real existierenden *Bonner Republik* gewinnen: ihrer kleinräumlichen Anlage, ihren Provisorien, ihrer anfänglichen Bescheidenheit, auch ihrer rheinisch-katholischen Prägung.

Wer diesen Spuren nachgehen will, kann nach der Ankunft am *Hauptbahnhof Bonn* zunächst den kurzen Weg zum *Marktplatz* wählen, der häufiger Ort von politischen Kundgebungen war, mancher Staatsgast hat dort zu den Deutschen – sprich: Bonner Bürgerinnen und Bürgern – gesprochen und sich im Bonner *Rathaus* in das Goldene Buch eingetragen.

Häufig verwundert über die geringe Größe des hübsch anzusehenden Rokokohauses (1737–1738), die schon im zweiten Gründungsjahrzent der *Bonner Republik* deutlich zum Ansehen des Wirtschaftsriesen Bundesrepublik kontrastierte.

Rechts am *Rathaus* befindet sich eine Erinnerungstafel.

Von dort sind es nur 100 Meter bis zum *Hofgarten*, einst Schauplatz großer Demonstrationen gegen politische Entscheidungen von Bundesregierungen, zuletzt 1983 bei der Friedensdemonstration gegen die Stationierung von Mittelstreckenraketen in der Bundesrepublik.

Ab *Hofgarten* sollte bis zum nächsten Erinnerungsort die U-Bahn gewählt werden. Am *Universität-Markt* einsteigen und bis zur Station *Museum Koenig* fahren. Im *Museum Koenig* wurde 1949 über das Grundgesetz beraten, das am 23. Mai 1949 beschlossen wurde. Dem *Parlamentarischen Rat* – einer Vertretung der deutschen Länder – gehörten 27 CDU/CSU-, 27 SPD-, 5 FDP-, 2 KPD-, 2 DP- und 2 Zentrums-Vertreter an. Das mit großer Mehrheit angenommene Grundgesetz prägen zentrale Forderungen der sozialdemokratischen Verfassungspolitik: Die SPD verhinderte einen ausufernden Föderalismus zulasten des Zentralstaates und sie stärkte den Grundrechtskatalog. Mit zwei Sozialdemokraten verbindet sich die Entstehung des Grundgesetzes: *Elisabeth Selbert* (1896–1986) und *Carlo Schmid* (s. S. 30).

Im Haus befindet sich eine Erinnerungstafel, in der ersten Etage neben dem sogenannten *Konrad-Adenauer-Raum*. Auch vor dem Haus findet man bereits eine Erinnerungstafel.

➔ Öffnungszeiten: Dienstags bis sonntags von 10 bis 18 Uhr, letzter Einlass um 17 Uhr. Mittwochs von 10 bis 21 Uhr, letzter Einlass um 20 Uhr. Montags ist das Museum nur an gesetzlichen Feiertagen geöffnet.

Nach der Abstimmung über den Sitz der provisorischen Bundeshauptstadt, aus der überraschend Bonn als Siegerin hervorging, begann die langsame Entwicklung des *Provisoriums Bonn*. Vom Halt *Museum Koenig* bis *Bundesrechnungshof/Auswärtiges Amt* fahren. Das *Auswärtige Amt* ist heute ein Ministeriumsrest in Bonn. Nach 1955, dem Jahr der Rückkehr zur außenpolitischen Souveränität, repräsentierte der im gleichen Jahr eingeweihte Neubau im Stil des Nachkriegsfunktionalismus das anwachsende Selbstbewusstsein der *Bonner Republik*. Wer sich vor dem Fußweg nicht scheut, sollte von dort bis zur nächsten Station *Heussallee/Museumsmeile* wandern. Rechts und links der Adenauerallee findet man Orte, die einst von der Regierung, von Verbänden, Botschaften usw. genutzt wurden. Auf der linken Seite liegt die *Villa Hammerschmidt*, der Bonner Sitz des Bundespräsidenten. Auch hier ist eine Erinnerungstafel angebracht, auf der man weitere Informationen erhält. Eine Besichtigung ist nur nach Anmeldung unter bonntouren@bonn.de möglich. Dann folgt das erste Bundeskanzleramt *Palais Schaumburg*, in dessen Garten der Neubau des Bundeskanzleramtes während der Sozialliberalen Koalition (1969–1982) errichtet wurde (Einweihung 1976).

Die im Garten zu sehende Skulptur *Large Two Forms* von *Henry Moore* (1898–1986) wurde auf Wunsch von Bundeskanzler *Helmut Schmidt* (Amtszeit 1974–1982) erworben.

Vorher begrüßt uns am Eingang zum *Palais Schaumburg* eine überdimensionale *Adenauer-Büste*, die den ehemaligen Hausherrn (1949–1964) ehren soll. Ihre Ähnlichkeit mit Köpfen der Karnevalswagen hat ihr den Spottnamen *dä Schwellkopp* eingetragen. Ob an dieser Stelle der Juso *Gerhard Schröder* an den Stäben des Eingangstores gerüttelt hat, ist nicht verbürgt (»Ich will hier rein!«), jedenfalls gibt es noch keine Erinnerungstafel.

Das *Palais Schaumburg*, den *Park* – Ort von zahlreichen *Kanzlerfesten* –, den *Kanzlerbungalow* – auch ein Zeugnis der Nachkriegsmoderne, Architekt war der Ludwig-Erhard-Freund *Sep Ruf* (1908–1982), Einweihung 1964 – kann man in

Form von Gruppenbesuchen (bis 20 Personen) besichtigen.

→ Dienstags bis freitags in der Zeit von 11 bis 15 Uhr, letzter Einlass um 13:30 Uhr, sowie samstags von 13 bis 17 Uhr, letzter Einlass um 15:30 Uhr. Für Einzelbesucher ist der *Kanzlerbungalow* sonntags um 14 oder 15 Uhr geöffnet, für die Besichtigung um 14 Uhr ist es notwendig sich in eine Liste einzutragen, die ab 13.30 Uhr am Informationsschalter im Foyer des Hauses der Geschichte ausliegt. Für die Besichtigung um 15 Uhr ist eine Voranmeldung per Telefon oder E-Mail (besucherdienst-bonn@hdg.de) notwendig.

Wer an der *Adenauer-Büste* steht, sollte einen Blick auf das rechter Hand liegende frühere *Bonn-Center* werfen, es war einer der ersten bedeutenden Neubauten im Regierungs-Bonn. Der sich drehende Mercedes-Stern auf dem Dach galt lange als das inoffizielle Staatszeichen der *Bonner Republik*.

Jetzt könnte der Weg nach links in das ehemalige Viertel um den *Bundestag* gewählt werden. Vom ersten Sitz von *Bundestag* und *Bundesrat* blieb wenig erhalten. Der architektonisch ansehnliche Bau der *Pädagogischen Akademie*, ein Produkt der Neuen Sachlichkeit der Weimarer Jahre, Architekt: *Martin Witte* (1896–1930), eingeweiht 1933, wurde von den neuen Verfassungsorganen übernommen. Vielfach umgebaut, 1992 durch den *gläsernen Bundestag* des Architekten *Günter Behnisch* (1922–2010) ersetzt. Vom alten Bau sind nur noch Spuren aufzufinden.

→ Für die Besichtigung des Plenarsaals werden auf der Internet-Seite der Stadt Bonn (www.bonn.de) für jeden Monat die Termine bekannt gegeben.

Während der Bauzeit des Behnisch-Baus wurde ein vergessenes *Wasserwerk* zum Plenarsaal umgerüstet. Mancher wird das *Wasserwerk* aus den Fernsehberichten kennen.

Für die Besichtigung des *Wasserwerkes* gilt dasselbe wie für die Besichtigung des Plenarsaals.

Gegenüber dem *Wasserwerk* liegt der erste zentrale Neubau des Bundestages, der den schrittweisen Übergang des Provisoriums zum Dauerzustand Bonn ankündigte. Weil dieser Neubau als verdeckte Absage an ein absehbares Ende der deutschen Teilung angesehen wurde, war der Neubau des *Abgeordnetenhochhauses* (heute Hauptstandort der UN in Bonn) heftig umstritten, doch die Arbeitssituation der Bundestagsabgeordneten war seit 1949 kaum verändert, sodass nun das Hochhaus mit einem Büro für jeden Abgeordneten und zahlreichen Sitzungssälen sowie einem Dachrestaurant endlich Luft verschaffen sollte. Bundestagspräsident *Eugen Gerstenmaier* (1906–1986 – CDU) setzte den Bau schließlich durch. Die geringe Körpergröße Gerstenmaiers gab dem Haus seinen unausrottbaren Namen: »Langer Eugen«. Bezogen wurde das Hochhaus 1969.

Eine Erinnerungstafel ist auch hier zu finden.

→ Für eine Besichtigung muss man sich im *Haus der Geschichte* anmelden.

Dieses Viertel kann man lange durchstreifen. Dort befanden sich in gekauften, repräsentativen Villen des rheinischen Bürgertums die Vertretungen der Bundesländer, im Laufe der Jahre erweitert um Bürotrakte und Sitzungssäle. Wer will, kann die ehemalige Vertretung seines Bundeslandes suchen. Der Regierungsumzug nach Berlin war fatal für manches Bundesland, das wenige Jahre vor der Wende besonders opulent gebaut hatte. Dort residierten die großen Redaktionsvertretungen; selbst ein *Pressehaus* und einen *Presseclub* fand man dort, und in unscheinbaren Eigenheimen schrieben einflussreiche Journalisten ihre Berichte aus Bonn. Wer in Muße dieses Viertel durchwandert, könnte etwas von der Kleinräumigkeit der *Bonner Republik* erspüren.

Beim Rückweg aus dem *Bundestagsviertel* sollte man durch das *Tulpenfeld* gehen. Mitte der 1960er-Jahre eingeweiht, war das *Tulpenfeld* das große Investment einer Versicherung, die gutes Geld mit Bürohäusern, Hotel und Restaurant verdiente. Bis 1999 hatte fast alles der Bundestag übernommen. Im *Hochhaus Tulpenfeld* residierte die Fraktion *Die Grünen*.

Zur Station *Heussallee/Museumsmeile* zurückgekehrt, werfen wir einen Blick auf die 1993 errichtete *Parteizentrale der FDP* – das *Thomas-Dehler-Haus* (Adenauerallee 266, heute Willy-Brandt-Allee 20). Nicht weit davon befand sich ein geschichtsträchtiger Ort für die SPD: die Gaststätte *Rheinlust*. In den frühen Jahren der Bonner Republik war sie der abendliche Treffpunkt eines größeren Teils der SPD-Bundestagsfraktion, die im damals recht ungastlichen Bonn dort, bei preiswertem Essen, gepflegtem Bier, Skatspiel und geordnetem Meinungsaustausch ihren Ausspannraum fand. Die Organisation der *Kanalarbeiter*, der *Freunde sauberer Verhältnisse*, mit Sprecher (*Canale grande*) und *Kompanieschreiber* hatte dort ihren Mittelpunkt. Leider musste das in neohistoristischem Stil errichtete Haus der Bonner Expansion weichen. Später tagten die *Kanaler* im *Kessenicher Hof* (Mechenstraße). Bisher hat es der ideelle Nachfolger in der SPD-Bundestagsfraktion – der *Seeheimer Kreis* – nicht geschafft, dort eine Erinnerungstafel anzubringen.

In der *Museumsmeile* wartet mit dem *Haus der Geschichte* ein Erinnerungsort erster Klasse auf uns. In der Dauerausstellung sind Erinnerungsstücke an den Einfluss der SPD auf die *Bonner Republik* reich vertreten. Regelmäßig gibt es Ausstellungen zu Sonderthemen und Vorträge.

➔ Öffnungszeiten: Das Museum ist dienstags bis freitags von 9 bis 19 Uhr, samstags, sonntags und feiertags von 10 bis 18 Uhr geöffnet. Das Informationszentrum ist dienstags bis freitags von 9 bis 17 Uhr geöffnet. Der Eintritt ist frei. Weitere Informationen im Internet unter www.hdg.de/bonn

Wer jetzt erschöpft eine Rast benötigt, wird Speis und Trank wenige Schritte entfernt, in den Restaurants des *Kunstmuseum Bonn* oder der *Kunst- und Ausstellungshalle der Bundesrepublik* finden, die aber montags geschlossen ist. Eine Ausweichmöglichkeit bietet das *Vapiano* im Erich-Ollenhauer-Haus.

Mit der U-Bahn fahren wir zur nächsten Station *Ollenhauerstraße.* Wir fahren über Tage, sodass wir die zahlreichen Neubauten sehen, die schon in den 1970er-Jahren entstanden, jedoch gab es nach dem Umzug noch einmal erhebliche Veränderungen. Rechts vor der Haltestelle lag die historische *Kampa* der SPD (1998), die später abgerissen wurde.

Wie der Name *Ollenhauerstraße* andeutet, bewegen wir uns auf die ehemalige *Parteizentrale* der SPD zu.

Erich-Ollenhauer-Haus

Erich-Ollenhauer-Straße 1

Als 1949 der Bundestag seine Arbeit aufnahm, glaubten die Parlamentarier, ihr Aufenthalt in der rheinischen Universitätsstadt werde nur von kurzer Dauer sein. Auch der Vorsitzende der SPD, *Kurt Schumacher*, war fest davon überzeugt, dass der Parteivorstand schon bald in die Hauptstadt Berlin eines wiedervereinten Deutschland umziehen könnte. So pachtete der Parteivorstand im Bonner Süden ein Grundstück nur für zehn Jahre und ließ in den Vertrag die Klausel aufnehmen, er könne vorzeitig gekündigt werden, »falls die Hauptstadt der Bundesrepublik Deutschland verlegt werde«.

Seinem provisorischen Charakter gemäß wurde das neue einstöckige Parteihaus aus Fertigwänden errichtet. 1951 zog der Parteivorstand von Hannover nach Bonn um. Im Neubau fanden nicht nur die Büros der besoldeten Parteivorstandsmitglieder, der Vorstandssekretäre und der Mitarbeiter Platz; auch der *SPD-Pressedienst* und die Unternehmensholding *Konzentration GmbH* wurden hier untergebracht.

Als jedoch das *Provisorium Bonn* länger andauerte, musste angebaut werden, zum ersten Mal 1952/53, ein weiteres Mal 1960, als »die Baracke« – diesen Namen hatte das Provisorium wegen seiner Bauweise inzwischen von den Journalisten bekommen – einen zusätzlichen Flügel für den Sitzungssaal erhielt. Mitte der 1960er-Jahre entstand ein großer Kellerraum für die technischen Einrichtungen.

1972 wurde die SPD stärkste Fraktion im Bundestag. Mit den politischen Erfolgen wuchsen die Aufgaben des Parteivorstandes, mit ihnen stieg die Zahl seiner Mitarbeiter. Immer mehr von ihnen mussten in angemietete Büros ausweichen, deshalb wurde 1974 ein Neubau beschlossen. Ab Ende der 1960er-Jahre wurde auch deutlich, dass das *Provisorium Bonn* sich in die *Bundeshauptstadt Bonn* durch zahlreiche Regierungsbauten wandelte.

Nach einem begrenzten Wettbewerb erhielt der Architekt *Fritz Novotny* den Auftrag. Er setzte den architektonischen Akzent durch eine Gestaltung, die Aufgabe und Sinn des Bauwerks ausdrückt: Es kam darauf an, der »sachlichen, nicht auf Repräsentation gerichteten Haltung der SPD« gerecht zu werden und die in 23 Jahren gewachsene Atmosphäre der »Baracke« auf den Neubau zu übertragen. Ein sehr hohes Gebäude hätte weder der städtebaulichen Planung noch dem vorgesehenen Bauvolumen entsprochen. Dem Zeitgeist folgend wurde der Neubau aus Fertigteilen errichtet, was die kurze Bauzeit erklärt.

Bei der Einweihung des Hauses durch *Willy Brandt* am 3. Oktober 1975 erhielt die neue Parteizentrale den Namen *Erich-Ollenhauer-Haus*, in Erinnerung an den langjährigen Partei- und Fraktionsvorsitzenden (1952–1963).

Das EOH, wie das Haus parteiintern hieß, während öffentlich der Name »Baracke« blieb, erfuhr verschiedene Umgestaltungen seiner Raumnutzung. Die bedeutsamste war die Nutzung der großen Eingangshalle als Raum für Vorträge und Foren.

Seit dem Umzug des Parteivorstandes 1999 nach Berlin wird das EOH vermietet. Nach dem Umzug wurde es bei den Umbauten kaum verändert, nur der orangefarbene SPD-Würfel auf dem Dach wurde entfernt und dem *Haus der Geschichte* übergeben.

Vor dem EOH befindet sich eine Erinnerungstafel. Im ehemaligen Eingangsfoyer wird die Geschichte des Hauses in einer Dauerausstellung an der großen Wand dargestellt. Das Graffiti des Künstlers *Harald Naegeli* im Untergeschoss blieb erhalten.

Das Foyer ist über eine Klingelanlage zugänglich. Das Forum und das Foyer können für Veranstaltungen gemietet werden, für weitere Information dazu wenden Sie sich bitte an die *Konzentration GmbH* (info@konzentration.de).

Auch das *Erich-Ollenhauer-Haus* war umgeben von Partei-, Verbands- und Regierungszentralen, davon ist vieles verschwunden, umgebaut, umgewidmet: *Konrad-Adenauer-Haus* der CDU (abgerissen), *Entwicklungsministerium* (umgebaut, heute sind dort die *Deutsche Gesellschaft für Internationale Zusammenarbeit* und weitere Institutionen zu finden), *Britische Botschaft*, nach Aussage des Botschafters »die einzige Botschaft Ihrer Majestät in einem Kornfeld« (abgerissen), die

Bonner Vertretung *der IG Chemie, Bergbau und Energie* blieb erhalten, heute wird sie kommerziell genutzt.

Bei der Fahrt mit der oberirdischen U-Bahn in Richtung *Bad Godesberg* von der Station *Ollenhauerstraße* sehen wir viel von der Umgestaltung Bonns nach dem Umzug. Fast eine geschlossene Randbebauung der historischen Alleestraße ist entstanden, wo es bis in die 1990er-Jahre immer noch Baulücken gab.

Kurz vor dem Halt *Max-Löbner-Straße* sehen wir links das *Maritim-Hotel*, immer wieder Ort bedeutender Ereignisse, und mehrere große Ministeriumsbauten: *Justiz* und *Bildung* hatten dort ihren Sitz. Ein Teil der Ministerien wie z. B. das *Bundesministerium für Bildung und Forschung* ist noch vorhanden. Kurz vor der Max-Löbner-Straße erscheint rechts der rote Klinkerbau *der Friedrich-Ebert-Stiftung* (FES). Dort befindet sich das *Archiv der sozialen Demokratie* (AdsD), das historisch-politische Gedächtnis der SPD und der Gewerkschaften. Das 1882 gegründete Parteiarchiv, das unter Verlusten auch die Nazizeit überstanden hat, sammelt dort die archivwürdigen Materialien aus der SPD und den Gewerkschaften.

45 Kilometer Akten, hunderte von persönlichen Nachlässen, sowie in die Millionen gehende Fotografien, Ton- und Filmdokumente und eine große Sammlung von Flugblättern und Plakaten werden vom AdsD betreut.

→ Der Lesesaal hat montags bis donnerstags von 9 bis 17 Uhr und freitags von 9 bis 16 Uhr geöffnet. Für die Nutzung von Archivalien ist eine vorherige Anmeldung nötig. www.fes.de/archiv. Außerdem können zu den angegebenen Öffnungszeiten die regelmäßigen Sonderausstellungen im Haus der FES besucht werden. Das Archiv der sozialen Demokratie (AdsD) steht ebenfalls Besuchern offen. Die Besuchszeiten müssen erfragt, für Gruppen können Führungen vereinbart werden. Im Jubiläumsjahr 2013 wird es Sondertermine geben. Informationen finden sich im Internet unter www.www.fes.de/archiv/adsd_neu/index.htm

Dieses Programm reicht sicher für einen Besuchstag. Wer einen zweiten Besuchstag anhängen kann, der fährt mit bekannter U-Bahn weiter in Richtung *Bad Godesberg*. Linker Hand passiert man nach der Station *Hochkreuz* das ehemalige Druck- und Verlagshaus des *Vorwärts* (Godesberger Allee 108–112). Von der Station *Bad Godesberg Stadthalle* sind es wenige Minuten zur *Godesberger Stadthalle*, einem Hauptort für sozialdemokratische Erinnerungen.

Als dort im November 1959 das *Godesberger Programm* beschlossen wurde, war die *Stadthalle* die größte Halle im Raum Bonn. Die *Beethovenhalle* wurde erst 1959 eingeweiht. Auch nach 1959 blieb die *Godesberger Stadthalle* ein ständiger Veranstaltungsort der SPD. 1964 wählte ein außerordentlicher Parteitag *Willy Brandt* dort als Nachfolger *Erich Ollenhauers* zum Vorsitzenden der SPD. Weitere außerordentliche Parteitage fanden dort 1969 und 1971 statt. Nach dem Rücktritt *Willy Brandts* 1987 wurde sein Nachfolger *Hans-Jochen-Vogel* aber in der *Beethovenhalle* gewählt. Weitere außerordentliche Parteitage fanden in Bonn 1992 (*Beethovenhalle*), 1998 und 1999 (*Hotel Maritim*) statt.

Eine Erinnerungstafel zur Verabschiedung des *Godesberger Programms* wurde im Jubiläumsjahr 2009 an der *Stadthalle* angebracht. Die *Stadthalle* ist täglich von 12 bis 21 Uhr bewirtschaftet.

Nicht weit von der Stadthalle kann bei *Maternus* gespeist werden. Einst unter der Wirtin *Ria Maternus* ein geschätzter Treffpunkt für Hintergrundgespräche, heute nur interessanter Erinnerungsort, denn kleine und große Bundespolitik wurde hier vor- und nachbereitet.

An den Godesbergbesuch lässt sich bei kluger Planung und Zeiteinteilung eine Schifffahrt nach *Unkel* rheinaufwärts anschließen. Vom Anleger *Bonn-Bad Godesberg* kann man mit der *Filia Rheni* oder der *Beethoven* bis *Unkel* fahren. Vom Anleger *Unkel* ist in wenigen Minuten das *Willy-Brandt-Forum* am Willy-Brandt-Platz zu erreichen.

In einer ehemaligen Sparkassen-Filiale wurde eine informative Erinnerungsstätte an den langjährigen SPD-Vorsitzenden und Bundeskanzler eingerichtet, der seine letzten Lebensjahre in Unkel verbrachte.

→ Öffnungszeiten: Dienstags bis samstags von 10 bis 18 Uhr. Sonn- und feiertags von 11 bis 18 Uhr. Informationen: www.willy-brandt-forum.com Wer mit dem Schiff von Unkel nach Bonn zurückkehrt und zum Hauptbahnhof möchte, sollte beim Anleger *Bonn Alter Zoll* aussteigen, von dort ca. 15 Min. Fußweg zum Hauptbahnhof.

Wer mehr Zeit aufbringen kann und mit einem PKW beweglicher ist, dem sei die weitere Spurensuche in Bonn und Umgebung empfohlen.

Zum Beispiel zur *Godesberger Redoute*, einem häufig für Empfänge genutzten Ort, u.a. bei besonderen Geburtstagen *Willy Brandts*. Man kann das *Hotel Petersberg* besuchen, im Siebengebirge gelegen, von Bonn gut zu sehen. Seit 1950 war es immer wieder Ort großer historischer Ereignisse, bis in die Gegenwart (*Afghanistan-Konferenz*).

Auch *Schloss Gymnich*, ebenfalls ein Gästehaus für bedeutende Staatsgäste (Breschnew, Tito), lohnt einen Besuch.

Und warum soll man das *Adenauerhaus* in *Rhöndorf* meiden? Er war ein bedeutender Kanzler, an dem sich die SPD abarbeiten musste.

→ Öffnungszeiten: Vom 1. Oktober bis 30. April dienstags bis sonntags von 10 bis 16.30 Uhr, letzte Führung zum Wohnhaus 16 Uhr; vom 1. Mai bis 30. September dienstags bis sonntags von 10 bis 18 Uhr, letzte Führung zum Wohnhaus 17.15 Uhr. Montags geschlossen, Ausnahme: Pfingstmontag.

Schließlich können in Bonn Gräber besucht werden: Auf dem *Bonner Südfriedhof* (Servatiusstraße) liegen *Erich Ollenhauer*

(1901–1963), *Herbert Wehner* (1906–1990) und die Bundestagspräsidentin *Annemarie Renger* (1919–2008) begraben. *Annemarie Renger* wurde als erste Frau in der Bundesrepublik in das zweithöchste Staatsamt gewählt, sie amtierte von 1972 bis 1976.

Immer wieder lohnt der Besuch des *Frauenmuseums*, das mit thematischen Ausstellungen Themen der Frauenbewegung und der Gleichstellungspolitik aufgreift.

➔ Ort: *Im Krausfeld* 1, 53111 Bonn. Öffnungszeiten: Dienstags bis samstags von 14 bis 18 Uhr, sonntags 11 Uhr bis 18 Uhr. Informationen: www.frauenmuseum.de. Anreise mit öffentlichen Verkehrsmitteln: Straßenbahn Linie 61 in Richtung *Auerberg* bis zur Haltestelle *Rosental*. Nach dem Aussteigen die Straße überqueren und in die *Heerstraße* gehen, von dort rechts in die zweite *Querstraße* (*Im Krausfeld*) abbiegen. Einen allgemeineren Wegweiser bietet der *Weg der Demokratie* an, der zu 19 Stationen führt, die teilweise mit der Politikmeile identisch sind, außerdem weist er auf weitere historische Orte hin (z.B. Landesvertretungen in Bonn). Informationen: www.wegderdemokratie.de.

Steinwache – Mahnmal Bittermark
Dortmund
Steinstraße 50, Theodor-Freywald-Weg

Die *Steinwache* ist eine Gedenkstätte an die Zeit des Nationalsozialismus und beherbergt die ständige Ausstellung *Widerstand und Verfolgung in Dortmund 1933–1945*.

Die *Steinwache* entstand 1906 als Sitz eines Polizeireviers. 1926/27 wurde das Jugendstilgebäude erweitert. Im Stil der Neuen Sachlichkeit wurden ein Verwaltungs- und ein Gefängnisbau errichtet. Das Gefängnis, die heutige Gedenkstätte *Steinwache*, war ab 1928 bezugsfertig. Bis 1933 wurde hier nur Untersuchungshaft verbüßt.

1933 nutzte die neugegründete *Geheime Staatspolizei* (Gestapo) die Einrichtungen der Polizei und so wurde die Steinwache für die von der Gestapo verfolgte politische Opposition der Nationalsozialisten Ort brutaler Verhöre und Folterungen. Sie galt als »Hölle von Westdeutschland«. Angehörige der in Dortmund traditionell starken sozialdemokratischen und kommunistischen Organisationen wurden hier durch die Gestapo in »Schutzhaft« genommen. Das Gefängnis war für viele Insassen nur Durchgangsstation auf dem Weg in ein Konzentrationslager.

Eine erste Ausstellung wurde auf Initiative der SPD 1978 vom Rat der Stadt Dortmund in Auftrag gegeben. Am 30. Januar 1981 konnte die Ausstellung im Foyer des Stadthauses eröffnet werden. 1983 wurde sie in weiteren Stationen gezeigt: Wien, Kopenhagen, Odense, Leeds.

Karfreitag 1984 wurde sie zunächst im *Museum am Westpark* eröffnet. Nachdem die Nutzung des ehemaligen Gefängnistraktes der *Steinwache* beschlossen und die Renovierung abgeschlossen war, wurde die Ausstellung an diesen Ort des lokalen NS-Terrors verlagert und ist dort seit 1992 zu sehen.

➔ Öffnungszeiten: Dienstag bis Sonntag, 10–17 Uhr. Informationen: www.dortmund.de/de/freizeit_und_kultur/stadtarchiv/steinwache/index.htmlDie Gedenkstätte befindet sich direkt am Nordausgang des Hauptbahnhofs, in der Nähe des Auslandsinstituts. Gebührenpflichtige Parkplätze für Bus und Pkw sind in der Nähe der Steinwache vorhanden.

Ein weiteres Mahnmal an die Verbrechen der nationalsozialistischen Zeit befindet sich im Stadtwald *Bittermark* im Stadtbezirk *Hombruch*. Das *Mahnmal Bittermark* erinnert an die Morde der Gestapo vom 7. März bis 12. April 1945 auf einer Waldlichtung in der *Bittermark*, im *Rombergpark* und auf dem *Eisenbahngelände zwischen Hörde und Berghofen*, kurz vor dem Einmarsch der US-Truppen. Bei den etwa 300 Ermordeten

handelte es sich um Zwangsarbeiter aus Frankreich, Belgien, den Niederlanden, Jugoslawien, Polen und der Sowjetunion sowie um deutsche Widerstandskämpfer.

Das erste Gedenken an die *Ermordeten des Faschismus* fand am 26. August 1945 auf dem *Hansaplatz* in Dortmund statt. Auch in den folgenden Jahren gedachte Dortmund der Ermordeten. Auf Initiative der Dortmunder SPD wurde in mehreren Schritten das *Mahnmal Bittermark* entwickelt. Das Mahnmal wurde von dem Architekten *Will Schwarz* (1907–1992) und dem Bildhauer *Karel Niestrath* (1896–1971) gestaltet. Der französische Künstler *Léon Zack* (1892–1980) entwarf das Mosaik in der *Krypta*.

Am Karfreitag, dem 15. April 1960, erfolgte die Einweihung durch den französischen Minister *Raymond Triboulet* (1906–2006) und den Dortmunder Oberbürgermeister *Dietrich Keuning* (1908–1980, SPD).

Das *Mahnmal Bittermark* gilt als zentrale Gedenkstätte für die umgekommenen französischen Zwangs- und Arbeitsdeportierten.

Bittermark erinnert auch daran, dass die bundesdeutsche Justiz nur einen kleinen Teil von verantwortlichen Gestapo-

Leute vor Gericht stellte. Die meisten wurden freigesprochen oder zu geringen Haftstrafen verurteilt, keiner wegen Mord, Anstiftung oder Beihilfe zum Mord angeklagt.

→ Das *Mahnmal* ist jederzeit zugänglich. Vom Dortmunder Hauptbahnhof aus die U 49 (Richtung *Dortmund-Hacheney*) bis *Dortmund-Hacheney* nehmen, dann umsteigen in Bus 447 (Richtung *Huckarde Bushof*) und an der Haltestelle *Wohnstift Augustinum* aussteigen.Von dort aus der Beschilderung in den Wald folgen.

Dortmund war wiederholt Ort von SPD-Parteitagen: 1950 wurde in der *Westfalenhalle* das *Dortmunder Aktionsprogramm* beschlossen, 1972 und 1976 tagten dort die Wahlparteitage zur Vorbereitung der Bundestagswahlen.

Grab von Gustav Heinemann
Essen
Parkfriedhof

Gustav Heinemann (1899–1976), promovierter Jurist, war vor 1933 im *Christlichen Volksdienst*, einer protestantisch geprägten Partei tätig. 1934 schloss er sich der *Bekennenden Kirche* an, die in Opposition zur NS-Kirchenpolitik stand. 1945 gehörte er zu den Mitbegründern der CDU. Er war Oberbürgermeister von Essen (1946–1949) und Justizminister von Nordrhein-Westfalen (1947–1948). Bundestagsabgeordneter war Heinemann 1949–1953 und 1957–1969. Dem 1. Kabinett Konrad Adenauer (CDU) gehörte er als Innenminister an, das er jedoch 1950 verließ, weil er den Kurs Adenauers zur Wiederbewaffnung nicht mittragen wollte. Er trat aus der CDU aus und gründete die neutralistische *Gesamtdeutsche Volkspartei* (GVP), die aber bei der Bundestagswahl 1953 erfolglos blieb. Nach Auflösung der GVP erfolgte 1957 der

Eintritt in die SPD, gemeinsam mit zahlreichen Mitstreitern, die später wichtige Ämter übernehmen sollten: *Johannes Rau, Erhard Eppler, Diether Posser*.

Gustav Heinemann prägte die Rechtspolitik der SPD und konnte als Justizminister der Großen Koalition bedeutende Rechtsreformen durchsetzen (Große Strafrechtsreform). In Erinnerung bleibt seine besonnene Fernsehrede 1968 nach dem Attentat auf den Studentenführer *Rudi Dutschke* (1940–1979).

Seine Wahl zum ersten sozialdemokratischen Bundespräsidenten 1969 leitete den Machtwechsel zur Sozialliberalen Koalition (1969–1982) ein. Heinemanns präsidialer Stil zeichnete sich durch Einfachheit und Bürgernähe aus, er verstand sich als *Bürgerpräsident*.

Im Andenken an *Gustav Heinemann* verleiht die SPD jährlich den *Gustav-Heinemann-Bürgerpreis* für zivilgesellschaftliches Engagement.

➔ Das Grab von *Gustav Heinemann* liegt im Wald Feld 1 und trägt die Nummer 140 D. Der *Parkfriedhof* wird erreicht über die Buslinie 145 (Richtung *Fängershof Schleife*) bis Haltestelle *Hollestraße* und von dort weiter mit der S-Bahn 109 (Richtung Steele S) bis Haltestelle *Parkfriedhof*.

Engels-Haus

Wuppertal
Engelsstraße 10

Das *Engels-Haus* in Wuppertal war eines der fünf Wohnhäuser, die die Familie Engels im ehemaligen Unterbarmer Bruch besaß. Es ist nicht das Geburtshaus von *Friedrich Engels* (1820–1895), das etwa 100 Meter östlich stand und im Zweiten Weltkrieg zerstört wurde. Jedoch wuchs Engels in diesem Haus auf.

Das Haus wurde 1775 im Auftrag von *Johann Caspar Engels* (1715–1787) in Stil des bergischen Spätbarocks von *Eberhard Haarmann* (1736–1817) erbaut.

Das *Engels-Haus*, nahe der Friedrich-Engels-Allee, bildet heute zusammen mit dem *Museum für Frühindustrialisierung* das sogenannte *Historische Zentrum*. Es beherbergt eine Ausstellung zum Leben und Werk von *Friedrich Engels*, der gemeinsam mit *Karl Marx* die *Theorie des wissenschaftlichen Sozialismus* begründete und entwickelte. Der enge Freund von Karl Marx erarbeitete als Ko-Autor viele gemeinsame Werke mit ihm, wirkte aber auch durch eigene Arbeiten und als Ratgeber der frühen Sozialdemokratie. Das *Engels-Haus* wurde zum 150. Geburtstag von *Friedrich Engels* 1970 in Anwesenheit von *Willy Brandt* eröffnet.

Die Ausstellung zu *Friedrich Engels* ist aufgrund baulicher Mängel im benachbarten Haus, im 1. Obergeschoss des Museums für Frühindustrialisierung, untergebracht. Eine Sanierung des Hauses ist für die nächsten Jahre vorgesehen.

➔ Die Ausstellung ist geöffnet Dienstag 13–18 Uhr, Donnerstag 10–20 Uhr sowie Mittwoch und Freitag bis Sonntag 10–18 Uhr. Mit der Schwebebahn bis Haltestelle *Adlerbrücke* oder mit der S-Bahn oder DB bis *Bahnhof Barmen*, von dort 3 Min. Fußweg.

Johannes-Rau-Haus

Wuppertal
Robertstraße 3/5 / Wilbergstraße 8

Das Traditionshaus der Wuppertaler Sozialdemokratie wurde zwischen 1902 und 1905 errichtet. Seine Geschichte ist unmittelbar mit der *Freien Presse – Zeitung der Sozialdemokratischen Partei für das Bergische Land* verknüpft. Während der Zeit des Sozialistengesetzes 1885 gegründet, ging das Blatt im Jahr 1900 in das Eigentum der SPD über. Herausgeberin war die *Verlagsanstalt Freie Presse – Molkenbuhr & Cie oHG*. 1906 konnte der Verlag das Gebäude in der Robertstraße/Wilbergstraße beziehen. Im Erdgeschoss befanden sich die Geschäfts- und Redaktionsräume sowie eine Volksbuchhandlung. Darüber hinaus hatten die Bezirksleitung der SPD-Niederrhein, die städtische SPD und die örtliche Gewerkschaftskommission hier ihren Sitz. 1921 kam die Geschäftsstelle der *Freien Volksbühne* hinzu. Im Hofgebäude befand sich die Druckerei.

Am 27. Februar 1933 erschien die *Freie Presse* zum letzten Mal, aufgrund der *Notverordnung zum Schutz von Volk und Staat* wurde die Zeitung verboten; am 3. Oktober 1933 wurde der Verlag enteignet und das Gebäude beschlagnahmt. Das Vermögen erhielt der nationalsozialistische *Völkische Verlag* in Düsseldorf.

Bei einem Luftangriff am 25. Juni 1943 wurden die Gebäude bis auf die Grundmauern zerstört. Nur das Hofgebäude Robertstraße blieb erhalten. 1945 zog hier die wiedergegründete *Verlagsanstalt Freie Presse – Molkenbuhr & Cie oHG* ein.

Die Rückerstattung der Grundstücke an die Verlagsanstalt erfolgte 1954. Die finanzielle Wiedergutmachung erlaubte 1956 den Neubau eines Wohn- und Geschäftshauses. Die Einweihung fand 1958 statt. Die SPD kehrte an ihren traditionellen Sitz zurück. Neben Büros und Ladenlokalen entstanden auch Wohnungen.

Die Gesellschaft konzentrierte sich fortan auf die Grundstücksverwaltung und firmierte seit 1977 unter dem Namen *Molkenbuhr & Cie*. Im Rahmen der umfassenden Sanierung wechselte der Gebäudekomplex 2001 in das Treuhandvermögen der SPD. Das nach Plänen des Architekten *Kaspar Kraemer* sanierte Haus wurde am 6. März 2002 eingeweiht; es erhielt den Namen des langjährigen nordrhein-westfälischen Ministerpräsidenten und späteren Bundespräsidenten *Johannes*

Rau, dessen politische Laufbahn eng mit seiner Heimatstadt Wuppertal verbunden ist.

Im Hof wurde eine Skulptur des Bildhauers *Hans Brockhage* (1925–2009) aufgestellt. Im Haus befindet sich eine Ausstellung.

➔ Vom Hauptbahnhof führt der Weg in 10 Min. durch die Fußgängerzone (*Alte Freiheit*) in die *Robertstraße*.

Hambacher Schloss
Neustadt an der Weinstraße
OT Hambach

Das *Hambacher Schloss* blickt auf eine bis in die spätrömische Zeit reichende Geschichte zurück. Meist als Burg oder Festungsanlage genutzt, wurde das Schloss im 16. Jahrhundert verlassen, im Pfälzischen Erbfolgekrieg zerstörten 1688 französische Truppen die verlassene Anlage.

1832 versammelten sich in der Burgruine vom 27. bis 30. Mai ca. 30.000 Demokraten gegen Willkürmaßnahmen der bayerischen Verwaltung der Pfalz. Was als Protest gegen die bayerische Repression begann, insbesondere hatte die bayerische Verwaltung wichtige rechtsstaatliche Errungenschaften aus der Zeit der französischen Besetzung bis 1816 zurückgenommen, weitete sich zu allgemeinen Forderungen nach einer demokratischen, republikanischen Politik aus, wozu auch ein deutscher Nationalstaat gehören sollte. Die Forderungen lösten breit angelegte Verfolgungen gegen Teilnehmer und Sympathisanten des *Hambacher Festes* durch die Staaten des Deutschen Bundes aus, die die noch schwache demokratische Bewegung schwer trafen. Wichtige Repräsentanten mussten sich den Verfolgungen durch die Emigration entziehen.

Zum 150-jährigen Jubiläum des *Hambacher Festes* 1982 wurde das Schloss vollständig renoviert und eine erste Dauerausstellung eingerichtet, die seitdem mehrfach erweitert wurde.

➔ *Schloss* und *Ausstellung* sind täglich geöffnet von 10 bis 18 Uhr, öffentliche Führungen von 11 bis 16 Uhr zu jeder vollen Stunde. Im *Hambacher Schloss* befindet sich ein Restaurant, das täglich von 11 bis 21 Uhr geöffnet ist. Das *Hambacher Schloss* ist erreichbar über die direkte Busverbindung (Buslinie 502) vom *Hauptbahnhof Neustadt* an der *Weinstraße* bis zur Haltestelle *Hambacher Schloss* (vom 1. März bis 30. November jeden Jahres). In den Monaten Dezember, Januar und Februar fährt die Buslinie 502 nur bis Station *Waldeck*. Von dort ca. 30 Min. Fußweg zum Aufgang *Hambacher Schloss*.

Karl-Marx-Haus
Trier
Brückenstraße 10

Karl Marx (1818–1883), der einflussreichste Theoretiker und Impulsgeber der internationalen Arbeiterbewegung, wurde in diesem Haus geboren. 1928 erwarb der SPD-Parteivorstand das Geburtshaus und nutzte es als regionales Parteibüro. 1968 übernahm die *Friedrich-Ebert-Stiftung* das Haus und entwickelte es zu einem materialreichen Museum über Leben und Wirken von *Karl Marx*.

Karl Marx lebte mit seinen Eltern nur wenige Monate (April 1818-Oktober 1819) in dem Haus, dann zog die Familie in die *Simeonstraße*. Dort wohnte *Karl Marx* bis 1835. Eine Gedenkplakette erinnert daran.

→ Vom Hauptbahnhof ist das *Karl-Marx-Haus* über die Haltestelle *Karl-Marx-Haus* mit der Buslinie 13 zu erreichen. Öffnungszeiten: Von April bis Oktober montags bis sonntags von 10 bis 18 Uhr, jeden 1. Freitag des Monats 10 bis 20 Uhr; von November bis März dienstags bis sonntags von 11 bis 17 Uhr, montags von 14 bis 17 Uhr. Weitere Informationen im Internet unter www.fes.de/marx/. Anmeldungen sind möglich telefonisch unter 06 51 / 97 06 80 sowie per Mail unter info.trier@fes.de. Nach Anmeldung können Führungen in Englisch, Französisch, Spanisch, Niederländisch und Chinesisch angeboten werden.

Bautzen I – Gelbes Elend
Bautzen II – Gedenkstätte

Bautzen
Weigangstraße 8a

1904 wurde die *Landeshaftanstalt Bautzen* gebaut, sie blieb bis 1933 dem allgemeinen Strafvollzug vorbehalten. Unter der nationalsozialistischen Herrschaft wurde Bautzen auch der Haftort von Sondergruppen der NS-Verfolgung: politische Gefangene, Juden, Sinti und Roma. *Ernst Thälmann*, der Vorsitzende der Kommunistischen Partei Deutschlands (KPD) war 1943/44 Häftling in Bautzen, bevor er 1944 in Buchenwald ermordet wurde.

Von 1945 bis 1950 war Bautzen ein *Speziallager* des sowjetischen NKWD, zunächst für NS- und Kriegsverbrecher, ab 1946 auch für Sozialdemokraten, die sich der Zwangsvereinigung mit der KPD widersetzten oder verbotene Kontakte mit der West-SPD unterhielten. Anfang 1950 übernahm die DDR die Landesstrafanstalt.

Bautzen zeichnete sich durch harte Haftbedingungen und menschenverachtenden Umgang mit den Häftlingen aus. Ein Häftlingsaufstand 1950 wurde brutal niedergeschlagen. Die nach diesem Aufstand herausgeschmuggelten Berichte prägten den Begriff *Gelbes Elend* (s. S. 133).

Nach der Wende wurde *Bautzen II* 1992 geschlossen. Die Initiative des *Bautzen-Komitees e.V.* führte zu politischen Beschlüssen, in Bautzen II eine politische Gedenkstätte einzurichten. In der 1994 eingerichteten Gedenkstätte wird in einer Dauerausstellung an drei Verfolgungsperioden erinnert: Nationalsozialismus, Sowjetische Besatzungsmacht (Stalinismus) und SED-Diktatur. Bautzen I wird weiterhin als Justizvollzugsanstalt genutzt.

→ Die *Gedenkstätte* ist geöffnet Montag bis Donnerstag 10 bis 16 Uhr, Freitag 10 bis 20 Uhr, Samstag, Sonntag und an Feiertagen 10 bis 18 Uhr. Öffentliche Führungen: Freitag 17 Uhr, Samstag, Sonntag und an Feiertagen 14 Uhr. Der Eintritt und die Teilnahme an den öffentlichen Führungen sind kostenfrei. Informationen: www.stsg.de/cms/bautzen/startseite Die *Gedenkstätte* ist in 10 Min. zu Fuß vom Hauptbahnhof erreichbar, der Weg ist ausgeschildert.

Georg-Landgraf-Haus
Chemnitz
Sonnenberg-Terrassen
Dresdner Straße 38–40

Am 1. April 1899 erschien *Die Volksstimme* das erste Mal, 1914 hatte sie bereits 64.500 feste Abonnenten. Zunächst wurde die Zeitung von der *Druckerei Landgraf & Co. OHG* in der damaligen Uferstraße 14 hergestellt. Da die Druckaufträge und die Abonnentenzahlen der Zeitung rasch anstiegen, zog sie wenige Jahre später in die Villa Dresdner Straße 38 um. 1910 erwarb die Druckerei das benachbarte Grundstück und baute das neue Druck- und Verlagshaus der Chemnitzer *Volksstimme*. Das großzügige, im Jugendstil errichtete Gebäude wurde am 17. Juli 1911 eingeweiht.

Das sozialdemokratische Unternehmen hatte für die damalige Zeit beispielhafte Arbeitsbedingungen: neun Baderäume und ein 80 Quadratmeter großer Speisesaal für ca. 75 Angestellte. Saugapparate und Ventilatoren sorgten für ständige Frischluftzufuhr. In den vorderen Gebäuden hatten Gewerkschaften und die SPD ihre Büros. Außerdem befanden sich dort die Sekretariate der *Arbeiterwohlfahrt*, der *Sozialistischen Arbeiterjugend* (SAJ), der *Kinderfreunde* sowie eine Volksbuchhandlung.

Aufgrund der *Notverordnung zum Schutz von Volk und Staat* wurde die Chemnitzer *Volksstimme* am 28. Februar 1933 verboten. Am 9. März 1933 erschossen SA-Verbände bei einem Überfall auf das Gebäude den damaligen Geschäftsführer *Georg Landgraf*. Das Eigentum der SPD wurde eingezogen. Ab dem 31. Mai 1933 nutzte die nationalsozialistische *Chemnitzer Tageszeitung* die Gebäude und Einrichtungen.

Am 18. Juli 1945 wurde die SPD in Chemnitz durch die Sowjetische Militäradministration (SMAD) wieder zugelassen. Nach der Zwangsvereinigung 1946 stellte die SED einen Antrag auf Rückübertragung und erhielt Grundstück und Gebäude. Später wurde das Objekt von der Kreisleitung der SED genutzt.

Mit der deutschen Einheit erhielt die SPD das Grundstück zurück. Im November 1996 begann die *Konzentration GmbH,* die denkmalgeschützten Gebäude nach den Plänen der Architekten *Charlotte Kolle* und *Mathias Rüger* zu sanieren und umzubauen. Seit 1997 sind die Häuser der *Sonnenberg-Terrassen* ein Zentrum geschäftlicher, kultureller und gesellschaftlicher Aktivitäten. Ein großer Veranstaltungssaal kann von Dritten genutzt werden.

Im *Georg-Landgraf-Haus* befindet sich eine Ausstellung zur Geschichte der Chemnitzer SPD.

→ Das Haus kann nach Vereinbarung mit der SPD Chemnitz (0371/4028772) besichtigt werden. Es liegt gegenüber dem Hauptbahnhof jenseits der Gleisanlage. Es ist fußläufig in 5 Min. über eine Brücke zu erreichen. Ca. 10 Min. Fußweg von den *Sonnenberg-Terrassen* entfernt befindet sich die überdimensionale Karl-Marx-Büste in der *Brückenstraße*, nicht weit von der Straße der Nationen. Die von dem russischen Künstler Lew Kerbel (1917–2003) geschaffene Büste sollte als Stadtsymbol den von der SED verliehenen neuen Stadtnamen Karl-Marx-Stadt unterstützen, im Volksmund wurde sie *Der Nüschel* genannt.

Stadthalle
Görlitz
Am Stadtpark

Die im Jugendstil errichtete *Stadthalle* diente seit der Eröffnung 1910 bis zur Schließung 2007 aufgrund baulicher Mängel unterschiedlichen Veranstaltungen, darunter Konzerte, Parteitage, Sportereignisse und Messen. Nach abgeschlossener Sanierung soll sie 2014 wieder eröffnet werden.

Die *Stadthalle* befindet sich an der Straße *Am Stadtpark* in der Innenstadt direkt an der Stadtbrücke, dem Grenzübergang zur polnischen Schwesterstadt Zgorzelec.

Vom 18. bis 24. September 1921 fand in der *Stadthalle* der Parteitag der *Mehrheitssozialdemokratischen Partei Deutschlands* (MSPD) statt, auf dem die 376 Delegierten der MSPD ein neues Parteiprogramm verabschiedeten. Das *Görlitzer Programm* ersetzte das 1891 beschlossene *Erfurter Programm*. Es war nach der Abspaltung des linken Flügels in USPD und KPD das erste Parteiprogramm, das sich an der *Theorie des Revisionismus* von *Eduard Bernstein* (1850–1932) orientierte, die das Geschichtsverständnis von Marx/Engels einer Revision unterzog. Die SPD erklärte sich als republikanische Reformpartei, die in steter Reformarbeit die Gesellschaft umgestalten will.

Es gibt keine Gedenktafel.

→ Den Hauptausgang des Bahnhofs Richtung Stadt benutzen, auf der *Berliner Straße* bis zum Postplatz, rechts abbiegen, die Post links liegen lassen, hinter der Post in die *Schützenstraße* rechts abbiegen, *Ecke Schützenstraße/Dr.-Kahlbaum-Allee* nach rechts abbiegen, erste Abzweigung links in die Straße *Am Stadtpark*, die Stadthalle liegt links der Stadtbrücke; ca. 20 Min. Fußweg. ÖPNV: Den Südausgang des Bahnhofs benutzen, gegenüber auf der anderen Straßenseite die Bushaltestelle, Buslinie B in (Richtung *Virchowstraße*) Haltestelle *Mühlweg*, kurzer Fußweg Richtung *Neiße* und der Beschilderung in Richtung Grenze folgen, die Stadthalle liegt links der Stadtbrücke.

Orte in Leipzig

Richard-Lipinski-Haus

Rosa-Luxemburg-Straße 19/21

Die ersten Redaktionsräume und die Druckerei der 1894 gegründeten *Leipziger Volkszeitung* befanden sich in der Mittelstraße (heute *Hans-Poeche-Straße*). 1901 entschlossen sich die Leipziger Sozialdemokraten, die *Leipziger Buchdruckerei AG* zu gründen. 1908 kaufte die *Leipziger Buchdruckerei Aktiengesellschaft* das Grundstück Tauchaer Straße 19/21 und errichtete dort später einen imposanten Neubau, der das Bild des historischen *Graphischen Viertels* mitprägte. Der Entwurf stammt vom Leipziger Architekten *Oskar Schade* (1868–1953), der bereits das Leipziger *Volkshaus* in der heutigen Karl-Liebknecht-Straße gebaut hatte.

Aufgrund der *Notverordnung zum Schutz von Volk und Staat* wurde am 28. Februar 1933 die *Leipziger Volkszeitung* verboten, das Unternehmen später beschlagnahmt und enteignet. Am 8. März besetzten SA-Verbände das Verlagsgebäude und verwüsteten die Druckerei und die Redaktionsräume. Papier und Inventar wurden in Brand gesteckt. 1934 wurde das Haus dem Land Sachsen übereignet. Der von den Nationalsozialisten eingesetzte Treuhänder löste die *Aktiengesellschaft* auf. Danach befanden sich in den Räumen die Büros verschiedener Behörden. Bei den schweren Bombenangriffen auf Leipzig ab Dezember 1943 wurde auch die Tauchaer Straße 19/21 in Mitleidenschaft gezogen. Das Hofgebäude wurde völlig zerstört.

Nach der Zwangsvereinigung von KPD und SPD stellte die *Sachsengrundstücks GmbH*, die Vermögensverwalterin der SED, Restitutionsansprüche und wurde 1948 Eigentümerin. 1954 ging das Gebäude in das Eigentum des Rates der Stadt Leipzig über. Sechs Jahre später wurde die SED Eigentümerin des Hauses, die dort ihre Bezirksleitung einrichtete.

Durch die deutsche Einheit konnte die SPD 1990 ihr Traditionshaus in Leipzig zurückfordern. Nach der Rückübertragung des stark sanierungsbedürftigen Gebäudes 1994 an die SPD bereitete die *Konzentration GmbH* die Sanierung vor. Am 6. November 1996 wurde das nach Plänen des Architekten *Kaspar Kraemer* sanierte Büro-, Geschäfts- und Wohnhaus eingeweiht.

Der Name des Hauses erinnert an den bedeutenden Leipziger SPD-Reichstagsabgeordneten *Richard Lipinski* (1867–1936). Im Eingangsbereich befindet sich eine Ausstellung zur Geschichte des Hauses. Sie erinnert auch daran, dass die SED 1967 zum 50. Jahrestag der Oktoberrevolution am Haus eine von dem Künstler *Hans-Joachim Förster* gestaltete Gedenkplatte für *Wladimir Iljitsch Lenin* (1870–1924) angebracht hatte. Lenin hatte die *Leipziger Volkszeitung* abonniert, die ein Sprachrohr des linken Flügels der SPD war. Die Gedenkplatte befindet sich heute in einem Leipziger Museum.

➔ Das Haus liegt 10 Min. vom Hauptbahnhof entfernt. Links vom Eingang des Hauptbahnhofes am Hotel *Victor's Residenz* vorbei gelangt man in die *Rosa-Luxemburg-Straße*.

Volkshaus

Karl-Liebknecht-Straße 32

Die starke Leipziger Arbeiterbewegung bemühte sich schon früh um ihre Versammlungslokale, konnte jedoch erst nach 1900 die Voraussetzungen dafür schaffen, wobei der *Bierkrieg* 1903 mit dem *Brauereiverein* und den davon abhängigen Gastwirten den letzten Anstoß gab. Nachdem 1903/04 die rechtlichen und finanziellen Entscheidungen gefallen waren, konnte 1905 der Bau des von *Oskar Schade* (s. S. 190) entworfenen Hauses beginnen. Zuvor hatten die Treuhänder auf einer Studienreise *Volkshäuser* in Stuttgart, Mannheim und Frankfurt am Main studiert. Zahlreiche Arbeiten erledigten Mitglieder der Baugewerkschaften. 1906 konnte der Bau vollendet werden.

In das imposante *Volkshaus* zogen die sozialdemokratischen Gewerkschaften ein. Es gab einen großen *Saalbau*, in dem 1909 ein SPD-Parteitag stattfinden konnte, sowie weitere Versammlungsräume. Eine gut frequentierte Gastwirtschaft mit Gartensaal, eine Herberge für Wanderarbeiter, ein Ladengeschäft des *Konsums* und eine Volksbuchhandlung rundeten das Angebot ab. Im Ersten Weltkrieg kamen eine Volksküche und ein Gemüsemarkt hinzu. Große Erfolge waren die im *Volkshaus* veranstalteten Fachausstellungen, so 1913 die *Internationale Baufachausstellung*.

Der Besucherschwund im Ersten Weltkrieg brachte das *Volkshaus* in wirtschaftliche Schwierigkeiten, die auch die Aufhebung des Besuchsverbotes für Soldaten nicht ausgleichen konnten. In der Revolutionszeit 1918/19 war das *Volkshaus* ein Zentrum der Leipziger Arbeiterbewegung, was ein besonders aggressives Vorgehen von putschenden Militärs während des Kapp-Putsches am 19. März 1920 auslöste. Reichswehrsoldaten setzten das *Volkshaus* in Brand, das bis auf die Grundmauern abbrannte. Das gesamte Inventar, darunter wertvolle Sammlungen der Druckgewerkschaften, wurde vernichtet. Es folgte eine jahrelange juristische Auseinandersetzung über die Entschädigung mit den Reichsbehörden, die schließlich durch die bürgerliche Reichsregierung 1922 in fast wertlosem Inflationsgeld ohne Inflationsausgleich geschah. Die Brandstifter blieben unbestraft.

Mit großer Unterstützung aus der Arbeiterschaft konnte schon am 9. November 1920 – am Revolutionstag – das Richtfest gefeiert werden, doch erst am 1. Mai 1923 die Einweihung. Trotz der wirtschaftlichen Not der Inflationszeit war der Neubau größer ausgefallen. Sämtliche Gewerkschaften konnten einziehen; die *Mieterberatung*, die *Kinderfreunde*, der *Arbeitersportbund*, der *Arbeiter-Samariterbund*, die

Bildungsvereine, die *Freireligiösen*, die *Volksfürsorge*, das *Reichsbanner* waren ebenfalls Mieter.

Bis 1933 behauptete sich das *Volkshaus* wirtschaftlich, auch in der Weltwirtschaftskrise. Am 9. März 1933 wurde es von der SA besetzt, später enteignet. Von 1933 bis 1945 nutzten NS-Organisationen das *Volkshaus*.

Nach 1990 wurde das Eigentum des *Volkshauses* zwischen dem *Deutschen Gewerkschaftsbund* (DGB) und der SPD aufgeteilt. Der DGB übernahm das Haus allein und verkaufte später die Immobilie. Heute ist das *Volkshaus* ein Veranstaltungszentrum.

→ Das *Volkshaus* ist zu erreichen mit der Tram 10 (Richtung *Lößnig*) und der Tram 11 (Richtung *Markleeberg*) Haltestelle *Karl-Liebknecht-Straße/Kurt-Eisner-Straße*.

Leipzig war wiederholt Ort von Parteitagen der SPD: 1909 war das neu erbaute *Volkshaus* Parteitagsort. 1990 tagte die SPD der DDR in *Markkleeberg* in der *AGRA-Halle*. Der wichtige Wahlparteitag vor der Bundestagswahl 1998 fand in der *Messe Leipzig* statt.

Erich-Zeigner-Haus
Leipzig
Zschochersche Straße 21
(1945–1953 Carl-Goerdeler-Straße; 1953–1991
Philipp-Müller-Straße)

Das Gebäude wurde um 1860 als privates Wohnhaus erbaut. Das Wohnhaus und die Arbeitsräume *Erich Zeigners* stehen unter Denkmalschutz.

Im Erdgeschoss war seit 1909 die Wohnung der Familie *Otto Zeigner*, der Eltern *Erich Zeigners*. Seit 1927 wohnte *Erich Zeigner* (1886–1949) und seit 1931 auch seine Ehefrau *Annemarie*, geb. *LeMang*, in dieser Wohnung. Nach der Einsetzung *Erich Zeigners* als Oberbürgermeister von Leipzig 1945 wurde das Erdgeschoss als Wohnung eingerichtet. *Erich Zeigner* starb am 4. April 1949, seine Witwe bewahrte bis zu ihrem Tode 1982 die originale Einrichtung. Die Tochter *Hildegard Siercke* übereignete Einrichtung und Haus der Stadt Leipzig. Danach ist es den Mitgliedern des *Erich-Zeigner-Haus e.V.* zu verdanken, dass das Haus mit dem Originalmobiliar erhalten blieb.

Der Jurist und Richter *Erich Zeigner*, der schon vor dem Ersten Weltkrieg mit der SPD sympathisierte, konnte erst nach der Novemberrevolution 1918 zur SPD stoßen, denn bis dahin war Beamten und Richtern die SPD-Mitgliedschaft verboten. 1921 wurde er Justizminister im SPD-Kabinett *Wilhelm Buck* (1869–1945) und nach dem Scheitern des Buck-Kabinetts selbst Ministerpräsident. In sein 2. Kabinett nahm *Zeigner* im Oktober 1923 zwei Minister aus der KPD auf. Gegen diese Regierung, die sich als Regierung der *proletarischen Mehrheit* begriff, setzte die Reichsregierung *Gustav Stresemann* (1878–1929 – Nationalliberal) bei Reichspräsident *Friedrich Ebert* die Reichsexekution per Notverordnung nach Art. 48 WRV durch. Die Ablösung einer demokratisch legitimierten Regierung erschütterte die sächsische SPD tief, die Folgen schwächten sie bis zum Ende der Weimarer Republik. Von der Regierungsarbeit *Erich Zeigners* bleibt in Erinnerung, dass er als linker Republikaner Reformen in der konservativen sächsischen Verwaltung durchsetzte. *Zeigner* wurde in der Folge mit einem manipulierten Strafprozess überzogen, konnte danach aber mit Unterstützung der SPD und der sozialdemokratischen Gewerkschaften weiterhin als Jurist arbeiten. Er engagierte sich im Widerstand gegen Hitler und verbrachte mehrere Jahre in Konzentrationslagern. Nach dem Zweiten Weltkrieg wurde *Erich Zeigner* zunächst von der amerikanischen Besatzungsmacht als Rechtsrat in Leipzig eingesetzt. Die Sowjetische Militäradministration setzte ihn im Juli 1945 zum Oberbürgermeister in Leipzig ein, was er bis 1949 blieb. Zeigner akzeptierte die Zwangsvereinigung von SPD und KPD, trat jedoch innerhalb der SED nicht durch besondere Aktivitäten hervor.

Die Wohnung ist heute Sitz des 1999 gegründeten *Erich-Zeigner-Haus e.V.*, der das Andenken an *Erich Zeigner* pflegt. Dazu zählen das Arbeitszimmer und die Bibliothek Zeigners sowie das Musikzimmer mit Möbeln, Büchern, Noten und Kunstgegenständen wie Gemälde, Grafiken, Vasen u.a. Besonders hervorzuheben ist ein Portrait *Erich Zeigners* von *Walter Tiemann* (1876–1951) aus dem Jahr 1948.

In einer Eckvitrine befinden sich Totenmaske und Abdrucke der Hände *Erich Zeigners*. Der wertvolle Buchbestand umfasst ca. 3.500 Bände.

→ Informationen: www.erich-zeigner-haus-ev.de E-Mail: kontakt @erich-zeigner-haus-ev.de Besichtigungen und Führungen werden nach Absprache durchgeführt. Im Haus finden regelmäßig Veranstaltungen statt. Das *Erich-Zeigner-Haus* liegt außerhalb des Zentrums von Leipzig, in der Nähe der Sportwissenschaftlichen Fakultät (frühere DHFK). Der ÖPNV war 2012 durch Ersatzverkehr verändert, deshalb ist vorherige Nachfrage notwendig.

Pantheon
Leipzig
Dresdner Straße 20

Den historischen Namen *Pantheon Leipzig* trägt heute ein Gebäude der Internationalen Baufachausstellung von 1913.

Die 1838 in der Dresdner Straße 20 im Biedermeierstil entstandene Gaststätte *Collosseum* mit Ballsaal und Biergartenbetrieb wurde 1863 in *Pantheon* umbenannt. Dort gründeten am 23. Mai 1863 zwölf Delegierte aus Leipzig, Barmen und Elberfeld (Wuppertal), Solingen, Hamburg, Harburg, Mainz, Köln, Düsseldorf, Frankfurt a. M., Dresden unter Beteiligung von 65 Arbeitern aus Leipzig den *Allgemeinen Deutschen Arbeiterverein* (ADAV), die erste Arbeiterpartei, die in Deutschland an allgemeinen Wahlen teilnahm. Zum Präsidenten wählten die Delegierten *Ferdinand Lassalle* (1825–1864), der in seinem *Offenen Antwortschreiben* die Initiatoren dieses Kongresses zur Parteigründung ermutigt und ihre politischen Forderungen formuliert hatte.

Später fanden zahlreiche Versammlungen der Frauen- und der Arbeiterbewegung hier statt, so am 1. Mai 1891 auch die erste offizielle Leipziger Maifeier. Das Saalgebäude wurde 1933 abgerissen, das verbliebene Vorderhaus 1977.

Eine Erinnerungstafel existiert nicht.

→ Der Ort ist mit der Tram 4 und 7 (Haltestelle *Johannisplatz*) zu erreichen, fußläufig 10 Min. vom *Augustusplatz*.

Stammhaus der Volks-Zeitung
Meißen
Fährmannstraße 16

Im Juni 1910 wurde das Haus Fährmannstraße 16 fertiggestellt und zunächst von der Meißner Baufirma *Otto & Schlosser* als Wohnhaus genutzt. 1920 erwarb die SPD-eigene Firma *R. Schmidt & Co. Volksbuchhandlung, Verlag und Expedition OHG* das Gebäude. Sie gab die *Volks-Zeitung* für Meißen, Riesa, Großenhain, Lommatzsch, Nossen und deren Umgebung heraus, jedoch noch als Kopfblatt der *Dresdner Volkszeitung*. Die bald erreichte wirtschaftliche Unabhängigkeit ermöglichte eine eigene Druckerei mit Neubau. Im September 1921 begann die Druckerei zu arbeiten, später zogen der Verlag, die Redaktion, die Volksbuchhandlung und die SPD in das Gebäude ein. 1932 kaufte der erfolgreiche Verlag das Nachbargrundstück hinzu und vergrößerte sein Betriebsareal.

Am 9. März 1933 besetzten SA-Verbände das Haus. Im Juli 1933 zog die NSDAP-Kreisleitung in die Fährmannstraße 16 ein. Das Haus wurde enteignet und der NSDAP übertragen.

Nach dem Ende des Krieges richtete die KPD hier ihre Geschäftsstelle ein und gab dem Gebäude den Namen *Ernst-Thälmann-Haus*. 1946 wurde es Eigentum der SED. Bis zum Auszug der SED-Nachfolgepartei PDS im Jahre 1995 arbeitete in diesem Haus die Kreisleitung der SED/PDS.

Im Februar 1990 richtete der SPD-Ortsverein Meißen in der Fährmannstraße 16 ein Bürgerbüro ein. Später befand sich hier die Geschäftsstelle des SPD-Unterbezirks Meißen.

Schon 1990 stellte die DDR-SPD den Antrag auf Rückübertragung ihres Traditionshauses. 1995 erhielt es die SPD zurück. Danach begann die *Konzentration GmbH* mit der Sanierung des Gebäudes. Am 15. September 1998 wurde das Haus eingeweiht.

Leider wurde das Haus durch das Hochwasser 2002 schwer beschädigt.

→ Vom Bahnhof entlang der *Bahnhofsstraße* über die *Altstadtbrücke* in die *Gerbergasse*, *Am Kleinmarkt* links durch die *Martinstraße* in die *Fährmannstraße*, ca. 15 Min. Fußweg.

Erich-Ohser-Haus
Plauen
Nobelstraße 7/13

Der Zeichner, Karikaturist und Illustrator *Erich Ohser* (1903–1944) arbeitete für die *Büchergilde Gutenberg* und zahlreiche sozialdemokratische Zeitungen, vor allem für den *Vorwärts* und die *Leipziger Volkszeitung*. Nach der »Machtergreifung« der NSDAP und dem Untergang der sozialdemokratischen Zeitungen verlor er seine Auftraggeber, doch die Nationalsozialisten gestatteten ihm Bildergeschichten unter einem Künstlernamen zu zeichnen. Unter dem Namen *e.o.plauen* gestaltete er die bis heute erfolgreichen Bildergeschichten *Vater und Sohn*. Mit Gebrauchsgrafik sicherte er sein Einkommen im Dritten Reich und ging Kompromisse ein. An seiner kritischen Haltung gegenüber Nationalsozialisten ließ er privat jedoch keinen Zweifel, was ihm zum Verhängnis wurde. *Erich Ohser* wurde mit seinem Freund *Erich Knauf* (1895–1944) denunziert und entging dem Todesurteil durch Freitod. Knauf wurde hingerichtet.

Erich Knauf hatte als Lektor das Programm der 1924 gegründeten *Büchergilde Gutenberg* geprägt, das neben dem inhaltlichen Schwerpunkt der sozialkritischen Literatur durch seine sorgfältige Typografie auffiel.

Die *Erich Ohser-e.o.plauen Stiftung* verwaltet den künstlerischen Nachlass in Plauen und pflegt gemeinsam mit der *e.o.plauen-Gesellschaft e.V.* das Andenken *Erich Ohsers* mit Ausstellungen und Vorträgen. In der *Galerie e.o.plauen* im *Erich-Ohser-Haus* werden wechselnde Ausstellungen zu Leben und Werk des Künstlers gezeigt.

→ Die *Galerie* ist geöffnet dienstags bis sonntags sowie an Feiertagen täglich von 11 bis 17 Uhr (montags geschlossen). Führungen sind nach telefonischer Vereinbarung möglich (Telefon 03741 – 2912344). Weitere Informationen im Internet unter www.e.o.plauen.de Zu erreichen ist das *Erich-Ohser-Haus*, das direkt an das *Vogtlandmuseum* angrenzt, vom Bahnhof aus entweder zu Fuß (etwa 30 Min durch die Bahnhofstraße ins historische Zentrum der Stadt oder: Werktags S-Bahn Linie 1 (Richtung *Neuendorf*) bis Haltestelle *Neues Rathaus*, Wochenende S-Bahn Linie 5 (Richtung *Südvorstadt*) bis Haltestelle *Tunnel*. Das *Erich-Ohser-Haus* ist zentral gelegen, Schilder weisen den Weg.

Bebel-Liebknecht-Gedenkstätte
Wermsdorf
Hubertusburg

In der ehemaligen königlich-sächsischen Hofresidenz *Hubertusburg*, die als barockes Jagdschloss errichtet wurde, bekannt durch den dort abgeschlossenen *Hubertusburger Frieden*, der 1763 den Siebenjährigen Krieg beendete, wurde 1844 eine Strafanstalt eingerichtet. Dort verbüßten als letzte Häftlinge dieser Strafanstalt *August Bebel* und *Wilhelm Liebknecht* 1872 bis 1874 eine zweijährige Festungshaft.

Sie waren wegen Hochverrats verurteilt worden, weil sie den deutsch-französischen Krieg 1870/71 als barbarisch bezeichnet hatten, vor allem die Niederwerfung der Pariser Kommune 1871. Bebel und Liebknecht wandten sich auch gegen die Annexion von Elsass-Lothringen.

Anlässlich des 50. Todestages von August Bebel am 13. August 1963 wurde im Auftrag der SED eine Gedenkstätte eingerichtet, die nach der Wende abgebaut wurde. Eine Neugestaltung ist zum 100. Todestag für 2013 geplant. Von den beiden Erinnerungstafeln wurde eine entfernt, die verbliebene Tafel trägt die Inschrift:

»Hier in der Hubertusburg mussten die beiden Führer der deutschen Arbeiterbewegung August Bebel und Wilhelm Liebknecht in den Jahren 1872–1874 eine zweijährige Festungshaft verbringen.«

→ Die Öffnungszeiten des *Museums Hubertusburg*: Mai bis Oktober montags bis freitags von 8 bis 17 Uhr, samstags und sonntags von 9 bis 13 Uhr; von November bis April montags bis freitags von 8 bis 15 Uhr. Führungen für Gruppen nach Vereinbarung. Die Wiedereinrichtung der *Gedenkstätte* sollte im Internet erfragt werden. Mit der Bahn bis *Oschatz* fahren, von dort mit dem Bus 801 (Richtung *Wermsdorf*) bis Haltestelle *Wermsdorf-Hirschplatz* fahren. Die *Hubertusburg* ist unübersehbar.

Arbeiterdruckerei

Dessau
Askanische Straße 107

1893 kandidierte *Heinrich Peus* (1862–1937) im Wahlkreis Dessau-Zerbst für den Reichstag. Als Bedingung seiner Kandidatur verlangte er von der örtlichen SPD eine eigene Zeitung. Ab 1890 erschien das *Volksblatt für Anhalt*, das ab 1892 in Dessau gedruckt wurde, *Heinrich Peus* war sein erster Redakteur. Um die Expansion des *Volksblattes für Anhalt* zu sichern, wurde auf Initiative von *Peus* 1904 die *Arbeiterdruckerei* gegründet. Nach mehreren Erweiterungen wurde in den 1920er-Jahren wieder ein Neubau geplant, in der Askanischen Straße, nach Entwürfen des Architekten *Carl Fieger* (1893–1960), der vom *Bauhaus* beeinflusst war. 1928 war das neue Druckereigebäude bezugsfertig.

Nach dem Reichstagsbrand am 27. Februar 1933 wurde das *Volksblatt für Anhalt* verboten und das Vermögen der *Volksblatt für Anhalt GmbH* später zugunsten des Preußischen Staates eingezogen und an den nationalsozialistischen *Trommler-Verlag* in Magdeburg übereignet.

1945 erhielt die SPD auf Beschluss der Sowjetischen Militäradministration die Druckerei zurück. Durch die Zwangsvereinigung von KPD und SPD wurde sie der SED übertragen. In den 1950er-Jahren wurde der Betrieb in *Druckerei Rotation* umbenannt und als Eigentum der SED als *ZENTRAG*-Betrieb weitergeführt.

1990 wurde das Unternehmen aus dem SED-Eigentum herausgelöst, in einen volkseigenen Betrieb und später in die *Anhalt Druck Dessau GmbH* umgewandelt.

1991 vermittelte die *Treuhandanstalt Berlin* den Verkauf von Grundstück und Gebäude an die Firma *Anhalt Druck*

Dessau GmbH zugunsten der SPD. Im Gegenzug verzichtete die SPD auf Restitutionsansprüche.

Das Haus ist ein Beispiel für die intensive Zusammenarbeit der SPD mit dem *Bauhaus*, die von *Heinrich Peus* vermittelt wurde. Leider wurde es nach der Wende unzureichend saniert.

Ein weiteres Beispiel für die erfolgreiche Arbeit von *Heinrich Peus* in *Dessau* und in Anhalt ist durch die NS-Zeit mit der Zerschlagung des Eigentums der Arbeiterbewegung und der Okkupation dieses Eigentums durch die SED in der SBZ/DDR untergegangen.

1910 gelang *Peus* mit Unterstützung des Geschäftsführers der *Arbeiterdruckerei*, *Heinrich Deist* (s. S. 203), der Kauf des bürgerlichen Lokals *Tivoli* (Amalienstraße 1), für den sie eine große finanzielle Anstrengung von SPD und Gewerkschaften organisieren mussten. Das *Tivoli* war bis 1933 das zentrale Kultur- und Veranstaltungshaus der Arbeiterbewegung. Das *Tivoli* wurde im Zweiten Weltkrieg zerstört und nicht erneut errichtet.

➔ Die Druckerei ist ab *Bahnhof Dessau* mit der Tram Linie 3 (Richtung *Junckersberg*) über die Haltestelle *Amalienstraße* erreichbar. Sie befindet sich genau gegenüber der Tram-Haltestelle *Amalienstraße*.

Bauhaus
Dessau
Gropiusallee 38

Als 1924 eine konservativ-nationalistische Koalition in Thüringen die Regierung übernahm, obsiegten damit auch die *Bauhaus*-Gegner in Weimar und in Thüringen. Das *Bauhaus* verlor seine Unterstützung und hätte schließen müssen. In dieser Situation sicherten zwei Politiker aus dem Freistaat

Anhalt den Fortbestand des *Bauhauses*: der liberale Oberbürgermeister von Dessau *Fritz Hesse* (1881–1973, DDP) und der sozialdemokratische Politiker *Heinrich Peus* (1862–1937). Sie organisierten die politische Zustimmung zur Übersiedlung nach Dessau und sorgten für die notwendigen finanziellen Mittel, die in Dessau den Bau des *Bauhauses* und der *Meisterhäuser* ermöglichten, die heute zum Weltkulturerbe gehören. Sieben Jahre konnte in Dessau der *Bauhaus*-Stil weiterentwickelt werden, bis 1932 eine von der NSDAP angeführte rechte Mehrheit im Rat von Dessau die Schließung beschloss.

Der sozialdemokratische Politiker *Heinrich Peus* war 1891 nach Dessau gekommen und dort zum Motor und geistigen Führer der anhaltischen SPD geworden (s. S. 201). Nach der Novemberrevolution 1918, dem Sturz der Monarchie und der Durchsetzung eines demokratischen Wahlrechts war er ab 1918/19 die zentrale politische Figur im Freistaat, gemeinsam mit dem Ministerpräsidenten *Heinrich Deist* (1874–1963, SPD). Die SPD blieb von 1918 bis 1932 die stärkste Fraktion im Rat und im Landtag. *Peus* war bis 1932 Ratsvorsitzender und Landtagspräsident.

Mit seinem Weitblick sorgte *Heinrich Peus* nicht nur für die Ansiedlung des *Bauhauses* in Dessau, sondern unterstützte die Gestaltungsideen des *Bauhauses* mit wichtigen Aufträgen (s. S. 201), zum Beispiel dem Bau der Siedlung *Dessau-Törten*.

➔ Vom Bahnhof ist das *Bauhaus* in ca. 20 Min. erreichbar. Der Weg ist ab der Bahnhofshalle ausgeschildert. Informationen: www.bauhaus-dessau.de. E-Mail: service@bauhaus-dessau.de

Orte in Halle

Hofjäger – Ort des Parteitages 1890
Willy-Brandt-Straße 178
(früher: Philipp-Müller-Straße 78)

1890 konnten sich die Sozialdemokraten, nachdem sich für die Verlängerung des Sozialistengesetzes im Reichstag keine Mehrheit fand, nach zwölfjähriger Verbotszeit erstmals zu einem Parteitag versammeln. Im Lokal *Hofjäger* in Halle tagten vom 12. bis 18. Oktober 413 Delegierte. Die Delegierten beschlossen den neuen Parteinamen *Sozialdemokratische Partei Deutschlands* und gaben der Partei ein neues Parteistatut. Zu Vorsitzenden wurden *Paul Singer* (1844–1911) und *Karl Alwin Gerisch* (1857–1922) gewählt, Kassierer wurde *August Bebel* (1840–1913) und *Wilhelm Liebknecht* (1826–1900) als Chefredakteur des *Vorwärts* bestätigt.

Seit einigen Jahren wird der *Hofjäger* als Disko genutzt.

Eine historische Erinnerungstafel aus der DDR-Zeit ist vorhanden, jedoch zur Zeit eingelagert. Eine neue Tafel ist beabsichtigt.

→ Den *Hofjäger* erreicht man vom Bahnhof am besten zu Fuß. Wendet man sich in Richtung Stadt, so ist das *Hotel Maritim* nicht zu übersehen. Steht man davor, in die erste Straße südlich links einbiegen, demnächst *Willy-Brandt-Straße*, dieser etwa 300 m folgen, nach einer Biegung links befindet sich der *Hofjäger*.

Die SPD der DDR wählte am 9. Juni 1990 im *Klubhaus der Gewerkschaften* (Heute: *Kultur- und Kongresszentrum des Domerohotels Halle*) *Wolfgang Thierse* zum neuen Vorsitzenden.

Ein weiterer SPD-Parteitag tagte vor der Bundestagswahl 1994 am 22. Juni in der *Eissporthalle am Grimritzer Damm*.

Volkspark
Burgstraße 27

In seiner 100-jährigen Geschichte ist der *Volkspark* ein Begriff für kulturelle und politische Großveranstaltungen in Halle geworden. Als der repräsentative Bau am 13. Juli 1907 eröffnet wurde, beherbergte das Gebäude im ersten Obergeschoss einen Saal für 1.800 und einen kleineren Saal für 400 Besucher. Im Erdgeschoss befand sich ein Restaurant mit einem großen Gastraum und zwei kleineren Sitzungsräumen. Hinzu kam ein Garderobenraum, der 2.500 Garderobenstücke aufnehmen konnte. Im großen, terrassenförmig angelegten Biergarten waren Kolonnaden und ein Musikpavillon gebaut worden. Er bot 3.800 Besuchern Platz. Auch eine Turnhalle hatte man errichtet. Der *Volkspark* war mit der modernsten Technik seiner Zeit ausgestattet.

Bauherr dieser imposanten Anlage war die hallesche Sozialdemokratie. Seit dem Fall des Sozialistengesetzes 1890 hatten die SPD und die Gewerkschaften einen starken Zulauf. Im kaiserlichen Deutschland wurde der Arbeiterbewegung die Nutzung großer Säle jedoch immer wieder verweigert. Deshalb diskutierten die halleschen Sozialdemokraten seit 1903 über den Bau eines eigenen Veranstaltungshauses. 1906 kauften sie das Grundstück mit dem darauf befindlichen Gebäude. Das Geld dafür brachten die Arbeiter über Anteilscheine selbst auf. Beeinflusst vom Jugendstil erbauten die Architekten *Albert* (1851–1944) und *Ernst-Heinrich Giese* (1853–1944) den *Volkspark*.

1933 enteigneten die Nationalsozialisten die SPD-eigene *Volkspark GmbH*. Nach der Zwangsvereinigung 1946 machte die SED Rückübertragungsansprüche für den *Volkspark* geltend. Später ging er in Volkseigentum über und wurde wieder als *Kulturhaus* genutzt.

1990 forderte die SPD ihr Eigentum zurück. Nach einem mehrjährigen Verfahren wurde das Traditionshaus im August

1998 rückübertragen. Nach der Teilsanierung durch die *Konzentration GmbH* wurde der *Volkspark* zunehmend von der *Burg Giebichenstein-Kunsthochschule Halle* für Ausstellungen und Veranstaltungen genutzt. Um diese neue Nutzung zu fördern, verkaufte die *Konzentration GmbH* den *Volkspark* für einen symbolischen Preis an den halleschen *Volkspark-Verein*.

Am *Volkspark* befindet sich eine Erinnerungstafel.

➔ Vom *Hauptbahnhof* oder *Markplatz* erreicht man den *Volkspark* mit der Straßenbahnlinie 8 (Richtung *Trotha*).

Roter Ochse
Am Kirchtor 20

Der *Rote Ochse* (heute *JVA Halle I*) ist eine Justizvollzugsanstalt in Halle (Saale). Der Name ist seit Ende des 19. Jahrhunderts nachweisbar, seine Herkunft ist unklar. Die Farbe des Mauerwerkes soll ihn bestimmt haben.

Der *Rote Ochse* wurde 1842 als *Königlich-Preußische Straf-, Lern- und Besserungsanstalt* in Betrieb genommen. Am 7. und am 12. Februar 1885 wurden im Anstaltshof die Anarchisten *August Reinsdorf* und *Emil Küchler* hingerichtet. Sie hatten am 28. September 1883 am Niederwalddenkmal in Rüdesheim versucht, *Kaiser Wilhelm I.* zu töten. Dieses Attentat wurde als weitere Begründung für die Verlängerung des Sozialistengesetzes (1878–1890) herangezogen.

In den Anfangsjahren der nationalsozialistischen Herrschaft diente der *Rote Ochse* von 1933 bis 1935 als Gefängnis und »Schutzhaftlager«. Ab 1935 wurde er überwiegend für politische Gefangene genutzt. Eine Verfügung des Reichsjustizministeriums vom 19. März 1939 machte den *Roten Ochsen* ab 1942 bis April 1945 zur zentralen Hinrichtungsstätte. Hier starben 549 Gefangene aus 15 Ländern durch Fallbeil oder Erhängen.

Ab Juli 1945 nutzte die sowjetische Besatzungsmacht das Gefängnis als Haft- und Internierungslager des NKWD. Bis 1950 fanden im *Roten Ochsen* sowjetische Militärgerichtsverfahren gegen Tausende Gefangene statt. Danach teilten sich das *Ministerium des Innern* und das *Ministerium für Staatssicherheit* (MfS) der DDR die Nutzung des Gebäudes. Neben der Verwendung für den Strafvollzug mit Haftplätzen für weibliche Gefangene aus der gesamten DDR diente der *Rote Ochse* seit 1952 dem MfS als Untersuchungshaftanstalt. Er war Dienstsitz verschiedener Sektionen der MfS-Bezirksverwaltung Halle. Bis zum Jahr 1989 durchliefen in Halle über 9.000 Personen die MfS-Untersuchungshaft.

Seit 1996 befindet sich im *Roten Ochsen* eine *Gedenkstätte* für die Opfer politischer Verfolgung in zwei deutschen Diktaturen. Nach der Neukonzeption ist seit 2006 die Geschichte der Jahre 1933 bis 1945 und der Jahre 1945 bis 1989 dargestellt.

→ Öffnungszeiten: Dienstag bis Freitag 10 bis 16 Uhr, jedes 1. und 3. Wochenende des Monats 13 bis 17 Uhr sowie zusätzlich nach Vereinbarung. Zur Zeit sind die Ausstellungsräume der *Gedenkstätte* für den Besucherverkehr geschlossen. Näheres findet sich dazu im Internet. Die *Gedenkstätte* ist mit der Straßenbahnlinie 7 ab Bahnhof in Richtung *Kröllwitz* bis Haltestelle *Hermannstraße* oder der Straßenbahnlinie 8 bis Haltestelle *Peißnitzstraße / Diakoniewerk* gut zu erreichen.

Adolf-Reichwein-Haus

Große Märkerstraße 6/7 Kleine Märkerstraße 8

1927 kaufte die SPD-eigene *Hallesche Druckereigesellschaft mbH* die Gebäude der *Drogenfabrik Kathe* und richtete dort ihr neues Druck- und Verlagshaus ein. Die *Drogenfabrik Kathe* war zu Beginn des 20. Jahrhunderts weltweit bekannt, weil sie

das Arzneimittelmonopol für die Belieferung der deutschen Kolonien hatte. Nach dem Ersten Weltkrieg und dem Verlust der Kolonien ging die Firma in Liquidation.

Die *Hallesche Druckereigesellschaft mbH* war die Herausgeberin des seit 1890 erscheinenden *Volksblatt. Sozialdemokratische Tageszeitung für Halle und den Bezirk Merseburg*. Zuvor befand sich die Druckerei im Gewerkschaftshaus, Am Harz 42/43, zusammen mit einer Buchhandlung und den Büros von SPD und Gewerkschaften. 1933 wurde die sozialdemokratische Zeitung von den Nationalsozialisten verboten und die *Hallesche Druckereigesellschaft mbH* enteignet. In der Folgezeit nutzten verschiedene Firmen die Gebäude. Beim Bombenangriff am 31. März 1945 wurde der südliche Teil der Großen Märkerstraße 7 zerstört. Beim Wiederaufbau nach dem Krieg wurde auf die Eckbebauung Große/Kleine Märkerstraße verzichtet. Die Druckerei wurde in den 1950er-Jahren eingestellt.

1990 stellte die SPD den Antrag auf Rückübertragung ihres Eigentums. 1997 erhielt sie ihre Immobilien zurück. Die

Konzentration GmbH sanierte im Auftrag der SPD das Objekt. Am 21. Oktober 1999 wurden die sanierten Gebäude eingeweiht. Die Große Märkerstraße 6/7 erhielt den Namen *Adolf-Reichwein-Haus*, in Erinnerung an den in Halle lehrenden und von den Nazis ermordeten sozialdemokratischen Pädagogen und Widerstandskämpfer *Adolf Reichwein* (1898–1944).

Das Grundstück ist heute mit drei Gebäuden im Karree bebaut. In der Großen Märkerstraße 6 und 7 stehen jeweils zweigeschossige Renaissancebauten. Abgeschlossen wird das Karree durch den um 1900 errichteten dreigeschossigen Industriebau Kleine Märkerstraße 8 (ehemaliges Verlagsgebäude), dort hat ein Forschungsinstitut seinen Sitz. Die Gebäude umschließen einen ca. 370 Quadratmeter großen Innenhof. Das Karree befindet sich in der *Halleschen Innenstadt*, es gehört zum städtebaulichen Denkmalschutzgebiet *Große Märkerstraße, Historischer Altstadtkern*.

Das *Adolf-Reichwein-Haus* beherbergt die Büros der SPD und von Abgeordneten, es liegt wenige Meter vom *Marktplatz* entfernt.

Heinrich-Peus-Haus

Köthen

Dr.-Krause-Straße 58–60

Auf Initiative von *Heinrich Peus* erschien seit dem 1. Dezember 1925 in Köthen die Zeitung *Volkswille. Sozialdemokratische Tageszeitung für Stadt und Kreis Köthen, Publikationsorgan der freien Gewerkschaften*. Die *Bernburger Buchdruckereigesellschaft mbH* als Herausgeberin mietete zunächst Räume am Köthener Marktplatz. Weil die Zeitung in kurzer Zeit wuchs, entschloss sie sich aber, in der Dr.-Krause-Straße 58–60 ein eigenes Haus zu bauen. Die Grundsteinlegung für den repräsentativen Neubau fand am 10. Mai 1930 statt. *Walter Rühl* (1890–1944), einer der beiden Architekten und der Neuen Sachlichkeit verpflichtet, hatte bereits für die *Gemeinnützige Köthener Siedlergesellschaft* gebaut. Den Neubau teilten sich die Redaktion, die Volksbuchhandlung sowie die SPD. In den weiteren Geschossen waren Wohnungen eingerichtet worden.

1933 wurde die Zeitung verboten und das Gebäude enteignet. Das Haus wurde an den nationalsozialistischen *Trommler-Verlag* vergeben, der dort die *Neue Presse* herausgab.

Nach Kriegsende nutzte zunächst die amerikanische, später die sowjetische Besatzungsmacht das Gebäude. Auf Befehl des Sowjetischen Militärkommandanten erhielt die SPD im Januar 1946 ihr Eigentum zurück. Nach der Zwangsvereinigung von KPD und SPD 1946 richtete die SED hier ihre Kreisleitung ein und nannte das Gebäude *Haus der Einheit*. Im Rahmen des *Nationalen Aufbauwerkes* (NAW) baute die Eigentümerin 1959 im Hof des Grundstückes einen einstöckigen Anbau, in dem größere Versammlungen stattfinden konnten. 1989/90 entwickelte sich das Haus zu einem Arbeitsort und Treffpunkt neu gegründeter demokratischer Parteien, Vereine und Verbände.

1994 erhielt die SPD ihr Traditionshaus zurück. Am 6. Oktober 2000 wurde das von der *Konzentration GmbH* sanierte und modernisierte Haus wieder eröffnet.

Das *Heinrich-Peus-Haus* ist heute ein Büro- und Wohnhaus mit einem Veranstaltungsforum im Erdgeschoss. Die SPD hat dort ihr Büro, mehrere Wohnungen und Büroräume sind vermietet.

Im *Heinrich-Peus-Haus* befindet sich eine Ausstellung zur Geschichte der Köthener SPD.

→ Das *Heinrich-Peus-Haus* erreicht man ab *Hauptbahnhof* in 5 Min. zu Fuß, über die *Bahnhofsstraße* direkt in die *Dr. Krause-Straße*.

Sozialistenstein

Oschersleben OT Neubrandsleben

Das 1878 vom Reichskanzler *Otto von Bismarck* (1815–1898) durchgesetzte Sozialistengesetz traf die Arbeiterbewegung hart. Ihre Partei, die *Sozialistische Arbeiterpartei Deutschlands*, erst nach dem Ende des Sozialistengesetzes 1890 gab sich die Partei ihren heutigen Namen, wurde verboten und ihre Funktionäre verfolgt. Die sozialdemokratischen Gewerkschaften wurden ebenfalls verboten wie auch zahlreiche Vereine des politischen Umfelds.

In den ersten Jahren des Sozialistengesetzes konnten sich die Anhänger der Sozialdemokratie nur verdeckt vor der polizeilichen Verfolgung an geheimen Orten treffen. Als Beispiel für einen geheimen Treffpunkt erinnert ein Findling an der *Birkenquelle* als *Sozialistenstein* daran.

➔ Mit dem Bus 655 vom *Bahnhof Oschersleben* (Richtung *Neindorf*) bis zur Haltestelle *Neubrandsleben* fahren. Von dort fußläufig auf der Straße *Am Wald* Richtung Norden dem Weg folgen, ca. 1 km bis zur Weggabelung. Ab dort, insgesamt ca. 50 Meter, erst nach links und an der nächsten Weggabelung nach rechts bis zum *Sozialistenstein*.

Konzentrationslager Lichtenburg

Prettin

Prettiner Landstraße 4

Das *Konzentrationslager Lichtenburg* gehörte zu den frühen Konzentrationslagern. Es wurde am 13. Juni 1933 im *Schloss Lichtenburg* eingerichtet, das zwischen 1812 und 1928 als Haftanstalt genutzt wurde, seitdem aber geschlossen war.

Bis zu seiner Umwandlung in ein Frauenkonzentrationslager 1937 war Lichtenburg ein Männer-KZ für politische Häftlinge, in der Mehrheit Kommunisten und Sozialdemokraten. Prominente Sozialdemokraten unter den Häftlinge waren *Wilhelm Leuschner* (1890–1944), hessischer Innenminister, in Berlin-Plötzensee hingerichtet, und *Ernst Reuter* (1889–1953), Oberbürgermeister von Magdeburg, nach 1945 Regierender Bürgermeister von Berlin.

1939 wurde das Frauenkonzentrationslager wegen der schlechten Bausubstanz in das *Frauenkonzentrationslager Ravensbrück* verlegt.

1965 wurde eine erste Mahn- und Gedenkstätte eingerichtet, der durch unsensible Behörden wiederholt nach 2000 die Schließung drohte. Die Proteste führten schließlich 2007 zur Gründung einer Gedenkstättenstiftung, in deren Trägerschaft eine neue Dauerausstellung 2011 eröffnet wurde.

➔ Die *Gedenkstätte* ist geöffnet dienstags bis donnerstags 9 bis 15.30 Uhr, freitags 9 bis 13 Uhr sowie zusätzlich jeden letzten Sonntag im Monat 13 bis 17 Uhr. An gesetzlichen Feiertagen ist die *Gedenkstätte* geschlossen. Führungen können telefonisch vereinbart werden unter der Rufnummer 035386–609975. Informationen: www.sachsen-anhalt.de/index.php?id=31583 Die *Gedenkstätte* ist erreichbar mit dem Bus vom *Berliner Hauptbahnhof* aus mit dem RE 5 Richtung *Falkenberg* (Elster) bis zum *Bahnhof Holzdorf* (Elster), von dort weiter mit dem Anrufbus (Tel. 01805–366910, Anmeldung bis 1 Stunde vor Abfahrt, täglich von 4 bis 20 Uhr) nach Prettin/Haltestelle *Drei Linden* fahren. Vom *Leipziger Hauptbahnhof* aus mit dem Zug nach Torgau fahren und von dort mit dem Linienbus 751 nach *Prettin/Haltestelle Drei Linden*. Ein Halt in Prettin muss telefonisch unter der Rufnummer 01802–783287 bis 2 Stunden vor Fahrtbeginn angemeldet werden.

Willy-Brandt-Haus

Lübeck
Königstraße 21

Das *Willy-Brandt-Haus* in Lübeck ist eine Gedenkstätte für den SPD-Politiker, Bundeskanzler und Friedensnobelpreisträger *Willy Brandt.*

Das *Willy-Brandt-Haus*, eine Außenstelle der *Bundeskanzler-Willy-Brandt-Stiftung* mit Sitz in Berlin, ist nach dem *Buddenbrookhaus*, das an den in Lübeck geborenen Literaturnobelpreisträger *Thomas Mann* (1875–1955), seinen Bruder *Heinrich Mann* (1871–1950) und die weiteren Mitglieder der Familie Mann erinnert, dem *Günter-Grass-Haus*, das dem Literaturnobelpreisträger *Günter Grass* gewidmet ist, die dritte Einrichtung der Stadt, die einen Lübecker Nobelpreisträger zum Thema hat.

Willy Brandt wurde nicht in dem Gebäude in der Lübecker Innenstadt, sondern im Stadtteil *St. Lorenz* geboren. Eine Gedenkstätte ist dort geplant.

Das *Willy-Brandt-Haus Lübeck* wurde am 18. Dezember 2007, dem 94. Geburtstag *Willy Brandts*, eröffnet. Angeregt wurde die Einrichtung einer Gedenkstätte von dem Literaturnobelpreisträger *Günter Grass*, der *Willy Brandt* seit den 1960er-Jahren politisch verbunden war. Die Stadt Lübeck stellte das Gebäude in der Königstraße 21 zur Verfügung. Es war das Gesellschaftshaus der 1379 gegründeten *Zirkelgesellschaft*, einer Bruderschaft von Fernhandelskaufleuten, ehe es im 19. Jahrhundert Sitz des Oberappellationsgerichts der vier Freien Städte wurde, zu denen neben *Bremen*, *Hamburg* und *Frankfurt am Main* die *Hansestadt Lübeck* gehörte. Später wurde es vom Staatsarchiv sowie als öffentliche Bücherei genutzt.

Die Ausstellung im Erdgeschoss umfasst räumlich gegliedert Abschnitte im Leben von *Willy Brandt*, sie ist interaktiv gestaltet und verfügt für Kinder über ein eigenes Programm, das spannende Bildergeschichten erzählt. Die Rückseite des Gebäudes ermöglicht den Zugang zum *Günter-Grass-Haus* an der Glockengießerstraße.

Zum Angebot gehören neben Führungen auch Vorträge, Lesungen, Diskussionsrunden und Seminare sowie Schulprojekte und Aktionen für Kinder.

→ Das *Willy-Brandt-Haus* ist geöffnet von Januar bis März: Dienstag bis Sonntag 11–17 Uhr, April bis Dezember: täglich 11–18 Uhr, geschlossen: 24./25. Dezember, 31. Dezember, 1. Januar. Informationen im Internet unter www.willy-brandt-luebeck.de.Das *Willy-Brandt-Haus* ist vom *Hauptbahnhof* mit den Buslinien 1, 11, 21, 31 und 34 erreichbar. Zu Fuß: vom *Hauptbahnhof* über den *Lindenteller* und die *Puppenbrücke am Holstentor* vorbei, die *Holstenstraße* hoch, links in die *Königstraße* und geradeaus bis zur Nr. 21. Es ist möglich, hinter der *Puppenbrücke* am *Radisson-Hotel* vorbei ein kleines Stück an der *Trave* zu gehen, dort über die Fußgängerbrücke zur *Altstadtinsel*, die *Beckergrube* hoch, geradeaus in die *Pfaffenstraße* und von dort links in die *Königstraße*. Das *Willy-Brandt-Haus* liegt nach wenigen Metern auf der rechten Seite. Der Fußweg beträgt ca. 15 Min.

Matrosenaufstand in Kiel – Beginn der Novemberrevolution 1918

Kiel

Die Novemberrevolution 1918, der Sturz der Monarchie, nahm ihren Ausgang in Aktionen der Matrosen der Kaiserlichen Kriegsflotte, die ein Auslaufen in Wilhelmshaven und Kiel zu einer letzten »ehrenvollen« Seeschlacht mit dem Untergang der Flotte verhinderten. Nach einem Flottenbefehl von Admiral *Reinhard Scheer* (1863–1927) sollte die Flotte auslaufen und die »letzte Entscheidungsschlacht« mit der britischen Flotte suchen, »auch wenn sie ein Todeskampf wird!« Diesem Befehl stellten sich die Schiffsbesatzungen in der Nacht vom 29. auf den 30. Oktober 1918 entgegen und verweigerten sich den Befehlen.

Die dramatischen Auseinandersetzungen führten dazu, dass ein Teil der Flotte nach Kiel zurückbeordert wurde. Im Konflikt mit dem reaktionären Offizierskorps gewannen schrittweise die Mannschaften die Oberhand, wobei in der Führung zunehmend Sozialdemokraten zu Sprechern wurden. Auch die Unterstützung an Land ging von den sozialdemokratischen Parteiorganisationen aus (MSPD und USPD). Trotz gewaltsamer Auseinandersetzungen hatten sich in Kiel am 4. November die revoltierenden Matrosen durchgesetzt, auf den Schiffen hissten sie als Zeichen der Revolution die rote Flagge.

In den weiteren Verlauf schaltete sich ab dem 4. November der Regierungsbeauftragte, der SPD-Reichstagsabgeordnete *Gustav Noske* (1868–1946) ein, dessen Ziel das Eingrenzen der revolutionären Aktionen war. Da die revolutionären Matrosen *Gustav Noske* großes Vertrauen entgegenbrachten, wählten sie ihn zum Vorsitzenden des *Soldatenrates*. Doch er scheiterte mit seiner Absicht, den revolutionären Impuls zu beruhigen. Von Wilhelmshaven und Kiel breitete sich die Revolution im gesamten Deutschen Reich aus. Am 9. November 1918 hatte sich in nahezu jeder Garnison ein *Soldatenrat* gebildet. Am 7. November rief *Kurt Eisner* (s. S. 40) in Bayern die Republik aus. Am 8. November dankten die Fürsten in Sachsen, Hessen und Württemberg ab, am 9. November der Kaiser. *Philipp Scheidemann* (1865–1939) rief vom Reichstag die Republik aus, *Karl Liebknecht* (1871–1919) versuchte das Kontrastprogramm mit der Ausrufung der *Freien sozialistischen Republik* vom Stadtschloss in Berlin aus. An den Kieler Anstoß zur Novemberrevolution erinnerte jahrzehntelang nichts. Erst seit 1982 wird mit einer Plastik von *Hans-Jürgen Breuste* (1933–2012) im *Ratsdienergarten* dem Matrosenaufstand gedacht.

An den Sitz des Soldatenrates im DGB-Haus in der *Legienstraße* erinnert eine Gedenktafel. Der Toten gedenkt eine Tafel in der *Feldstraße*, die Gefallenen wurden auf dem *Parkfriedhof Eichhof* und auf dem *Nordfriedhof* beigesetzt.

2011 wurde der Bahnhofsvorplatz von Oberbürgermeister *Torsten Albig* (SPD) in *Platz der Kieler Matrosen* umbenannt.

Im *Kieler Schifffahrtsmuseum* gibt es eine Ausstellung zu den Ereignissen. Wegen umfangreicher Sanierungs- und Umbauarbeiten ist das Museum seit November 2010 geschlossen. Seit mehr als 30 Jahren befindet sich das Museum in der historischen *Fischhalle am Wall*, und der Betrieb ist nicht spurlos am 100-jährigen, denkmalgeschützten Gebäude vorübergegangen. Mit der Wiedereröffnung des *Schifffahrtsmuseums* ist erst im Frühjahr 2013 zu rechnen.

→ Das *Schifffahrtsmuseum* ist vom *Hauptbahnhof* fußläufig in 5 Min. entlang der Kiellinie zu erreichen. Aus dem Bahnhof kommend links der *Kaistraße* Richtung *Kieler Schloss* folgen. Nach ca. 500 m liegt die historische *Fischhalle am Wall* auf der rechten Seite.Der *Ratsdienergarten* wird vom *Hauptbahnhof Kiel* über *Sophienblatt* bis zum *Berliner Platz* erreicht, dort nach rechts abbiegen, über *Eggerstedtstraße*, *Burgstraße*, *Dänische Straße* führt der Weg direkt zum *Ratsdienergarten*.

1927 fand ein SPD-Parteitag in der *Nord-Ostseehalle* statt.

Cap-Arcona- und Thielbek-Gedenkstätten
Lübecker Bucht
Neustädter Bucht

Eine der größten Schiffstragödien der Neuzeit ereignete sich am 3. Mai 1945 in der Ostsee. Britische Flieger versenkten an diesem Tag die *Cap Arcona* und die *Thielbek* mit rund 7.000 KZ-Häftlingen an Bord. Unter den Opfern befanden sich auch zahlreiche Sozialdemokraten. Nur 400 Menschen überlebten. Die Häftlinge stammten überwiegend aus dem *KZ Neuengamme* (s. S. 134). Es wird vermutet, dass die Schiffe bewusst von der SS-Führung zur Zielscheibe gemacht wurden oder die Häftlinge auf See in Massen getötet werden sollten, da die Schiffe keine weißen Flaggen als Zeichen für einen Flüchtlingstransport gehisst hatten und zudem mit Waffen bestückt waren.

Die Opfer des Untergangs der *Cap Arcona* und der *Thielbek* wurden noch lange an den Ostseebuchten Schleswig-Holsteins und Mecklenburg-Vorpommerns angeschwemmt und dort auf den Friedhöfen beerdigt. In der Ostsee ruhen 3.000 nicht bestattete Opfer.

Am Ort der Katastrophe liegt in *Neustadt (Holstein)*, nahe *Pelzerhaken* an der Strandpromenade, der *Ehrenfriedhof Cap Arcona* für 621 Opfer mit einem Massengrab und einem Gedenkstein. Auf zwei weiteren Friedhöfen in *Neustadt* liegen ebenfalls Opfer begraben.

Ein größerer *Ehrenfriedhof* für über 1.000 Opfer befindet sich in *Haffkrug-Neukoppel*.

In *Grömitz* erinnert ein *Gedenkstein* auf dem Friedhof hinter der Kirche an 91 Opfer.

Auf dem *Waldfriedhof* in *Timmendorfer Strand* wurden 810 Opfer beigesetzt, an die ein Mahnmal erinnert. In der alten *Friedhofskapelle* existiert eine Ausstellung.

Auf dem *Cap-Arcona-Friedhof* in *Niendorf* erinnert ein Mahnmal an die dort beigesetzten 113 Opfer.

In *Lübeck* wurden 183 Opfer auf dem *Vorwerker Friedhof* beigesetzt, auf dem *Moislinger Friedhof* wurden 38 Opfer beigesetzt, an sie erinnert eine Gedenktafel.

Kleinere Grabstätten mit Gedenksteinen befinden sich in *Grube (Holstein)* und *Travemünde*.

Die umfassende Darstellung der Schiffskatastrophe befindet sich im *Museum Cap Arcona* in *Neustadt (Holstein)*. Das 1990 eingerichtete Museum wurde im historischen *Kremper Tor* als Teil des *Städtischen Museums* eingerichtet.

→ Das *Museum* ist ganzjährig geöffnet. Der Eintritt ist frei.

Ostsee-Urlauber, denen stets ein Besuch des *Marine-Ehrenmals* in *Laboe* empfohlen wird, sollten als Kontrast dazu eine *Cap-Arcona-Gedenkstätte* besuchen. *Laboe* wurde 1927–1936 aus dem restaurativen Geist errichtet, der der Vorbereitung des Zweiten Weltkriegs diente. Die *Cap-Arcona-Gedenkstätten* zeigen ein Ergebnis dieser Politik.

Gedenkstätte Goldener Löwe

Eisenach
Marienstraße 57

Die *Gedenkstätte Goldener Löwe* erinnert an den Gründungskongress der *Sozialdemokratischen Arbeiterpartei* (SDAP) im Jahre 1869. Sie befindet sich im ehemaligen *Gasthof zum Goldenen Löwen* in der Marienstraße im südlichen Teil der Altstadt.

Am Abend des 7. August 1869 wurde unter dem Vorsitz von *August Bebel* und *Wilhelm Liebknecht* der Gründungskongress der SDAP eröffnet. Aufgrund von Tumulten einer Abordnung des konkurrierenden *Allgemeinen Deutschen Arbeitervereins* (ADAV) wurde der Eisenacher Kongress in das Hotel *Zum Mohren* verlegt. 1873 versammelte sich die SDAP zu einem Parteitag im *Hotel zur Sonne*.

1967 wurde auf Beschluss der SED am historischen Ort der Kongresseröffnung die *Gedenkstätte Eisenacher Parteitag 1869* errichtet. Ihre Aufgabe war die Erziehung junger Menschen zum sozialistischen Patriotismus sowie die Vermittlung des Geschichtsbildes der SED.

Die *August-Bebel-Gesellschaft e.V.* übernahm 1991 die Gedenkstätte als Träger und ist seit 2006 Eigentümerin des Gebäudes. Im Hause befinden sich Ausstellungen zur Geschichte der Arbeiterbewegung und zur Gründung der SDAP. Eine Neukonzeption ist geplant.

→ Die *Gedenkstätte* ist geöffnet montags bis freitags von 10 bis 16 Uhr, feiertags und am Wochenende nach Anmeldung. Informationen im Internet unter info@august-bebel-gesellschaft.de Vom Bahnhof sind es ca. 15 Min. in Richtung *Wartburg*, über die *Bahnhofstraße* und *Wartburgallee*. Der *Goldene Löwe* befindet sich in der Nähe der Auffahrt zur *Wartburg*.

Willy Brandt am Fenster des Erfurter Hofes (19. März 1970)

Erfurter Hof
Erfurt
Willy-Brandt-Platz

Der *Erfurter Hof* ist ein ehemaliges, zur *Interhotel*-Kette der DDR gehörendes Hotel am Hauptbahnhof in Erfurt.

Erstmals erwähnt wurde im Jahr 1872 ein Ensemble *Erfurter Hof* am Bahnhofsplatz 1–3. Nach dem Neubau des Erfurter Hauptbahnhofs im Jahr 1890 folgte 1904/05 ein Hotelneubau nach Plänen von *Otto March* (1845–1913) und

1914/1916 eine Erweiterung. Das Hotel gehörte als »erstes Haus am Platze« zu den führenden Häusern. Obwohl direkt am Bahnhof gelegen, überstand das Haus den Zweiten Weltkrieg unbeschadet. 1948 wurde das Hotel enteignet und in Staatseigentum überführt. 1965 wurde der *Erfurter Hof* eines von zwölf *Interhotels* der DDR.

International bekannt wurde der *Erfurter Hof* 1970, als dort das erste deutsch-deutsche Gipfeltreffen zwischen Bundeskanzler *Willy Brandt* und dem DDR-Ministerpräsidenten *Willi Stoph* (1914–1999) stattfand. Dabei stürmten die Massen trotz Polizei- und Stasi-Absperrungen den Bahnhofsplatz und riefen »Willy! Willy!«. Rasch folgten die Rufe »Willy Brandt ans Fenster!«, worauf sich *Willy Brandt* zeigte.

1995 wurde das Hotel aus wirtschaftlichen Gründen geschlossen. Bis 2004 stand das Gebäude leer. Zwischen 2004 und 2007 wurde es saniert und am 8. September 2007 als Geschäftshaus wieder eröffnet.

2009 genehmigte die Stadtverwaltung die Errichtung eines Denkmals in Form einer Leuchtschrift *Willy Brandt ans Fenster* des Berliner Künstlers *David Mannstein* auf dem Dach des Hauses. Das Denkmal wurde am 20. Mai 2009 eingeweiht.

→ Vom Haupteingang des Hauptbahnhofes gelangt man direkt auf den *Willy-Brandt-Platz*.

Kaisersaal

Erfurt
Futterstraße 15/16

Im *Kaisersaal* fand 1808 der Erfurter Fürstenkongress von Kaiser Napoleon I. und Zar Alexander I. und 1891 der *Erfurter Parteitag* der SPD statt. Am 12. April 1946 schlossen sich im *Kaisersaal* Kommunisten und Sozialdemokraten zur *Sozialis-*

tischen Einheitspartei Deutschlands (SED) auf lokaler Ebene zusammen (s. S. 77).

Die Geschichte des Hauses ist mit zahlreichen berühmten Künstlern verbunden: *Goethe, Schiller, Paganini, Clara Schumann, Liszt* waren hier zu Gast. Es war das Ballhaus der Universität Erfurt und Stadttheater.

Die klassizistische Fassade erhielt das Haus 1831. Der 1871 neu gestaltete große Saal erhielt im Jahr der Reichsgründung 1871 den Namen *Kaisersaal*. In der DDR erfolgte 1960 die Umgestaltung zu einem Kulturhaus, die Gedenkstätte *Erfurter Parteitag 1891* wurde eingerichtet. Sie wurde nach der Schließung aus baulichen Gründen 1982 und der lange dauernden Sanierung nicht erneut eröffnet. Erst nach der Wende konnte die Sanierung 1994 abgeschlossen werden. An der Einweihung nahm der nordrhein-westfälische Ministerpräsident *Johannes Rau* teil.

Am 20. Oktober 2011, zum 120. Jahrestag des Erfurter Parteitages, wurde vom ersten sozialdemokratischen Oberbürgermeister Erfurts, *Andreas Bausewein*, im Beisein des SPD-Vorsitzenden *Sigmar Gabriel* eine Gedenktafel enthüllt. Sie trägt die Widmung:

In diesem Gebäude tagte der Erfurter Parteitag der SPD vom 14. bis 20. Oktober 1891 und verabschiedete das wegweisende Erfurter Parteiprogramm. Das Erfurter Programm diente vielen sozialdemokratischen Parteien in Europa in den darauffolgenden Jahrzehnten als Vorbild.

→ Öffnungszeiten nach Vereinbarung. Informationen im Internet unter www.kaisersaal.de. Der *Kaisersaal* ist zu Fuß vom *Bahnhof* in etwa 15 Min. auf einem Weg durch die Altstadt erreichbar: den Bahnhofsvorplatz nach links überqueren und dann rechts in die *Bahnhofsstraße*, diese bis zum *Anger* gehen, dem *Erfurter Hauptplatz*. Den Straßenbahnschienen nach links folgen, am *Einkaufszentrum Anger 1* vorbei und geradeaus weiter in die *Johannesstraße*, den dortigen Fußgängerüberweg überqueren. Nach etwa 100 m wird die *Johannesstraße* von der *Futterstraße* linksseitig gekreuzt. Der *Kaisersaal* befindet sich etwa in der Mitte der rechten Straßenseite der *Futterstraße*.

Heimvolkshochschule Tinz

Gera
Weg der Freundschaft 4

Nach Abdankung des Fürstenhauses Reuß im November 1918 errichteten sozialdemokratische Abgeordnete am 11. Dezember 1919 eine *Stiftung Volkshochschule Reuss zum Zwecke der Volksbildung*, die am 7. März 1920 im barocken Wasserschloss *Tinz* ihre Arbeit aufnahm. Ein erster Halbjahreskurs sollte junge Frauen und Männer für die politische Arbeit ausbilden. Das Konzept von Halbjahreskursen mit jeweils 50 Teilnehmern bestimmte das pädagogische Programm von *Tinz*. Neben der Ausbildung auf politischem Gebiet waren kulturelle Veranstaltungen ein fester Teil des Unterrichts.

Die Kurse in *Tinz* zogen Teilnehmer aus dem gesamten Deutschen Reich an, aber auch aus anderen europäischen Ländern. Unter den Lehrkräften sind die Reformpädagogin *Anna Siemsen* (1882–1951) und der Verfassungsrechtler *Hermann Brill* (1895–1959) hervorzuheben, als Gastdozenten wirkten dort der Pädagoge *Fritz Borinski* (1903–1988), der marxistische Theoretiker *Karl Korsch* (1886–1961) und der Sexualreformer Max Hodann (1894–1946).

Die Absolventen von *Tinz* nahmen später in der SPD wichtige Funktionen ein, obwohl ihnen der Ruf der »Bildungsarroganz« anhing.

Das Konzept der länger dauernden Internatskurse wurde nach 1945 in niedersächsischen Heimvolkshochschulen von Erwachsenenbildnern erneut aufgegriffen, die vor 1933 *Tinz* kennengelernt hatten.

Tinz wurde am 17. März 1933 von einem Kommando der Polizei durchsucht und am 19. März von den Nationalsozialisten geschlossen.

1947 wurde dort eine *Kreisparteischule der SED* eingerichtet. Von 1996 bis 2010 arbeitete das Landgericht in den Räumen. Heute befindet sich in *Tinz* im Neubau neben dem Schloss eine *Berufsakademie* (Weg der Freundschaft 4a). Zurzeit steht das Schloss leer; es soll zum Teil von der *Berufsakademie* umgebaut und für Seminar- und Konferenzräume, Büros sowie die Bibliothek genutzt werden.

Eine Gedenktafel gab es 2012 nicht.

➔ Zu erreichen ist die ehemalige *Heimvolkshochschule Tinz* ab *Gera-Hauptbahnhof* nach 5 Min. Fußweg zur Straßenbahnlinie 3 (Haltestelle *Friedrich-Engels-Straße*), mit dieser nach ca. 5 Min. Fahrzeit in Richtung *Bieblach-Ost* bis zur Haltestelle *Berufsakademie*.

Einen ähnlichen Ruf erwarb sich die *Heimvolkshochschule Dreißigacker* bei Meiningen, die 1920 von dem Reformpädagogen *Eduard Weitsch* (1883–1955) eingerichtet wurde, der für die in der Weimarer Republik an Bedeutung gewinnende Volkshochschulbewegung neue Impulse lieferte. *Dreißigacker* stand den demokratischen Parteien nahe, ohne für die Funktionärsbildung besonders zu wirken. Als Thüringen 1930 eine Regierung mit nationalsozialistischer Beteiligung erhielt, wurde *Weitsch* entlassen, die *Heimvolkshochschule* 1933 geschlossen.

Heute ist das 1710 errichtete Barockschloss ein Wohnhaus.

Tivoli
Gotha
Am Tivoli 3

Das *Tivoli* ist eine ehemalige Gaststätte. Es ist die Gründungsstätte der *Sozialistischen Arbeiterpartei Deutschlands* (SAP), der unmittelbaren Vorgängerin der SPD. Am Ende des Vereinigungsparteitages vom 22. bis 27. Mai 1875 in Gotha schlossen sich der *Allgemeine Deutsche Arbeiterverein* (s. S. 196) und die *Sozialdemokratische Arbeiterpartei* (s. S. 219) zur *Sozialistischen Arbeiterpartei Deutschlands* (SAP) zusammen.

Seit 1846 wurde das vormalige Gartenhaus als Gasthaus betrieben. Im Jahre 1857 übernahm es *Christoph Kaltwasser* unter dem Namen *Kaltwasser'sche Restauration*. Der Name *Tivoli* besteht seit 1885, da sich das Gebäude seitdem im Besitz der *Tivoli-Brauerei Gotha* befand.

Die zunächst in hartem Wettbewerb stehenden Arbeiterparteien *Allgemeiner Deutscher Arbeiterverein* (ADAV) und *Sozialdemokratische Arbeiterpartei* (SDAP) näherten sich nach der Reichsgründung 1871 allmählich an. Nach einer Vorkonferenz im Februar 1875 kam es schließlich zum Vereinigungsparteitag vom 22. bis 27. Mai 1875 im *Tivoli* in Gotha. Die *Sozialistische Arbeiterpartei* (SAP) wurde gegründet und das gemeinsame Programm einstimmig angenommen. Durch die *Randglossen zum Programm der Deutschen Arbeiterpartei (Kritik des Gothaer Programms)* von *Karl Marx* erlangte es internationale Bekanntheit.

Die 129 Delegierten, die ungefähr 25.000 Mitglieder vertraten, legten im Gothaer *Tivoli* die Basis für den Aufschwung der Arbeiterbewegung in Deutschland. Gleich anschließend fand hier die *Allgemeine Gewerkschafts-Konferenz* statt, auf der zur Vereinigung der bestehenden Einzelgewerkschaften und zur engeren Bindung an die SAP aufgerufen wurde. Schon bei den Reichstagswahlen 1877 gewann die SAP eine halbe Million Wähler hinzu.

Eine große Hilfe bei der Organisation des Gothaer Vereinigungsparteitages war der Gothaer Sozialdemokrat und spätere Reichstagsabgeordnete *Wilhelm Bock* (1846–1931), der 1890 auch das *Gothaer Volksblatt* gründete. 1946 wurde eine Straße nach ihm in Gotha benannt und seit 2008 wird jährlich der nach ihm benannte Preis *Der Rote Bock* für herausragendes sozialdemokratisches Engagement in Mittel- und Osteuropa verliehen.

1956 wurde das Haus Gedenkstätte, fünf Jahre später wurde der *Kaltwasser'sche Saal* nach historischem Vorbild restauriert. Die Ausstellung konzentrierte sich neben der Darstellung des Vereinigungsparteitags auf die Anwendung der Grundgedanken der *Kritik des Gothaer Programms* von *Karl Marx* und *Friedrich Engels* in der Arbeiterbewegung, wobei besonders auf die Geschichte der KPD im Sinne der SED eingegangen wurde.

Nach 115 Jahren wurde im *Tivoli* erneut sozialdemokratische Geschichte geschrieben. Hier wurde am 27. Januar 1990 mit Thüringen der erste Landesverband der SPD in der DDR gegründet. Als Ehrengäste waren Willy Brandt und Egon Bahr anwesend. In seiner Rede sagte Willy Brandt: »Liebe Freunde, ich bedanke mich für die Einladung. Ich bringe herzliche Grüße der weit über Europa hinausreichenden Gemeinschaft von Sozialdemokraten in vielen Teilen der Welt. Ich verbinde damit meine guten Wünsche für die Sozialdemokraten in diesem deutschen Herzland Thüringen.«

Die Gedenkstätte wird vom *Förderverein Gothaer Tivoli e.V.* unterhalten, der 1992 gegründet wurde.

➔ Die Öffnungszeiten sind dienstags bis freitags täglich von 10 bis 16 Uhr (April bis Oktober 10 bis 17 Uhr) oder jederzeit nach vorheriger Anmeldung unter 03621/704127 oder per E-Mail unter info@tivoli-gotha.de Erreichbarkeit per Straßenbahn oder bequem zu Fuß.

August Bebel (stehend) auf dem Vereinigungs-parteitag 1875 in Gotha.

Nach dem Gothaer Vereinigungsparteitag von ADAV und SDAP 1875, aus dem die SAPD hervorging, beantragte die Staatsanwaltschaft schon Anfang 1876 ein Verbot der neuen Partei. Deshalb firmierten die der Parteitage in den Jahren 1876 und 1877 als *Allgemeiner Sozialistenkongress*, ebenfalls in Gotha. Nach dem Beschluss des Sozialistengesetzes 1878 waren Parteitage nicht mehr möglich. Ab 1880 wurden geheime Konferenzen im Ausland abgehalten, so 1880 im *Schloss Wyden* bei Zürich. Der erste Parteitag nach dem Auslaufen des Sozialistengesetzes fand 1890 in Halle statt (s. S. 204).

Volkshaus zum Mohren

Gotha
Mohrenstraße 18

Der Gründungsparteitag *der Unabhängigen Sozialdemokratischen Partei Deutschlands* (USPD) fand vom 6. bis 8. April 1917 im *Volkshaus zum Mohren* in der Mohrenstraße 18 in Gotha statt.

Die Gaststätte *Zum Mohren* wurde 1907 von dem Sozialdemokraten *Wilhelm Bock* erworben und mit Hilfe der SPD und der Gewerkschaften in das *Volkshaus zum Mohren* nach

Plänen des Architekten *Carl Stehmann* (1872–1933) ausgebaut. Es war ein beliebter Versammlungsort, in dem wiederholt Vertreter der Arbeiterparteien in der Weimarer Republik auftraten. 1933 wurde das Volkshaus besetzt und enteignet und später der nationalsozialistischen *Deutschen Arbeitsfront* (DAF) übertragen. Nach dem Zweiten Weltkrieg wurde das Haus in der SBZ / DDR als HO-Hotel genutzt. Die Wende führte zum Verkauf des Hauses durch die *Treuhandanstalt*, danach wechselte das Haus wiederholt den Eigentümer. Die Stadt Gotha übernahm das Haus von einem insolventen Eigentümer in einer Zwangsversteigerung. Obwohl das *Volkshaus* von der Denkmalschutzbehörde für sanierungsfähig erklärt wurde, beschloss der Rat der Stadt Gotha 2007 den Abriss des Hauses.

Es ist keine Gedenktafel vorhanden.

Hermann-Leber-Haus
Jena
Teichgraben 4

Auch in Jena entstanden zu Anfang des 20. Jahrhunderts Pläne für den Erwerb oder Bau eines Gebäudes für ein *Volkshaus*. 1910 gründete die SPD die *Arbeiterheim GmbH*, die schon 1911 das Objekt Teichgraben 4 erwerben konnte. In das Arbeiterheim zogen die SPD mit ihren verbundenen Organisationen (*Kinderfreunde*, *Sozialistische Arbeiterjugend*, *Volksbuchhandlung*) sowie einige Gewerkschaftssekretariate. Von 1911 bis 1933 entwickelte sich das Haus zum Zentrum der Arbeiterbewegung in Jena.

Am 2. Mai 1933 wurde das Haus von der SA besetzt, einige der Sekretäre wurden kurzzeitig in »Schutzhaft« genommen. Im August 1933 wurden Haus und Grundstück zugunsten des Landes Thüringen eingezogen, die *Arbeiterheim GmbH* im Handelsregister liquidiert. Später erhielt die

NSDAP das Objekt, von der es die *Carl-Zeiss-Stiftung* erwarb. Die am 5. Dezember 1945 wiedergegründete *Arbeiterheim GmbH* wurde am 7. Februar 1946 erneut Eigentümerin, durch die Zwangsvereinigung zur SED übernahm diese das sozialdemokratische Eigentum. Später kam das Objekt als Eigentum des Volkes an die Stadt Jena.

Im Prozess der Wende übertrug die Stadt Jena das Eigentum an einen DDR-Bürger, obwohl ihr der Restitutionsanspruch der SPD seit dem 19. Juni 1990 bekannt war. Im 17 Jahre andauernden Rechtsstreit mit der Stadt Jena, dem Landesamt zur Regelung offener Vermögensfragen und dem Erwerber entschied 2006 das Bundesverwaltungsgericht für die SPD. Erstaunlich bei diesem langen Verfahren bleibt für die Nachwelt, dass die Stadt Jena den unrechtmäßigen Erwerber vielfältig bei seinen Aktionen unterstützte und die *Sparkasse Jena*, trotz Kenntnis der Gerichtsverfahren, ihm Kredite für das Objekt gab. Mehr eine Geistesverwirrung scheint der Brief des thüringischen Finanzministers *Andreas Trautvetter* (CDU) zu sein, der 1999 den SPD-Vorsitzenden, Bundeskanzler *Gerhard Schröder*, aufforderte »dem Treiben« der Restitution ein Ende zu machen.

Die *Konzentration GmbH* hat das Haus seit 2007 saniert, inzwischen wurde es von Büros der SPD und Abgeordneten bezogen. Im Hof des Grundstücks ist ein anspruchsvolles Forum entstanden.

Hermann Leber (1860–1949), gelernter Maschinenschlosser, gehörte schon im Kaiserreich zu den führenden SPD-Politikern im Raum Thüringen. Seit 1906 war er Mitglied im Landtag des Herzogtums Sachsen-Weimar-Eisenach, von 1919 bis 1920 Landtagsabgeordneter und Landtagspräsident im Freistaat Sachsen-Weimar-Eisenach und von 1920 bis 1932 Mitglied des Landtages im neu gebildeten Land Thüringen, dessen Präsident er von 1921 bis 1923 und von 1927 bis 1929 war. Dem Reichstag gehörte er als nachgewählter Abgeordneter von 1910 bis 1912 an.

→ Vom Bahnhof *Jena West* erreichen Sie das *Parteihaus* mit den Buslinien 10, 11, 12 und 13 ab Haltestelle *Westbahnhofstraße* (Richtung *Teichgraben*) bis Haltestelle *Teichgraben*.

Orte in Weimar

Deutsches Nationaltheater
Theaterplatz 2

Das *Deutsche Nationaltheater* (offizieller Name: *Deutsches Nationaltheater und die Staatskapelle Weimar*, abgekürzt: DNT) blickt auf eine reiche Geschichte des Schauspiels und des Musiktheaters zurück, mit bedeutenden Intendanten, Regisseuren, Dirigenten, Schauspielern und Sängern und herausragenden Aufführungen.

Der heutige Bau mit seiner neoklassizistischen Fassade wurde 1825 errichtet, jedoch 1907/08 völlig umgestaltet. An der Einweihung 1908 nahmen Kaiser Wilhelm II. sowie 70 Intendanten deutscher Theater teil.

Auf die politische Bühne trat das Weimarer Theater am 9. November 1918, als während der 100. Aufführung von Schillers *Maria Stuart* Zuschauer die Vorstellung unterbrachen: »Nieder mit der monarchistischen Theaterei! Jetzt machen wir Theater!«

Am 19. Januar 1919, dem Tag der Wahl zur *Verfassunggebenden Nationalversammlung*, taufte der neue Intendant, der Schriftsteller *Ernst Hardt* (1876–1947), das bisherige *Hoftheater* in *Deutsches Nationaltheater Weimar* um.

Als sich abzeichnete, dass in Berlin wegen der andauernden politischen Unruhen ein geordnetes Arbeiten der *Nationalversammlung* an der geplanten republikanischen Verfassung nicht möglich sein würde, beschlossen die vorläufigen Reichsorgane den Umzug in das ruhige Weimar. Dort tagte vom 6. Februar bis 11. August 1919 die *Nationalversamm-*

lung im Theater. Am 31. Juli 1919 wurde die Verfassung mit 262 Stimmen von MSPD, Zentrum und DDP gegen 75 Stimmen von DNVP, DVP und USPD verabschiedet.

Am 11. August unterschrieb sie der am 11. Februar 1919 gewählte sozialdemokratische Reichspräsident *Friedrich Ebert* in *Schwarzburg* nahe Weimar. Die neue Verfassung war die erste republikanische, demokratische Verfassung in Deutschland und vom liberal-demokratischen Verfassungsdenken geprägt, das über den Verfassungskompromiss von Sozialdemokraten, katholischem Zentrum und Liberalen Eingang fand. Die historischen sozialdemokratischen Positionen bestimmten die Verfassung nur in wenigen Artikeln.

Nach ihrem Entstehungsort erhielt sie den Namen *Weimarer Reichsverfassung* (WRV); der neue demokratische Staat wird als *Weimarer Republik* bezeichnet.

Bevor die *Nationalversammlung* nach Berlin in den *Reichstag* zurückkehren konnte, fand im *Nationaltheater* eine weitere bedeutende Abstimmung statt: Der von den Siegermächten mit dem Deutschen Reich, der jungen Republik, ausgehandelte *Friedensvertrag von Versailles* fand am 22. Juni die Unterstützung der Mehrheit der Nationalversammlung. MSPD, USPD, Zentrum und sechs Abgeordnete der DDP stimmten zu, die rechtsliberale DVP, die nationalistische DNVP und die Mehrheit der linksliberalen DDP stimmten dagegen. Der MSPD-Reichskanzler *Philipp Scheidemann* (1865–1939) verweigerte sich der Zustimmung und trat zurück. Die erste Regierungskrise der Weimarer Republik war da, am 21. Juni 1919 wurde *Gustav Bauer* (MSPD/1871–1944) sein Nachfolger.

Während der Weimarer Republik war das *Nationaltheater* häufig ein Ort symbolischer Politik, den Republikanhänger und -gegner für ihre Auftritte nutzten. Vom 11. bis 15. Juni 1919 tagte im *Nationaltheater* der erste Parteitag der MSPD seit der Parteispaltung 1916/17 und der Novemberrevolution 1918. Trotz heftiger Auseinandersetzungen über den Kurs der Partei blieb die Parteieinheit bewahrt. Neue Vorsitzende wurden *Hermann Müller* (1876–1931) und *Otto Wels* (1873–1939).

Ab 1924 veranstalteten die Nationalsozialisten regelmäßig Parteitage im *Nationaltheater*, 1926 sogar ihren Reichsparteitag.

Der Spielplan des Theaters, der in den Anfangsjahren der Republik die literarische Moderne und neue Theaterformen präsentierte, war im völkisch-nationalen Weimar bald Einschränkungen unterworfen. Die Zusammenarbeit mit dem *Bauhaus* endete mit dessen Vertreibung aus Weimar (1925). Das stark zerstörte *Nationaltheater* öffnete schon 1948. Als bedeutender Gast hielt *Thomas Mann* dort zum 200. Geburtstag Goethes am 28. August 1949 seine berühmte *Ansprache an die Deutschen*.

Am Haus befindet sich seit dem 28. August 1948 eine Gedenktafel mit der Inschrift:

Durch die vom Faschismus entfesselte Kriegsfurie vernichtet – in schwerer Zeit mit großen Opfern neu erbaut – wurde dieses Haus dem deutschen Volke übergeben, den Weg zu weisen zu wahrem Menschentum.

→ Das Haus ist geöffnet montags von 14 bis 18 Uhr, dienstags bis samstags 10 bis 18 Uhr sowie sonn- und feiertags von 10 bis 13 Uhr. Das *Theater* ist mit allen öffentlichen Verkehrsmitteln gut zu erreichen; alle Stadtbuslinien fahren die Haltestelle *Goetheplatz* an.

Denkmal der Märzgefallenen

Hauptfriedhof
Berkaer Straße 4

Gegen den rechtsradikalen Kapp-Putsch, der am 13. März 1920 in Berlin begann, riefen der *Allgemeine Deutsche Gewerkschaftbund* (ADGB) und der *Allgemeine freie Angestelltenbund* (AfA) zum Generalstreik auf. An zahlreichen Orten kam es zu Zusammenstößen zwischen Putschisten und sie unterstützende Reichswehrtruppen auf der einen Seite und bewaffneten Arbeiterverbänden, die die Republik verteidigten, auf der anderen. In Weimar wurden am 15. März acht Arbeiter und eine Arbeiterin erschossen, als putschende Soldaten auf eine Kundgebung im *Volkshaus* das Feuer eröffneten. Am 17. März führte der Streik zum Zusammenbruch des Putsches. Der Anführer des Putsches, *Wolfgang Kapp* (1858–1922), floh ins Ausland.

Für sieben der Opfer beschloss das Gewerkschaftskartell die Errichtung eines Denkmals, mit dessen Entwurf sie den Direktor des *Bauhauses* – damals noch in Weimar ansässig –, *Walter Gropius* (1883–1969), beauftragten. Die abstrakte Lösung von Gropius mit einem Blitzstrahl als Zeichen des lebendigen Geistes stieß nach seiner Einweihung am 1. Mai 1922 auf heftigen Widerstand im konservativen Weimar.

1936 zerstörten die Nationalsozialisten das verhasste Denkmal. Sie wollten die Erinnerung an die *roten Märzgefallenen* auslöschen und ein Objekt der von ihnen als »entartet« bezeichneten Kunst treffen.

1946 wurde das Denkmal in leicht veränderter Form wieder hergestellt. Eine Foto-Dokumentation zeigt den Originalzustand des Denkmals.

➔ Ab *Hauptbahnhof Weimar* fahren die Buslinien 5 (Richtung *Klinikum*) und 8 (Richtung *Merketal*) direkt zur Haltestelle *Hauptfriedhof*. Auf den *Friedhof* läuft man vom Haupteingang direkt auf die Friedhofshalle zu, biegt davor links ab, bis zu einer kleinen Brücke, die auf den Südteil führt. Hinter der Brücke, auf der rechten Seite, befindet sich das *Denkmal der Märzgefallenen*.

Konzentrationslager Buchenwald
Buchenwald

Auf dem *Ettersberg* bei *Weimar* wurde ab Juli 1937 von Häftlingen aus den Konzentrationslagern *Sachsenhausen*, *Sachsenburg* und *Lichtenburg* das neue Konzentrationslager *Buchenwald* errichtet, das bald zu den großen Konzentrationslagern auf deutschem Boden gehörte. Buchenwald wurde als Arbeitslager betrieben. Man schätzt, dass etwa 250.000 Häftlinge aus vielen Ländern Europas dort Zwangsarbeit verrichteten. Die Todesopfer werden auf 56.000 geschätzt.

In Buchenwald befanden sich kriegswichtige Betriebe. Das Lager unterhielt außerdem 136 Außenlager für die Zwangsarbeit in der Rüstung. Ein wichtiges Außenlager war *Mittelbau-Dora* bei Nordhausen, wo die »Vergeltungswaffen«, V1 und V2, hergestellt wurden.

In Buchenwald fanden auch medizinische Versuche an den Häftlingen statt.

Das KZ war während seiner gesamten Existenz Haftort für politische Gefangene, unter ihnen *Rudolf Breitscheid* (Vorsitzender der SPD-Reichstagsfraktion, 1944 in *Buchenwald* bei einem Bombenangriff getötet), *Ernst Heilmann* (Vorsitzen-

der der SPD-Fraktion im Preußischen Landtag, 1940 ermordet) und *Ernst Thälmann* (Vorsitzender der KPD, 1944 ermordet).

Für *Rudolf Breitscheid* wurde ein Denkmal errichtet und an *Ernst Thälmann* erinnert eine Gedenktafel am ehemaligen Krematorium.

Buchenwald ist durch seine Größe und die Erhaltungsmaßnahmen – schon in der DDR wurde das ehemalige KZ zu einer *nationalen Gedenkstätte* ausgebaut – ein eindrucksvolles Mahnmal an die nationalsozialistische Terrorherrschaft, dazu tragen auch die zahlreichen Denkmäler und Skulpturen bei, die von renommierten Künstlern geschaffen wurden: *Fritz Cremer* (1906–1993); *Hans Kies* (1910–1984); *Waldemar Grzimek* (1918–1984); *René Graetz* (1908–1974).

➔ Alle Außenanlagen – das ehemalige Lagergelände, der ehemalige SS-Bereich, die Gräberfelder des Internierungslagers sowie das Mahnmal – können täglich bis zum Einbruch der Dunkelheit besichtigt werden. Die Museen sind geöffnet von April bis Oktober täglich von 10 bis 18 Uhr (letzter Einlass 17.30 Uhr), von November bis März täglich von 10 bis 16 Uhr (letzter Einlass 15.30 Uhr). Montags geschlossen (ehemaliges Torgebäude und ehemaliges Krematorium sind zwischen 10 und 15 Uhr zugänglich) sowie vom 24. bis 26. Dezember, am 31. Dezember und 1. Januar. Die *Gedenkstätte Buchenwald* liegt etwa 10 km nördlich vom Stadtzentrum Weimar. Sie ist vom *Goetheplatz* und vom *Hauptbahnhof* aus mit der Buslinie 6 in Richtung *Buchenwald* (nicht *Ettersburg*) zu erreichen. Informationen im Internet unter www.buchenwald.de

Erinnerungstafel an Karl Marx
Brüssel/Bruxelles
Restaurant *La Maison du Cygne*
Grand Place/Grote Markt

Das Königreich Belgien, 1830 aus einer Revolution gegen die niederländische Oberherrschaft hervorgegangen, entwickelte sich im deutschen Vormärz zu einem häufigen Fluchtland für deutsche Demokraten, die den Verfolgungen der reaktionären *Heiligen Allianz*, vor allem der königlich-preußischen Polizei entkommen wollten. Belgien war noch in revolutionärer Bewegung, obwohl das frische Königtum von den europäischen Monarchen aufgefordert wurde, aktiver gegen die demokratischen Bestrebungen vorzugehen.

Karl Marx lebte von 1845 bis 1848 in Brüssel. Er beteiligte sich an den Organisationsversuchen, dem *Deutschen Arbeiterverein* und der belgischen *Association Démocratique*, und arbeitete an der *Deutschen Brüsseler Zeitung* mit. Im Vorfeld der im Februar 1848 in Paris ausbrechenden europäischen Revolutionsbewegung war *Karl Marx* ein unermüdlicher Anreger und Organisator. Er wurde Vizepräsident des *Deutschen Arbeitervereins* und der *Association Démocratique* und übernahm den Auftrag für ein Manifest, das als *Kommunistisches Manifest* zum wirkungsvollen Programm der entstehenden internationalen Arbeiterbewegung wurde.

Die republikanische Volksbewegung in verschiedenen belgischen Städten ließ den Druck auf Belgien anwachsen, diese Bewegung zu unterdrücken. Es entstand ein antirepublikanischer Plan, der Anfang 1848 die Ausweisung der Ausländer und die Unterdrückung der demokratischen Organisationen vorsah. *Karl Marx* wurde verhaftet und musste mehrere Tage im *Stadtgefängnis rue de l'Amigo* (heute ein

Hotel de Luxe) einsitzen. Am 4. März 1848 verließ er Brüssel in Richtung Paris.

Die *Silvesterfeier 1847/48* beging *Karl Marx* mit seinen politischen Freunden im damaligen populären Bierlokal *La Cygne*. Sogenannte *Festbankette* waren ein beliebter Ausweg der Arbeiterbewegung, um den Verfolgungen durch die politische Polizei zu entkommen, die Versammlungen aufhob, Bankette aber verschonte.

Da die Wohnhäuser von *Karl Marx* nicht mehr existieren, ließ der SPD-Ortsverein Brüssel am heutigen Restaurant *La Maison du Cygne* (Haus zum Schwanen) eine Erinnerungstafel an das Silvesterbankett anbringen.

Das *La Maison du Cygne* liegt am *Grand Place/Grote Markt*, unübersehbar durch das Schwanenzeichen. Den *Grand Place*, im Zentrum Brüssels gelegen, wird jeder Brüssel-Besucher aufsuchen, zumal er zu den eindrucksvollsten Plätzen Europas gehört und das Selbstbewusstsein des Brüsseler Bürgertums mit seinem Wiederaufbau nach der Zerstörung durch französische Artillerie 1695 dokumentiert.

Wer im *La Maison du Cygne* essen möchte, sollte frühzeitig reservieren. Keine Fast-Food-Preise. Nicht weit vom *La Maison du Cygne* liegt das *Hotel Amigo* und *Manneken Pis*.

Beim Blick auf die Erinnerungstafel können wir uns daran erinnern, dass von 1933 bis 1940 Belgien ein zweites Mal Zufluchtsort für deutsche Demokraten wurde. Viele konnten sich bei der Besetzung Belgiens durch die nationalsozialistische Wehrmacht erneut vor der Verfolgung retten, für die Verhafteten begann jedoch jahrelange quälerische Haft, die häufig mit dem Tod endete.

SOPADE-Sitz in Paris

Paris
5. Arrondissement
Rue des Écoles 30

Als die SOPADE 1938 überstürzt die Tschechoslowakei und Prag verlassen musste (s. S. 270), gab es nur noch wenige Schlupflöcher aus der Umklammerung durch Nazi-Deutschland und sichere Exilländer vor dessen Zugriff: Österreich war vom Deutschen Reich annektiert, über das diktatorisch regierte Polen konnte man nur ausreisen, was ebenso für Ungarn galt. Sozialdemokraten konnten nicht in die Sowjetunion einreisen, im Norden boten sich die skandinavischen Länder als Fluchtländer an, die aber wegen ihrer Kooperation mit Nazi-Deutschland keine politisch aktive Exilpartei wünschten. Eine ähnliche Haltung nahm die Schweiz ein. Nach Italien, Spanien und Portugal konnte man nicht ausweichen, denn die Regimes waren mit Nazi-Deutschland verbündet. Es blieben also nur Großbritannien oder Frankreich. Großbritannien wurde konservativ regiert und stand der deutschen Opposition im Exil distanziert gegenüber, die *Labour Party* begegnete der SOPADE sogar mit fast feindlicher Distanz.

Das attraktivste Fluchtland war deshalb Frankreich, in dem die sozialistische Bruderpartei *SFIO* über einen beachtlichen Einfluss verfügte. Die vor den Nazis Geflohenen hatten zudem seit 1933 in Frankreich eine freundliche Aufnahme gefunden, trotz zahlreicher Behinderungen konnten sie in Frankreich leben.

In beginnender finanzieller Bedrängung konnten in der *Rue des Écoles* noch Büroräume angemietet werden, in denen die SOPADE bis in den Spätherbst 1940 ihre Tätigkeit aufrecht erhielt. Nach Kriegsbeginn wurde auch sie von den Maßnahmen der französischen Regierung gegen »unerwünschte Ausländer« erfasst (s. S. 244).

➔ Die *Rue des Écoles* ist über die Métro *Maubert Mutualité* erreichbar: Von der Station der *Rue des Carmes* folgen, nach 200 m kreuzt die Straße die *Rue des Écoles*. Im Eckhaus links befand sich in der zweiten Etage der SOPADE-Sitz. Das Eckgeschäft beherbergte 2012 einen Blumenladen.

Wer der *Rue des Carmes* abwärts folgt, trifft nach 50 m auf die *Rue du Sommerard*; im heutigen *Hôtel Le Jardin De Cluny* hat *Fritz Heine* gewohnt. Im Unterschied zu den anderen SOPADE-Vertretern (s. S. 242) wollte er in der Nähe zum SOPADE-Büro wohnen. Auf der anderen Straßenseite, an der schräg gegenüber liegenden Grundschule erinnert eine Gedenktafel an ihre jüdischen Schüler, die von 1942 bis 1944 deportiert und in den Todeslagern Opfer der Nazi-Barbarei wurden.

Um die Ecke in der *Rue Jean de Beauvais* befindet sich eine Erinnerungsstätte an *Cyrano de Bergerac* (1619–1655) und bei der *rumänisch-orthodoxen Kirche* eine weitere an den Bildhauer *Constantin Brâncuşi* (1876–1957).

Wer den kurzen Fußweg nicht scheut, kann sehr schnell das historische Gebäude der *Sorbonne* finden sowie das *Musée de Cluny*. Man befindet sich im *Quartier Latin*.

Ein etwas längerer Fußweg führt an einen Ort politischer Tätigkeit von Exil-Sozialdemokraten noch vor 1938. Durch den *Jardin du Luxembourg*, in dessen *Palais* Frankreichs zweite Kammer, der *Senat* beheimatet ist, und die *Rue de Vaugirard* gelangt der Spaziergänger zum *Boulevard Raspail*. Die Kreuzung mit der *Rue de Sèvres* beherrscht das luxuriöse *Hôtel Lutêtia*. Von den Architekten *Louis-Charles Boileau* (1837–1914) und *Paul Belmondo* (1898–1982) entworfen, war es bei seiner Errichtung 1910 das erste Pariser Hotel im Jugendstil (*Art Nouveau*).

Dort traf sich von 1935 bis 1937 der *Lutetia-Kreis*, das *Komitee zur Vorbereitung einer deutschen Volksfront*. Auf Initiative *Willi Münzenbergs* (damals KPD) suchten Vertreter der KPD, der SAP (darunter *Willy Brandt*), des ISK (*Willi Eichler* – 1896–1971) und weiterer politischer Zwischengruppen nach einer gemeinsamen antifaschistischen Aktion jenseits der »Sozialfaschismus«-Verleumdung durch die KPD. Die SOPADE – noch in Prag – beteiligte sich nicht, wohl aber Sozialdemokraten: *Rudolf Breitscheid* (1874–1944), *Albert Grzesinski* (1879–1947), *Max Braun* (1892–1945) und *Kurt Löwenstein* (1885–1939). Zahlreiche Exilschriftsteller wirkten an den Debatten, Verhandlungen, Aufrufen und Veröffentlichungen mit, so *Heinrich* und *Klaus Mann* und *Lion Feuchtwanger*. 1937 scheiterten die Bemühungen.

Im besetzten Paris richteten im *Hôtel Lutétia* ab 1940 Abwehr und Gegenspionage der Wehrmacht ihre Zentrale ein. Nach Frankreichs Befreiung diente das Hotel als Anlaufstelle und zur Unterbringung überlebender, heimkehrender französischer KZ-Häftlinge. Allein an diese Verwendung erinnert eine Gedenktafel am heutigen Luxushotel.

Über die *Rue du Four* gelangt der *promeneur* zum *Boulevard St. Germain* und seinen Literatencafés: Das *Café les Deux Magots* und das *Café de Flore* waren in den 1930er-Jahren auch ein Treffpunkt der deutschen Exilanten, denn damals waren die Preise erschwinglich, und in der Zeit der deutschen Besatzung entstand dort mancher Text von *Camus, Sartre, Beauvoir* u.a., der sich mit der Okkupation und dem Faschismus auseinandersetzte.

Wer in einer Wanderpause dringend qualifiziert essen möchte, dem sei das *Maison de la Lozère* empfohlen (Rue de Hautefeuille 4).

Wohnhaus der SOPADE-Vertreter
Châtenay-Malabry
Rue Albert Thomas 7

Der geflohene Exilvorstand der SPD (SOPADE) fand hilfreiche Aufnahme durch die SFIO (*Section française de l'Internationale ouvrière*). *Jean Longuet* (1876–1938), Sohn der *Jenny Marx* (1844–1883) und sozialistischer Bürgermeister des Pariser Vororts *Châtenay-Malabry*, brachte die Familien in der gerade errichteten Siedlung am *Butte Rouge* unter. Dort wurde ab 1935 von dem Architekten *Joseph Bassompierre-Sewrin* (1871–1950) im Stil des Neuen Bauens eine Wohnsiedlung für Arbeiter errichtet. In das Turmhaus, *Rue Albert Thomas 7*, konnten die Familien einziehen. *Longuet* hatte als Vertreter der Volksfrontregierung bei der Staatskonferenz des Völkerbundes vom 2. bis 4. Juli 1936 entscheidenden Anteil am Zustandekommen des *vorläufigen Übereinkommens betreffend das Statut der Flüchtlinge aus Deutschland*.

Die heutige *Cité Jardin de la Butte Rouge* (Gartenstadt auf der Roten Anhöhe) ist ein architekturgeschichtliches Beispiel für Arbeiterwohnungsbau. Wer daran interessiert ist, sollte vom Friedhof Châtenay-Malabry den ca. 30-minütigen Fußweg wählen, der über die *Rue Paul Lafargue* (Schwiegersohn von Karl Marx) durch das Quartier zum Turmhaus führt.

→ Nach dem Besuch des *Cimetière Nouveau* zurück zur Bushaltestelle Salvador Allende, von dort mit dem Bus 379 bis zur Haltestelle *Butte Rouge – Cité Jardins* in der *Avenue de la Division Leclerc*. Zum Turmhaus sind es ca. 100 m. Rückweg über *La Croix de Berny* (RER).

Gräber von Otto Wels und Siegmund Crummenerl

Châtenay-Malabry
Cimetière Nouveau
Rue de l'Égalité

Der Exilvorstand der SPD (SOPADE) schrumpfte während der Exilzeit. Nach politischen Differenzen verließen einige Mitglieder die SOPADE, und die unterschiedlichen Exilorte reduzierten die Zahl der aktiven Mitglieder. 1939/40 verstarben mit *Otto Wels* (1873–1939) und *Siegmund Crummenerl* (1892–1940) zwei ihrer wichtigsten Mitglieder. Wels war ab 1919 SPD-Vorsitzender gewesen und Crummenerl organisierte als Parteikassierer die ökonomische Basis des Exils.

Beide wurden in *Châtenay-Malabry* begraben.

→ Der Friedhof ist über die RER zu erreichen. Entweder Station *La Croix de Berny* oder *Robinson* wählen, von dort mit dem Bus 379 oder 195 bis zur Station *Salvador Allende*. An der Busstation beginnt die *Rue de l'Égalité*, der Weg zum Friedhof ist angezeigt. Vom Friedhofs-Eingang 100 m geradeaus bis zum Rondell gehen, von dort rechts zur Allee E, am Ende der Allee, ca. 50 m, liegt das Grab von Otto Wels, vorher in der Allee B links das Grab von Siegmund Crummenerl.

Beim Rondell erinnert ein Beet mit der Rosensorte *Resurrection* (Auferstehung) an die aus dem *KZ Ravensbrück* zurückgekehrten weiblichen französischen Häftlinge.

Internierungslager in Frankreich
Camp d'Internement

1939–1945

Nach dem Ende des Spanischen Bürgerkrieges im April 1939 überschritten ca. 500.000 Republikaner die spanisch-französische Grenze, die zuvor schon die Mitglieder der *Internationalen Brigaden* (Interbrigadisten) im November 1938 übertreten hatten, als internationaler Druck ihren Rückzug aus Spanien verlangte. Der plötzliche Ansturm auf französisches Territorium überraschte die französische Regierung völlig. Zu den sofort eingerichteten Auffanglagern im grenznahen Bereich gehörte das Lager *Gurs* zwischen dem *französischen Baskenland* und dem *Bearn* im Vorgebirge der Pyrenäen. Auf die Unterbringung der Kämpfer für die Spanische Republik und der sich zu ihr bekennenden Zivilbevölkerung folgte bald die zweite Welle der *Indésirables*, der »unerwünschten Ausländer«, nachdem Frankreich sich seit dem 1. September 1939 im Kriegszustand mit dem Deutschen Reich befand. Aus dem in jedem Département eingerichteten Sammellager für Deutsche und Österreicher kamen bald die Transporte. Die Lager hatten inzwischen an Belegung verloren, da zahlreiche Interbrigadisten und Spanier sich in die französische Armee als *Prestataires* (Hilfssoldaten) eingliedern ließen, in die Fremdenlegion eintraten oder die Ausreise erreichten.

Unter den neuen Häftlingen befanden sich neben deutschen Kommunisten auch Sozialdemokraten, Linkssozialisten und politisch unabhängige Intellektuelle, die nun als »feindliche Ausländer« interniert wurden.

Hanna Schramm beschreibt in ihren Erinnerungen die politische Veränderung in Frankreich so: »Aber als im Mai 1940 der Krieg wirklich losging, machte Frankreich aus diesem Krieg zwischen Faschismus und Demokratie einen Krieg der Nationen und handelte danach. Menschen, die in Frankreich Schutz vor dem uns nun gemeinsamen Verfolger gesucht hatten, wurden von einem Tag zum anderen zu Feinden gestempelt und hinter Stacheldraht gesetzt; man ließ sie hungern und frieren, man ließ sie sterben, und an dem wenigen, was ihnen der Staat zubilligte, bestahl man sie noch.«

Eine große Zahl von riesigen Lagern entstand so im Vorland der Pyrenäen, meist weitab von größeren Orten und in verkehrsmäßig abgeschiedener Lage. Als die *Vichy-Regierung* im Oktober 1940 die deutsche antijüdische Gesetzgebung übernahm, wurden auch französische Juden in die auf Vichy-Gebiet gelegenen Lager eingeliefert. Viele von ihnen wurden ab 1942 über das Sammellager *Paris-Drancy* nach *Auschwitz* transportiert, was für die meisten den sicheren Tod bedeutete. Die *Vichy-Regierung* verhaftete nach deutschem Vorbild auch Sinti und Roma (*Tsiganes*).

Eine vermeintliche Sicherheit schienen die Lager nach dem Waffenstillstand zunächst zu bieten, da sie auf dem Territorium des von der Wehrmacht unbesetzten Gebietes *der Vichy-Regierung* lagen. Doch bald lieferte *Vichy* an das Deutsche Reich die nach § 19 des Waffenstillstandsabkommens bezeichneten politischen Personen aus, vor allem Kommunisten, Sozialdemokraten und Linkssozialisten.

In der dritten Welle wurden Juden in *Gurs* eingeliefert: in Frankreich verhaftete Juden, die dorthin vor den Nazis geflohen waren, französische Juden und Juden aus *Baden*, der *Pfalz* und dem *Saargebiet*, die 1940 in der Sonderaktion *Bürckel*, benannt nach dem dortigen Gauleiter *Joseph Bürckel* (1895–1944), verhaftet und nach *Gurs* transportiert worden waren, um diese Regionen für »judenfrei« zu erklären.

Unter den Spanienkämpfern und den *Indésirables* befanden sich neben deutschen Kommunisten auch eine größere Zahl von deutschen Sozialdemokraten, Linkssozialisten und unabhängigen Nazigegnern, die zur Verteidigung der Spanischen Republik oder in den Jahren 1933 bis 1939 vor den Verfolgungen der Nationalsozialisten nach Frankreich emigriert waren. Der *Exilvorstand der SPD* (SOPADE) gehörte ab 1938 dazu sowie Sozialdemokraten aus Baden, Württemberg, aus der Pfalz und dem Saargebiet. Die französischen Internierungslager sind deshalb auch *sozialdemokratische Erinnerungsorte*.

Unter den politisch Unabhängigen sind *Hannah Arendt* (1906–1975), *Max Aub* (1903–1972), *Golo Mann* (1909–1994), *Max Ernst* (1891–1976), *Hans Bellmer* (1902–1975) und *Arthur Koestler* (1905–1983) zu nennen.

Die Spuren der über 100 Sammellager sind bis auf das Tennisstadion *Roland Garros* und das Stadion im Pariser Vorort *Colombes* verschwunden. Ein *jardin du souvenir* erinnert an die nicht mehr existierende Radrennbahn *Vélodrome d'Hiver*, 1940 erstmals Ort der Internierung »Unerwünschter«. Am 16. und 17. Juli 1942 erfolgte dann der *rafle du Vel d'Hiv*, die Massenverhaftung von mehr als 13.000 Pariser Juden, die in das Lager *Drancy* geschafft und von dort in die Vernichtungslager deportiert wurden. Der Gebäudekomplex *Cité de la Muette* in Drancy dient heute wieder Wohnzwecken; am nahen Bahnhof erinnern eine Gedenkstätte und ein Güterwagen an die Transporte in die Vernichtungslager.

→ Die Abgelegenheit der als Gedenkstätten erhaltenen Internierungslager ermöglicht in einigen Fällen nur die Anfahrt mit dem PKW, die ein sorgfältiges Studium der Michelin-Karten verlangt. 2012 war keines der Lager auf einer Michelin-Karte verzeichnet. Die regionale Ausschilderung ist immer noch lückenhaft, sodass die Anfahrt mit Geduld erfolgen sollte.

Nationale Gedenkstätte Lager Gurs
Memorial National du Camp Gurs
Gurs

Das Lager *Gurs* gehörte zu den Lagern der ersten Internierungswelle. In den veröffentlichten Erinnerungen der Überlebenden findet man eindrückliche Zeugnisse zur Lagersituation bis Kriegsende.

Die materielle Lage in *Gurs* blieb bis 1945 katastrophal. Die außerordentliche Größe des Lagers (80 ha) bot den zeitweise 20.000 Häftlingen keine akzeptable Unterkunft. Allein die unzureichenden Baracken begünstigten Krankheiten und den Tod besonders älterer Häftlinge. Schlechte Ernährung, fehlende medizinische Versorgung und ein extremes Winterklima ließen Krankheiten und Todesraten anwachsen.

Trotz der scharfen Bewachung konnten Häftlinge fliehen, und nach der französischen Niederlage ließen die Wachmannschaften Häftlinge entweichen, obwohl das Lager bestehen blieb.

Gurs ist heute eine *nationale Gedenkstätte*, die vielfältige öffentliche und private Unterstützung erfahren hat, organisiert von der *Amicale du Camps de Gurs*; auch deutsche Förderung erhielt die Gedenkstätte: von den Bundesländern *Rheinland-Pfalz* und *Baden-Württemberg*, vom *Bezirksverband Pfalz*, von *badischen Städten* und der *Israelitischen Religionsgemeinschaft Baden*.

Nach dem Ende der deutschen Besetzung wurde *Gurs* eine kurze Zeit als Kriegsgefangenenlager und für die französischen Kollaborateure genutzt, bis es dem Verfall überlassen wurde. 1950 wurden die Holzbaracken eingeäschert und das Lagergelände bewaldet. Ein französisch-deutsches Jugendprojekt führte dazu, dass Lagerreste bewahrt wurden. Erst das Engagement von *Günter Klotz* (SPD; 1911–1972), Oberbürgermeister von Karlsruhe, bewirkte, dass 1962/63

die Reste des verwitterten Friedhofes erhalten wurden. Klotz ergriff auch die Initiative für eine Aktion badischer Städte und der *Israelitischen Religionsgemeinschaft Baden*, dic dic Restaurierung des Friedhofs der Deportierten ermöglichte; er wurde 1963 eingeweiht. 1985 erfolgte die besondere Erinnerung an die verstorbenen spanischen Spanienkämpfer. Jedoch erst in den späten 1980er-Jahren wurden die Arbeiten fortgesetzt, sodass 1994 die *nationale Gedenkstätte* in ihrer heutigen Form eingeweiht werden konnte.

Der Kern der *nationalen Gedenkstätte* besteht aus einem 230 Meter langen *Gedenkpfad*, den der israelische Künstler *Dani Karavan* gestaltet hat, die Realisierung lag bei dem Architekten *Emile Valles*. Der *Gedenkpfad* besteht aus einer mit Stacheldraht umzäunten Betonplatte, einem symbolischen Schienenstrang und dem Skelett einer Lagerbaracke.

Sorgfältige Informationen (auch in Deutsch) liefert ein *Informationspfad* mit 20 Stationen, der zentrale Orte des

Lagers berührt. Der Informationspfad beginnt im *Informationshaus*, das auch einen interaktiven Film anbietet.

Ein gesondertes Gedenken hat 2006 die baskische Regierung mit einer Gedenkplatte und einer Gernika-Eiche gestiftet, mit der Verpflichtung zu »Freiheit und Demokratie«.

Eine Gedenktafel für die in *Gurs* inhaftierten Sozialdemokraten und Sozialisten ist geplant.

→ Die *nationale Gedenkstätte* befindet sich am Ortseingang des kleinen Ortes *Gurs*, an der D 936, die von *Oloron-Ste.-Marie* nach Sauveterre führt. *Oloron* ist mit der Bahn zu erreichen, von dort gibt es nur einen regionalen Bus. Wer in *Oloron* ein Taxi nimmt, sollte beachten, dass er/sie für den Rundgang in *Gurs* ca. zwei Stunden benötigt. Die Anreise mit dem PKW erfolgt über Bayonne oder Toulouse, in beiden Orten gibt es Mietwagen. *Gurs* liegt in einer landschaftlich und historisch reizvollen Region, sodass ein weiterer Aufenthalt lohnt. Nahe *Gurs* in Barcus: Hotel Martine et Pierre Chilo, E-Mail martine-chilo@wanadoo.fr

Internierungslager Le Vernet
Le Vernet d'Ariège

Das *Internierungslager* lag abseits vom Ort in der Nähe einer Bahnstation, wo mit einem Güterwaggon an die Transporte erinnert wird. Vom Lager selbst sind keine Spuren geblieben, nur der *Friedhof* der republikanischen Spanienkämpfer berichtet von dem Schicksal der einstigen Häftlinge.

Neben dem *Friedhof* wurde 2008 ein *Memorial für die antifaschistischen Kämpfer* gestaltet, das auf 51 Stelen die Herkunftsländer der Häftlinge nennt. Auf einer besonderen Stele wird an die *Staatenlosen* erinnert. Die erklärenden Texte in Französisch, Englisch und Spanisch stammen vom *Institut Géographique National* (IGN).

→ Im Ort Le Vernet d'Ariège existiert am Place Guilhamet ein kleines Museum mit Erinnerungsstücken sowie einem Modell des Lagers. Es ist geöffnet montags bis freitags 8.30 bis 12 Uhr und 13.30 bis 17 Uhr; dienstags nachmittags und am Wochenende geschlossen. Der Schlüssel muss in der Mairie abgeholt werden. Le Vernet d'Ariège kann mit der Bahn erreicht werden. Vom Bahnhof sind es wenige Meter bis zum ehemaligen Lager, das direkt gegenüber der weit sichtbaren Coopérative Agricole liegt. Der Weg vom Lager in den Ort beträgt ca. 30 Min.

Camp Joffre
Rivesaltes
an der D 5 Rivesaltes-Opoule-Perillos gelegen

Das 5 km außerhalb der Gemeinde *Rivesaltes*, nicht weit von *Perpignan*, gelegene *Internierungslager* wurde 1940 auf einer Militärbasis eingerichtet, die von 1935 bis 1939 dem Training von Kolonialtruppen diente. Majestätisch ist der Blick auf den Pyrenäengipfel des *Canigou*, doch die 600 ha in einer winddurchtosten, baum- und schattenlosen Steppe, unter Gluthitze im Sommer, eisig im Winter, wurden nicht zu Unrecht *le Sahara du Midi* genannt, Südfrankreichs Sahara. 1939 waren 39 ha mit 16 Abteilungen (*îlots*) bebaut, die aus je 10 bis 12 Baracken bestanden und mit Stacheldraht umzäunt waren. Die noch vorhandenen Lagerruinen belegen ein Lager von erheblicher Größe, vorgesehen für 17.000 bis 18.000 Häftlinge. Im Unterschied zu *Gurs* und *Le Vernet* waren jene in 150 Baracken aus Mauerwerk und Asbestzement untergebracht, die weiteren Standards (Hygiene, medizinische Versorgung, Verpflegung) bewegten sich wie andernorts auf niedrigstem Niveau. Die Nutzung des Lagers geschah bis 1945 wie in *Gurs* und *Le Vernet*. Das als *Lager der Familienzusammenführung* (*Centre de regroupement familial*) firmierende Lager trennte Familien, indem sie Frauen und Männer in verschiedenen *îlots* unterbrachte; Kinder blieben bei der Mutter, Jungen ab 16 Jahren kamen in die Männerabteilung.

Nach dem Ende des Algerienkrieges 1962 wurden dort *Harkis* interniert, ehemalige Hilfstruppen der französischen Armee im Algerienkrieg, die dort verfolgt wurden und nach Frankreich flohen.

An der D 5, die durch das Lagergelände führt, liegt eine kleine Gedenkstätte, die seit 1985 (!) fünf Gedenksteine erhalten hat; nur auf dem von der *Israelitischen Religionsgemeinschaft Baden* errichteten gibt es eine deutsche Übersetzung. Der Zustand der Gedenkstätte ist ungepflegt, uninformativ.

Der *Conseil General Languedoc-Roussillon* plant ein *Musée Memorial Camp de Rivesaltes*.

Das Gelände hinter der *Gedenkstätte* mit einigen zerstörten Lagerbaracken kann betreten werden, das gegenüberliegende Gelände ist teilweise eingezäunt und als *Domaine Militaire, Defense d'entrer* gekennzeichnet.

→ *Rivesaltes* ist mit dem PKW auf der Autobahn A 9, Abfahrt *Perpignan-Nord, Aeroport* erreichbar. D 83 in Richtung Vingrau wählen, danach D 5 Richtung *Opoule-Perillos*. Der Fußweg vom Ort Rivesaltes ist lang und unattraktiv. Alternative ist ein Taxi ab *Perpignan*, ca. 20 km. Für den Besuch sind 30 Min. ausreichend.

Site-Memorial Camp des Milles
Aix-en-Provence
Chemin de la Badesse 40

Das *Site-Memorial du Camp des Milles* wurde am 10. September 2012 vom französischen Ministerpräsidenten Jean-Marc Ayrault eingeweiht. Wegen des Erhaltungszustandes des historischen Internierungslagers in einer ehemaligen Ziege-

lei und der eingesetzten museumspädagogischen Arbeit wird der *Site-Memorial* zum zentralen Erinnerungsort Frankreichs für Verfolgung, Flucht und Deportation während der *Vichy*- und deutschen Besatzungszeit werden.

→ Die Erläuterungen sollen mehrsprachig erfolgen. Das *Site-Memorial* ist jeden Tag (außer montags) von 10 bis 18 Uhr geöffnet. Es wird ein Mindesteintritt erhoben.Informationen: www.campdesmilles.org. Das *Camp des Milles* (Internierungslager des Milles) ist schwierig zu erreichen. Mit der Bahn ist *Aix-en-Provence* (Station des TGV) die nächste größere Station, von dort ist eine Taxifahrt zu empfehlen. Möglicherweise stellt sich nach der Einweihung des Museums im September 2012 auch der ÖPNV darauf ein; ein Bus von der *Rotonde* in *Aix-en-Provence* ist geplant. Wer mit dem PKW anreist, sollte sich auf eine komplizierte Anfahrt einstellen, da bis zur Einweihung des Museums nahezu keine Ausschilderung vorhanden ist. Als Orientierung mag helfen, dass sich das *Camp des Milles* nicht weit vom heutigen *Centre Commercial des Milles* befindet. Ab Herbst 2012 ist eine Ausschilderung geplant.

Walter-Benjamin-Weg
Chemin Walter Benjamin

Banyuls-sur-Mer

Nach der deutschen Besetzung Frankreichs und dessen Teilung in die von der Wehrmacht besetzte und verwaltete Nordzone und das von der *Vichy-Regierung* in Abhängigkeit vom *Deutschen Reich* verwaltete südwestliche, südliche Frankreich versuchten von den Nazis Verfolgte über *Vichy-Frankreich* zu entkommen. Dabei halfen karitative Organisationen mit Sitz in *Marseille*. Als Verbindungsmann der SOPADE arbeitete dort *Fritz Heine* (1904–2002). Wer Marseille nicht per Schiff verlassen konnte, dem bot sich nur der Landweg über Spanien und Portugal an. Ein schwieriger Weg, denn offiziell wurden ein Ausreisevisum aus Frankreich und Transitvisa für Spanien und Portugal benötigt, sowie ein Visum für ein Aufnahmeland, die in einer wechselnden und undurchschaubaren Praxis von den beteiligten Behörden und Konsulaten ausgestellt bzw. anerkannt wurden. *Vichy-Frankreich* arbeitete eng mit den Nazis zusammen und lieferte die auf Listen Gesuchten nach § 19 des Waffenstillstandsabkommens aus. Betroffen waren davon zahlreiche Sozialdemokraten, auch der ab 1938 in Frankreich geduldete SPD-Exilvorstand (SOPADE).

Einen illegalen Ausweg boten die alten Schmugglerwege, die von *Banyuls-sur-Mer* und *Cerbère* nach *Port Bou* in Spanien führten. Hatte man *Port Bou* erreicht und besaß Transitvisa, gab es eine Chance, das rettende Portugal zu erreichen, obwohl das mit dem nationalsozialistischen Deutschen Reich eng zusammenarbeitende franquistische Spanien illegale Einwanderer immer wieder zurückschickte, denen dann die Verhaftung in *Vichy-Frankreich* drohte.

Vor Ort in *Banyuls-sur-Mer* organisierten *Lisa und Hans Fittko* die Flucht über die Berge, unterstützt wurden sie dabei von dem sozialistischen Bürgermeister *Vincent Azéma*

(1879–1961). Der Einsatz von *Azéma* verlangte Mut, denn die eintreffenden Flüchtlinge mussten sich bei ihm im *Hotel de Ville* melden, zwei Häuser daneben, *in der Villa Chefdebien*, lag die deutsche Kommandantur. Die Flüchtlinge wurden im damals einzigen Hotel *Le Roussillonais*, 17 *avenue du Puig-del-Mas*, untergebracht, einem auch heute noch auffälligen Bau aus dem Jahre 1877 (*style Haussmann*). Am nächsten Morgen begann der Weg über die Berge.

In den wenigen Monaten von September 1940 bis April 1941 schafften die Fittkos Hunderte von politischen Flüchtlingen über die Berge, darunter auch zahlreiche SPD-Vertreter, deren Flucht *Fritz Heine* organisiert hatte. Schließlich mussten die *Fittkos* und *Heine* 1941 selbst fliehen.

Die *Gedenkstätte* ist dem *Andenken an Lisa und Hans Fittko* (1909–2005; 1903–1960) gewidmet. Auf einer Stahlskulptur wird unter dem Zitat »Es war das Selbstverständliche« von ihrer Arbeit berichtet.

Zu den prominenten Flüchtlingen gehörte auch *Walter Benjamin* (1892–1940), den *Lisa Fittko* am 24. September 1940 nach *Port Bou* brachte. Als er dort, trotz gültigem Transitvisum, von der spanischen Polizei aufgehalten wurde, beging er Selbstmord.

In Erinnerung an ihn trägt der von *Lisa und Hans Fittko* benutzte Fluchtweg den Namen *Chemin Walter Benjamin* (Walter-Benjamin-Weg). Offiziell beginnt der Weg am *Hotel de Ville* (Rathaus), jedoch sollte man diese Wegstrecke meiden und direkt zur *Station 2* in *Puig-del-Mas* fahren.

Wer den *Walter-Benjamin-Weg* gehen möchte, findet leicht Quartier in *Banyuls-sur-Mer*, denn der Ort ist – wie der gesamte Küstenstreifen – touristisch gut erschlossen, jedoch in den Sommermonaten stark belegt. Um den Weg gehen zu können, müssen zwei Übernachtungen geplant werden.

➔ Am praktischsten ist die Anreise mit dem PKW, weil man dann in die Nähe des Startpunktes fahren kann. *Banyuls-sur-Mer* kann auch mit der Bahn erreicht werden, in diesem Fall sollte man ein Taxi von der Ortsmitte bis zur *Station 2* nehmen.
Mit einem Mountainbike ist der Weg nicht befahrbar. Aus dem Ort *Banyuls-sur-Mer* auf der D 86 (*Avenue Général de Gaulle*) nach *Puig del Mas* fahren, nach Durchfahrt der Bahnbrücke links abbiegen auf die schmale Brücke. Die Orientierung in der Siedlung ist schwierig, jedoch lässt sich die *Gedenkstätte für Lisa und Hans Fittko* in der *Cami de la Canta Cigala* finden. Von dort startet der Weg über den *Boulevard des Evadés de France*. In *Puig–del-Mas* ist Parken möglich.Für die Wanderung auf dem *Walter-Benjamin-Weg* müssen unterschiedliche Zeiten kalkuliert werden. Trainierte Wanderer können ihn in ca. 7 Stunden schaffen, die örtlich angegebene Zeit ist unrealistisch. Für die Orientierung reicht der *Plan des Office du Tourisme* grundsätzlich aus. Über das *Office de Tourisme* (Tel. +33 (0)468863158) lässt sich auch ein ortskundiger Begleiter anheuern. Der Weg ist gekennzeichnet, jedoch werden die Schilder häufig zerstört oder als Souvenirs abmontiert. Wichtig ist die Orientierung nach den gelben Wegmarkierungen (ab spanischer Grenze blau) und ersatzweise kleinen Steinhaufen. Bitte nicht zerstören, möglichst erhöhen oder neue anlegen. Der Weg führt längere Zeit durch Weinberge (Steillagen) und verläuft oft auf den

Wirtschaftswegen. Ist dies längere Zeit der Fall, hat man sich verlaufen. Er ist immer wieder steil und geröllig, für längere Zeit ab der *Station 3* – ein Trampelpfad gleich links der Tafel. Die Empfehlung bergtauglicher Wanderschuhe ist deshalb berechtigt (keine Sandalen!). Wanderstöcke sind unpraktisch und beim Abstieg nutzlos. Bedacht werden muss, dass mehrere Stunden gegen die Sonne gelaufen wird, deshalb ist ein früher Start (7/8 Uhr) nützlich. Ohne Wasserflaschen sollte niemand starten. Für den Rückweg muss man sich entscheiden, ob man einen angegebenen Weg nach *Puig del Mas* von *Font del Bana* oder *Col de Rumpissa* (Spanische Grenze) wählt, oder nach *Port Bou* absteigt. Von dort ist die Bahnfahrt oder ein Taxi möglich. Man sollte sich vorher nach dem Zugtakt erkundigen. Eine genauere Wegbeschreibung findet sich im Internet.

In Banyuls versäume man nicht, das Museum des größten Sohnes des Städtchens zu besichtigen, des Bildhauers *Aristide Maillol* (1861–1944); es ist in seinem ehemaligen Atelier etwas außerhalb des Ortes, *vallée de la Roume*, untergebracht.

Der *Walter-Benjamin-Weg* war nicht der einzige Fluchtweg über die Pyrenäen. Obwohl durch die Kollaboration der *Vichy-Regierung* und die deutschen Kontrollen die Flucht nach Spanien immer schwieriger wurde, gelangten über drei Fluchtwege Hitlergegner und mit andauerndem Krieg geflohene Kriegsgefangene sowie abgeschossene alliierte Flieger über die Pyrenäen. Den in *Saint-Girons* im *Ariège* beginnenden *Chemin de la Liberté* (Weg in die Freiheit) beschreibt Scott Goodalls *The Freedom Trail*.

Grab von Karl Marx

London
Highgate-Friedhof (*Highgate cemetery*)

Karl Marx (1818–1883), der die längste Zeit seines Lebens als politischer Exilant in London lebte und arbeitete, wurde auf dem östlichen Teil des *Highgate-Friedhofs* im Londoner Stadtteil *Camden* begraben.

Das Grabmal trägt zwei Inschriften: »Proletarier aller Länder vereinigt euch«, die Schlussforderung des 1847 veröffentlichten Kommunistischen Manifestes, und »Die Philosophen haben die Welt nur verschieden interpretiert, es kömmt darauf an, sie zu verändern«, die 11. der *Thesen über Feuerbach*.

Die *Kommunistische Partei Großbritanniens* hat das Grabmal 1954 durch eine Büste des Bildhauers *Laurence Bradshaw* (1899–1978) ergänzt.

→ Die Öffnungszeiten des *East Cemetery* sind werktags von 10 bis 17 Uhr und am Wochenende und feiertags von 11 bis 17 Uhr. Weitere Informationen sind erhältlich im Internet unter www.highgate-cemetery.org. *Highgate* ist zu erreichen mit der U-Bahn-Linie *Northern Line* (Abzweigung *High Barnet*) bis zur U-Bahn-Station *Archway*. Von dort fahren die Buslinien 210, 143 und 271 zur Haltestelle Waterlow Park (zwei Stationen). Nach einem Fußweg von ca. 5 Min. durch den Waterlow Park erreicht man die Tore des westlichen und östlichen Teils des Highgate-Friedhofs. Karl Marx liegt in dem öffentlich zugänglichen östlichen Teil begraben. Es ist keine Ausschilderung vorhanden. Vom Eingang aus sind es etwa 5 Min. Fußweg bis zur Grabstätte. Um sich innerhalb des Friedhofs zurecht zu finden, erwirbt man für ein Pfund einen kommentierten Plan des Friedhofs.

Ein Grab von *Friedrich Engels* (1820–1895), dem Freund, Mitstreiter und Mitautoren von *Karl Marx* existiert nicht. Engels wählte die Seebestattung, sie erfolgte vor *Beachy Head,* dem Strand vor *Eastbourne,* am 27. August 1895.

Grab von Ferdinand Lassalle

Breslau (Wroclaw)
Ul. Slezna (Lohestraße) 37/39

Ferdinand Lassalles Grab befindet sich auf dem *Alten Jüdischen Friedhof*, dem älteren der beiden erhaltenen jüdischen Friedhöfe Breslaus. Der *Alte Jüdische Friedhof* wurde 1856 eröffnet, er war lange der bevorzugte Friedhof der erfolgreichen Juden Breslaus. Der Reichtum der Grabdenkmäler zeugt noch heute davon. Unter der nationalsozialistischen antijüdischen Politik wurde der Friedhof 1942 geschlossen, in den letzten Kriegstagen erlitt er beim Kampf um die *Festung Breslau* schwere Schäden. In der Nachkriegszeit verfiel der Friedhof, bis er 1975 als Denkmal der Stadt Breslau anerkannt und ab 1978 schrittweise saniert wurde. Seit 1988 ist er als *Museum für Friedhofsarchitektur* für Besucher geöffnet.

Mit seinen ca. 12.000 Grabstätten ist der *Alte Jüdische Friedhof* ein bedeutendes Denkmal der Friedhofskultur.

Ferdinand Lassalle (1825–1864), der am 31. August 1864 an den Folgen eines Duells verstarb, wurde hier beerdigt. Ein Original-Gedenkstein, der die Inschrift trug: »Hier ruhet, was sterblich ist, von Ferdinand Lassalle, dem Denker und Kämpfer« wurde von den Nationalsozialisten zerstört. Einen neuen Gedenkstein errichtete ihm 1946 die *Polnische Sozialistische Partei* (PPS). Der heutige Grabstein musste aufgrund der Zerstörungen rekonstruiert werden.

Ferdinand Lassalles Grab wurde bald zu einem Erinnerungsort der Sozialdemokratie. Sein Werk blieb in Feiern, Gedichten und Liedern lebendig. *Friedrich Engels* urteilte über ihn: »Lassalle mag sonst gewesen sein, persönlich, literarisch, wissenschaftlich, wer er war, aber politisch war er sicher einer der bedeutendsten Kerle in Deutschland.«

→ Der Alte *Jüdische Friedhof* befindet sich am südlichen Rand von Breslaus Stadtzentrum und liegt etwa zwei Kilometer vom Hauptbahnhof, vier Kilometer vom Marktplatz entfernt. Der Friedhof ist mit den Straßenbahnen 9, 15 und 70 vom Hauptbahnhof aus zu erreichen. Nach dem Ausstieg an der Haltestelle *Uniwersytet Ekonomiczny* sind es noch 100 m stadtauswärts zu Fuß.

Geburtshaus von Kurt Schumacher

Kulm / Chelmno nad Wisla
Ul. Swietgo Ducha 1

Kurt Schumacher wurde am 13. Oktober 1895 im preußischen *Kulm an der Weichsel* geboren. Er verbrachte dort seine Jugend und besuchte das traditionsreiche Kulmer Gymnasium. Bei Ausbruch des Ersten Weltkrieges meldete er sich als Freiwilliger, nach einer schweren Kriegsverwundung begann er ein rechts- und staatswissenschaftliches Studium (zur weiteren politischen Laufbahn Kurt Schumachers (s. S. 151 u. 156).

Kulm wurde als Teil Westpreußens durch den Versailler Vertrag 1919 der neu gegründeten *Republik Polen* zugeschlagen.

Auf Initiative der SPD-Fraktion im Rat der Stadt Hannoversch Münden, die mit Kulm/Chelmno eine Partnerschaft pflegt, kam es 1989 in dem von Ministerpräsident *Tadeusz Mazowiecki* und Bundeskanzler *Helmut Kohl* unterzeichneten *Regierungsabkommen über die deutsch-polnischen/polnisch-deutschen Beziehungen* zu der Vereinbarung, dass erstmals in der Nachkriegsgeschichte eine Erinnerungstafel am Geburtshaus *Kurt Schumachers* in Erinnerung an den großen Sohn der Stadt Kulm angebracht werden sollte.

Am 19. Oktober 1990 wurde die Erinnerungstafel unter Teilnahme von *Annemarie Renger* (ehemalige Bundestagspräsidentin und Weggefährtin von Kurt Schumacher) und *Holger Börner* (ehemaliger Ministerpräsident des Landes Hessen und Vorsitzender der Friedrich-Ebert-Stiftung) enthüllt.

Die Inschrift der Gedenktafel ist zweisprachig.

Im Haus *ul. Swietgo Ducha* wohnte die Familie Schumacher von 1890 bis 1912, danach verzog sie in die *ul. Franciszkańska 1*, unmittelbar am Gymnasium.

→ Das Geburtshaus liegt am Rande des südlichen Teiles der interessanten Kulmer Altstadt.

Denkmal der Ghetto-Helden

Warschau (Warszawa)
Ulica Zamenhofa, Pl. Bohaterow Getta

1946 errichtete man in der Zamenhofa-Straße einen ersten *Gedenkstein für die im Ghetto umgekommenen und ermordeten Juden*. Neben dem Mahnmal erinnert das später aufgestellte *Denkmal der Ghettohelden* (Pomnik Bohaterów Getta) an die Opfer des Aufstands im April 1943. Im ehemaligen Ghetto sperrten die Nazis zeitweise eine halbe Million Juden ein. Viele starben an Hunger und Seuchen, die meisten wurden in Viehwaggons zum Vernichtungslager *Treblinka* gebracht und dort ermordet. Als die SS am 19. April 1943 mit einer weiteren Liquidierungsaktion beginnen wollte, wurde sie mit Schüssen empfangen. Die Kämpfer machten sich keine Illusionen, aber sie wollten sich nicht wehrlos zur Schlachtbank treiben lassen. Der ungleiche Kampf dauerte 28 Tage. Nur wenige der rund 6.000 Menschen, die sich zu der Zeit noch im Ghetto befanden, überlebten.

An diesem Denkmal kniete Bundeskanzler *Willy Brandt* 1970, das Bild der unvergessenen Geste ging um die Welt.

Vom *Denkmal der Ghetto-Helden* weisen 16 in Polnisch und Hebräisch beschriftete Granitsteine den Weg zum einstigen Umschlagplatz in der ul. Stawki. Hier am damaligen *Danziger Bahnhof* gingen die Todestransporte in das Vernichtungslager *Treblinka* ab.

→ Das Denkmal befindet sich etwa zwei Kilometer nordwestlich vom *Alten Markt*. Von der Altstadt (Haltestelle *Pl. Zamkowy*) und den zentral gelegenen Straßen *Krakowskie Przedmieście* oder *Nowywiat* ist das Denkmal direkt mit dem Bus 180 (Richtung *Chomiczówka*) erreichbar. Der Ausstieg erfolgt an der Haltestelle *Nalewki*.

Willy Brandt gedenkt der Opfer des Warschauer Ghetto-Aufstandes (7. Dezember 1970)

Orte in Portugal

Wem es gelang zwischen 1939 und 1941 Frankreich über einen Transit durch Spanien zu verlassen, der konnte nach Portugal einreisen, wenn er/sie für Portugal ein Transitvisum besaß und ein Visum für ein Aufnahmeland. Bis zum Beginn des Zweiten Weltkriegs hatte Portugal Flüchtlinge aus dem Deutschen Reich aufgenommen, jedoch ab 1936 die Berufstätigkeit zunehmend eingeschränkt. Als die Massenflucht nach der Besetzung Frankreichs einsetzte, wollte es nur noch Transitland sein.

Obwohl das diktatorische *Salazar-Regime* freundschaftliche Beziehungen mit dem nationalsozialistischen Deutschen Reich unterhielt, was sich auch in der starken NS-Kolonie in Portugal zeigte, und sogar eine ideologische Verbundenheit mit dem Nationalsozialismus bestand, hielt *António Salazar* (1889–1970) an der Politik der offenen Grenzen fest, duldete Flüchtlinge sowie die Flüchtlings-Hilfsorganisationen. Die Neutralität Portugals, trotz der politischen Sympathien für den Nationalsozialismus, wurde beeinflusst durch die seit Jahrhunderten bestehende Bindung an Großbritannien und den starken Einfluss der katholischen Kirche auf *Salazar*. Portugal weigerte sich auch, eine antijüdische Gesetzgebung zu erlassen, und lieferte nicht aus, selbst Illegale erhielten ein Bleiberecht, jedoch stellte das *Salazar-Regime* kein Geld für den Unterhalt der Flüchtlinge zur Verfügung. Trotz aller Einschränkungen konnten deshalb etwa 100.000 Flüchtlinge über Portugal der nationalsozialistischen Verfolgung entkommen.

Als Reaktion auf die Flüchtlingswelle erließ das *Salazar-Regime* ein Arbeitsverbot und brachte die Flüchtlinge dezentral unter, vor allem in den während des Krieges wenig besuchten Badeorten *Ericeira, Caldas da Rainha* und *Figueira da Foz*. Die zugewiesenen Orte, *residências fixas*, durften nicht verlassen, Reisen nach Lissabon mussten genehmigt werden. Für die Kosten des Aufenthalts sorgten die Hilfsorganisationen. Die *residências fixas* dienten auch der präzisen Überwachung durch *Salazars Geheimpolizei* (PVDE).

Den Weg über Portugal nahmen hunderte Sozialdemokraten, zu den Bekanntesten gehören *Erich Ollenhauer (1901–1963), Hans Vogel* (1881–1945), *Herbert Weichmann* (1896–1983), *Friedrich Stampfer* (1874–1957), *Marie Juchacz* (1879–1956). In Lissabon organisierte *Fritz Heine* (s. S. 253) die Ausreise, der schon in Frankreich der Organisator der Flucht vor Hitler gewesen war.

Die letzten Nächte vor der Abreise aus Lissabon verbrachten die Flüchtlinge in den Hotels in Hafennähe, in der Lissaboner Unterstadt (*Baixa*). Die sozialdemokratischen Flüchtlinge wohnten in der *Pensão Leiriense*. Ein Stimmungsbild vermittelt Erich Maria Remarques Roman *Die Nacht von Lissabon*.

Wer in den genannten Badeorten Station macht, kann sich beim Blick auf alte Hotels der Flüchtlinge erinnern, die von 1940 bis 1945 dort leben mussten.

Gedenktafeln existieren nicht.

Dichter- und Stadtmuseum Liestal
Grab von Georg Herwegh

Liestal (Kanton Basel-Landschaft)
Rathausstraße 30

Georg Herwegh (1817–1875) musste nach der Niederlage der revolutionären Bewegung 1848/49 vor der Verfolgung in die Schweiz fliehen. Er blieb der demokratischen Bewegung verbunden, wie auch der entstehenden Arbeiterbewegung. Nach Deutschland konnte er erst nach den Amnestien von 1866 zurückkehren. Seine Gedichte, vor allem das vertonte *Bundeslied*, wurden zu einem festen Bestandteil der Veranstaltungs- und Festkultur der Arbeiterbewegung.

Auf Bitten von *Ferdinand Lassalle* schrieb er das *Bundeslied* (»Bet' und arbeit', ruft die Welt, bete kurz, denn Zeit ist Geld«) für den *Allgemeinen Deutschen Arbeiterverein* (ADAV), das dort am Ende jeder Veranstaltung gesungen wurde. Einzelne Zeilen wurden geflügelte Worte, zum Beispiel: »Alle Räder stehen still, wenn dein starker Arm es will. / Brot ist Arbeit, Freiheit Brot«.

Die Familie von *Georg Herwegh* überließ der Gemeinde *Liestal* den umfangreichen Nachlass, der mit anderen Nachlässen, zum *Dichter- und Stadtmuseum Liestal* zusammengefügt wurde.

Das Grab von *Georg Herwegh* befindet sich auf dem *Friedhof Liestal*, wo er nach seinem Tod in *Baden-Baden* beerdigt werden wollte. Die Grabinschrift lautet:

Hier ruht, wie er's gewollt,
in seiner Heimat freien Erde
Georg Herwegh

31. Mai 1817 – 7. April 1875

Von den Mächtigen verfolgt,
Von den Knechten gehaßt,
Von den meisten verkannt,
Von den Seinen geliebt.

→ Das Museum ist geöffnet: Dienstag bis Freitag 14–18 Uhr, Samstag/Sonntag 10–16 Uhr. Ab Bahnhof 5 Min. zu Fuß, der Weg ist ausgeschildert.

Grab von August Bebel
Zürich
Friedhof Sihlfeld

August Bebel (1840–1913), mit *Ferdinand Lassalle* (1825–1864) und *Wilhelm Liebknecht* (1826–1900) der Mitgründer der sozialdemokratischen Bewegung in Deutschland, liegt auf dem 1877 in Zürich-Wiedikon eröffneten *Friedhof Sihlfeld* begraben. Bebel weilte in seinen letzten Lebensjahren oft aus gesundheitlichen Gründen in der Schweiz, so auch bei seinem Tod 1913.

Der *Friedhof Sihlfeld* war der erste konfessionsneutrale Friedhof in Zürich, nachdem 1874 die Schweizer Bundesverfassung geändert worden war.

Der *Friedhof Sihlfeld* ist die letzte Ruhestätte von zahlreichen berühmten Persönlichkeiten.

August Bebels Grab befindet sich auf dem *Friedhof Sihlfeld A*, Familiengrab 81079.

→ Der Friedhof wird mit Tram 3 (Richtung *Albisrieden*) in ca. 10 Min. erreicht (Haltestelle *Krematorium Sihlfeld*).

Wohnung Willy Brandts
Willy-Brandt-Park
Stockholm
Finn Malmgrens Väg 23

Der *Willy-Brandt-Park* ist ein kleiner Park in *Hammarbyhöjden*, einem südlichen Vorort von Stockholm. Der Park wurde im Jahre 1997 nach dem Bundeskanzler und Friedensnobelpreisträger *Willy Brandt* benannt. Nach seiner Flucht aus Norwegen wohnte er bis zum Kriegsende mit seiner norwegischen Frau und der gemeinsamen Tochter am *Finn Malmgrens Väg 23*. Während seines Exils war er weiterhin politisch aktiv, schrieb Artikel und Bücher, und arbeitete auch international als Vorsitzender der sogenannten *Kleinen Internationale*. An seinem Wohnhaus existiert eine Gedenktafel.

Die schwedische Sozialdemokratische Partei hat sich für die Umbenennung des dort befindlichen Parks auf den Namen *Willy-Brandt-Park* eingesetzt. Danach wurde eine Skulptur *Willy Brandts* aufgestellt, die der deutschen Künstler *Rainer Fetting* angefertigt hat.

Die Skulptur ist ein Geschenk der schwedischen und deutschen sozialdemokratischen Parteien und wurde im Rahmen der Neugestaltung des Parks am 14. Juni 2007 vom ehemaligen schwedischen Ministerpräsidenten *Ingvar Carlsson* übergeben.

Der Park besticht durch seine schönen Plätze und lädt zum Verweilen ein, um die Pergola mit Kletterpflanzen, blühende Pflanzen und Bäume zu betrachten.

Willy Brandt pflegte, geprägt durch sein Exil in Norwegen und Schweden, einen engen Kontakt mit den sozialdemokratischen Bewegungen der nordischen Länder. In seiner Autobiographie *Links und Frei. Mein Weg 1930–1950* beschreibt er diese Zeit: »*Summa summarum, prägte mich das Beispiel der nordischen Sozialdemokratie in meinem Verhalten auch als Deutscher*«.

→ Der *Willy-Brandt-Park* liegt in der Nähe der U-Bahn-Station *Hammarbyhöjden*, an der Kreuzung *Finn Malmgrens Väg* und *Ulricehamnsvägen*.

Sitz des Exilvorstandes der SPD (SOPADE)
Prag/Praha
Krizikova 26/Praha 8 – Karlin
(früher: Palackého trida)

Auf der letzten Zusammenkunft der gesamten SPD nach der Annahme des Ermächtigungsgesetzes am 23. März 1933 wählte die Reichskonferenz am 26. April einen neuen Parteivorstand, der in seiner ersten Sitzung am 4. Mai beschloss, dass einige seiner Mitglieder ins Ausland gehen und eine Auslandsstelle aufbauen sollten.

Mit den Parteivorsitzenden *Hans Vogel* (s. S. 44) und *Otto Wels* (s. S. 88) verließen vier weitere Mitglieder Deutschland, um zunächst in Saarbrücken – bis 1935 nicht zum Deutschen Reich gehörend – und dann in Prag, in der Tschechoslowakischen Republik, die Außenstelle aufzubauen. Die demokratische Tschechoslowakei bot gute Arbeitsmöglichkeiten für das politische Exil durch die Hilfe der *Sozialdemokratischen Partei des Sudetenlandes* und die liberale Haltung der tschechoslowakischen Regierung, außerdem konnten von dort durch die Nähe zum Reichsgebiet und zu Berlin Kontakte zu der in den Untergrund gedrängten SPD leichter aufrechterhalten werden. Am 2. Juni 1933 verlegte der Parteivorstand offiziell seinen Sitz nach Prag.

Während das NS-Regime in mehreren Terrorwellen die SPD-Organisation zerschlug, wichtige SPD-Repräsentanten verhaftete, das Vermögen enteignete und schließlich die SPD am 22. Juni verbot, aktivierte der Exil-Vorstand von Prag die Bemühungen um eine aktive Opposition. Grenzsekretariate wurden eröffnet und der *Graphia-Verlag* in Karlsbad verlegte den *Neuen Vorwärts* und startete eine gegen den Nationalsozialismus gerichtete Buchproduktion, die *Deutsch-*

land-Berichte erschienen. Von Prag aus konnte der Exilvorstand seine Arbeit bis 1938 fortsetzen, obwohl durch die Verhaftungswellen der sozialdemokratische Widerstand deutlich geschwächt wurde, auch die wachsenden finanziellen Probleme erschwerten die politische Arbeit, denn das 1933 gerettete Geldvermögen schwand langsam. Unter dem Druck des NS-Regimes forderte die tschechoslowakische Regierung den SPD-Exilvorstand ab 1937 zum Verlassen der Tschechoslowakei auf. Als neuer Standort wurde Paris gewählt (s. S. 239). Bald darauf wurde 1938 durch das *Münchener Abkommen* das *Sudetenland* vom Deutschen Reich annektiert, und die Tschechoslowakei verlor ihre Unabhängigkeit.

Am früheren Sitz des Exilvorstandes befindet sich eine Erinnerungstafel in tschechischer und deutscher Sprache.

→ Das Haus in der Křižíkova 26, Praha 8, erreichen sie vom Hauptbahnhof mit der Metro, Linie C (Richtung Letňany) bis Haltestelle *Florenc*, dann entweder umsteigen auf Linie B (Richtung *Černý most*) bis Haltestelle *Křižíkova* oder weiter mit der S-Bahn Nr. 8 (Richtung *Starý Hloubětín*) oder S-Bahn Nr. 3 (Richtung *Kobylisy*) bis Haltestelle *Karlínské náměstí*.

Abbildungsnachweis

AdsD S. 227, 260, 271
AdsD/W. Rummel S. 29
Karl-Udo Bigott S. 241, 248, 252, 254
Katharina Brand, Sammlung Gedenkstätte Buchenwald S. 235
Bundesarchiv (BPA) B 145 Bild 00182585 Engelbert Reinike S. 263
CC-BY-SA-3.0/Claus-Joachim Dickow S. 129
cc/wikipedia/Andreas Trepte S. 231
cc/wikipedia/Beek100 S. 77
cc/wikipedia/brunswyk S. 146
cc/wikipedia/burn—the—asylum S. 258
cc/wikipedia/Dr. Minx S. 93
cc/wikipedia/droben S. 98
cc/wikipedia/Frank S. 23
cc/wikipedia/Kassander der Minoer S. 185
cc/wikipedia/letov S. 18
cc/wikipedia/Mbdortmund S. 177
cc/wikipedia/Memorino S. 32
cc/wikipedia/ochs S. 157
cc/wikipedia/OTFW S. 101
cc/wikipedia/PD-old-70 S. 65
cc/wikipedia/Vwpolonia75 S. 139
Deutsches Historisches Museum F55/1416 S. 120
Frank und Marc Darchinger S. 171
J. H. Darchinger/Friedrich-Ebert-Stiftung S. 220
Bodo Grzonka S. 87
Martin Hospach Titel rechts
Gunther Kaufmann S. 26
Konzentration GmbH S. 193
KZ-Gedenkstätte Dachau/Stiftung Bayerische Gedenkstätten S. 37
Jörg F. Müller Titel links, S. 53, 208

Der Autor

Klaus Wettig, geb. 1940, erlernte den Schriftsetzerberuf und erwarb das Abitur auf dem Zweiten Bildungsweg. Ab 1962 studierte er Literaturwissenschaften, Geschichte, Rechts- und Sozialwissenschaften in Göttingen.
Er war Mitarbeiter des niedersächsischen SPD-Politikers und Kultusministers Professor Peter von Oertzen von 1970 bis 1975, u.a. dessen Büroleiter. 1975 ging er für die SPD/Friedrich-Ebert-Stiftung (FES) als politischer Berater ins revolutionäre Portugal, danach baute er für die FES das Landesbüro Niedersachsen auf.

1979 wurde er in das erste direkt gewählte Europäische Parlament (EP) gewählt, dem er bis 1994 angehörte. Er war dort Mitglied des Fraktionsvorstandes, organisierte für die SPD 1984 und 1989 bei den folgenden Direktwahlen die Wahlkämpfe und koordinierte die Wahlkämpfe der sozialdemokratisch-sozialistischen Parteien in der damaligen Europäischen Gemeinschaft. Außerdem hatte er folgende Parlamentsfunktionen: Präsident des Gemeinsamen Ausschusses Europäisches Parlament/Portugiesische Nationalversammlung, 1. Vizepräsident des Gemeinsamen Ausschusses Europäisches Parlament/Schwedischer Reichstag.

Nach seinem Rückzug aus dem EP arbeitete er ehrenamtlich als Geschäftsführer des Freundeskreises Willy-Brandt-Haus und für eine Verlagsgruppe (Parthas Verlag, Verlag für Berlin-Brandenburg, Verlag vorwärts buch). Danach gestaltete er zahlreiche Bücher als Herausgeber und Autor.